U0613809

江西农业高质量发展研究

池泽新　彭柳林　等　编著

中国农业出版社

北　京

图书在版编目（CIP）数据

江西农业高质量发展研究 / 池泽新等编著 . —北京：
中国农业出版社，2022.6
ISBN 978-7-109-29535-3

Ⅰ．①江… Ⅱ．①池… Ⅲ．①农业发展-研究-江西
Ⅳ．①F327.56

中国版本图书馆 CIP 数据核字（2022）第 100043 号

中国农业出版社出版
地址：北京市朝阳区麦子店街 18 号楼
邮编：100125
责任编辑：潘洪洋
版式设计：李文强　　责任校对：刘丽香
印刷：北京通州皇家印刷厂
版次：2022 年 6 月第 1 版
印次：2022 年 6 月北京第 1 次印刷
发行：新华书店北京发行所
开本：700mm×1000mm　1/16
印张：14.25
字数：210 千字
定价：58.00 元

本书编委会

主　　编　池泽新　　彭柳林

副主编　付江凡　　吴昌华　　余艳锋　　余永琦　　王长松

编　　者（按姓氏拼音排序）

池泽新　　戴天放　　付江凡　　李　庆　　卢　慧

麻福芳　　聂园英　　彭柳林　　王长松　　魏建美

魏玲玲　　吴昌华　　徐光耀　　余艳锋　　余永琦

袁婷婷　　赵隽劼

　　立足新发展阶段，贯彻新发展理念，构建新发展格局，实现高质量发展，是我国当前和今后一个时期经济社会发展的主旋律。党的十九大报告中指出："经过长期努力，中国特色社会主义进入了新时代，这是我国发展新的历史方位。……我国社会主要矛盾已经转化为人民日益增长的美好生活需要和不平衡不充分的发展之间的矛盾。"随着社会主要矛盾的发展变化，我国经济已由高速增长阶段转向高质量发展阶段，当前正处在转方式、优结构、换动力的攻关期。农业作为国民经济的基础，适应社会主要矛盾的变化，已经进入了由增产导向转向提质导向的发展阶段。农业高质量发展不仅要提供优质安全的农产品，还要提供清新美丽的田园风光、洁净良好的生态环境，体现在产品质量高、品牌响、销路好，产业素质高、国际竞争力强，经营效益高、农民收入好，发展方式优、生态环境美等许多方面。与此相适应，质量兴农、绿色兴农成为农业发展的主旋律；质量变革、效率变革、动力变革成为促进农业发展的重要源泉。党的十八大以来，江西农业初步走出了一条产出高效、产品安全、资源节约、环境友好的现代农业强省之路，农业农村呈现蓬勃发展的好势头。但是，江西农业依然是短板，"大而不强"的特征还没有改变。与此同时，江西农业发展面临难得的历史机遇，省部共建全国绿色有机农产品基地试点省建设、生态文明试验区（江西）建设、原中央苏区振兴以及乡村振兴战略和"藏粮于地、藏粮于技"战略实施等系列国家战略叠加支持，大湾区、长三角区域旺盛市场持续拉动，江西的区域比较优势更加显现。顺应高质量发展的要求，服务国家战略实施需要，发挥江西农业比较优势，推动江西农业高质量跨越式发展，迫切需要加强理论研究、政策创新和实践探索。

江西自然资源丰富，生态优势明显，农业生产条件优越。"六山一水二分田，一分道路和庄园"，森林覆盖率达 63.1%，并居全国第 1 位；2020 年，土地总面积 16.69 万平方公里，耕地面积 4 391 万亩，水面面积 2 500 万亩。江西农业在全国具有得天独厚的优势和重要地位，是长三角、珠三角、闽三角和粤港澳大湾区等地农产品重要供应基地。江西初步形成了大米、生猪、蔬菜、水果、水产、水禽、茶叶、油菜、中药材、花卉等十大主导产业，形成了"三区一片水稻生产基地""一片两线生猪生产基地""沿江环湖水禽生产基地""环鄱阳湖渔业生产基地""一环两带蔬菜生产基地""南橘北梨中柚果业生产基地""四大茶叶生产基地"。其中，江西绿茶、赣南脐橙、南丰蜜橘、广昌白莲、泰和乌鸡、鄱阳湖大闸蟹等久负盛名，"三品一标"拥有量居全国前列。然而，江西农业依然存在短板弱项，突出表现为：农业资源丰富，但"名、优、特"产品不多；生态优势突出，但绿色产业不强；农产品质量不差，但响亮的品牌不多；农业龙头企业不少，但精深加工龙头企业不多；农业产业链短，三产融合度低。推进农业高质量跨越式发展，对江西而言，依然十分迫切。

推进农业高质量发展，是实施乡村振兴战略的重要支撑，也是加快江西由传统农业大省向现代农业强省转变的必然选择。《中共江西省委关于制定全省国民经济和社会发展第十四个五年规划和二〇三五年远景目标的建议》提出，加快建设科技强省、工业强省、农业强省、旅游强省，建成具有江西特色的现代化经济体系。

中国共产党江西省第十五次代表大会明确部署推进创新江西、富裕江西、美丽江西、幸福江西、和谐江西、勤廉江西等"六个江西"建设。江西省委、省政府的决策部署为江西农业高质量发展提出了目标要求和主要任务，在实践中深入贯彻落实，是当前的一项重点工作，亟待各地结合实际大力推进。

　　江西省农业科学院农业经济与信息研究所科研人员多年来围绕江西农业高质量发展开展了深入调研，形成了系列调研成果。本书是这些调研成果的梳理汇总，其特点之一是各研究团队依据各自研究领域有关江西农业高质量发展面临的突出问题开展分散调研，并以调研报告的形式提交成果，供有关部门决策参考，因而瞄准的问题具有某一方面的具体性、实际性。经过一段时间之后，为了系统地总结这些调研及其取得的初步成果，将它们进行分类梳理，按照一定的思路编排出来，形成了这部书稿。本书的内容尽管经过了调研团队把关，梳理汇总时也再次经过校对，但不足甚至差错之处仍在所难免，敬请读者朋友批评指正。

　　本书出版得到了中国农业出版社、江西省农业农村厅、江西省农业科学院的大力支持，得到国家自然科学基金委员会资助项目（72163015；72063018）、中国博士后科学基金面上资助项目（2020M682110）和江西省博士后科学基金择优项目（2020KY10）的资助。在此，一并表示衷心的感谢！

2022 年 3 月

目 录 CONTENTS

前言

第一章 江西农业高质量发展的现状分析

农业高质量发展是对以往农业发展方式的提升，也是农业主动适应社会主要矛盾变化、更好满足人们美好生活需求中对农业的需求而采取的发展方式转型与变革。以往的以增产为导向的农业发展是以提质为导向的农业高质量发展的基础和条件，农业高质量发展需要从现有基础和条件出发，并针对"十三五"期间存在的问题来推进。

第一节 江西农业高质量发展的重要意义

党的十九届五中全会明确提出，"十四五"期间，我国经济社会发展要以推动高质量发展为主题，这是根据我国发展阶段、发展环境、发展条件变化作出的科学判断。发展中的矛盾和问题集中体现在发展质量上，要求我们必须把发展质量摆在更为突出的位置，着力提升发展质量和效益。农业作为国民经济的基础，与国计民生关系重大，落实高质量发展的要求，尤为重要。

一、农业高质量发展是贯彻新发展理念的必然要求

立足新发展阶段，贯彻新发展理念，构建新发展格局，实现高质量发展，是我国当前和今后一个时期经济社会发展的主旋律。其中，新发展阶段是站在新起点上的一个阶段，明确了我国经济社会发展的历史方位，而新发展理念则是实现新的发展的行动指南，是关于发展的世界观和方法论，对实现什么样的发展和怎样发展具有重要指导意义。

习近平总书记高度重视新发展理念的贯彻落实和高质量发展的目标要

求。2018年4月24日至28日，他在湖北考察时明确指出，推动高质量发展是做好经济工作的根本要求。高质量发展就是体现新发展理念的发展，是经济发展从"有没有"转向"好不好"。2019年5月22日，他在听取江西省委和省政府工作汇报时的讲话中强调，要推动经济高质量发展，牢牢把握供给侧结构性改革这条主线，不断改善供给结构，提高经济发展质量和效益。要加快推进新旧动能转换，巩固"三去一降一补"成果，加快腾笼换鸟、凤凰涅槃。要聚焦主导产业，加快培育新兴产业，改造提升传统产业，发展现代服务业，抢抓数字经济发展机遇。2019年3月5日，他在参加十三届全国人大二次会议内蒙古代表团审议时对内蒙古的工作提出要求，要保持加强生态文明建设的战略定力，探索以生态优先、绿色发展为导向的高质量发展新路子，加大生态系统保护力度，打好污染防治攻坚战，守护好祖国北疆这道亮丽风景线。2019年3月8日，在参加十三届全国人大二次会议河南代表团审议时，习近平总书记特别强调，要推进农业供给侧结构性改革。发挥自身优势，抓住粮食这个核心竞争力，延伸粮食产业链、提升价值链、打造供应链，不断提高农业质量效益和竞争力，实现粮食安全和现代高效农业相统一。

总之，高质量发展，就是能够很好满足人民日益增长的美好生活需要的发展，是体现新发展理念的发展，是创新成为第一动力、协调成为内生特点、绿色成为普遍形态、开放成为必由之路、共享成为根本目的的发展。从供给看，高质量发展应该实现产业体系比较完整，生产组织方式网络化智能化，创新力、需求捕捉力、品牌影响力、核心竞争力强，产品和服务质量高。从需求看，高质量发展应该不断满足人民群众个性化、多样化、不断升级的需求，这种需求又引领供给体系和结构的变化，供给变革又不断催生新的需求。从投入产出看，高质量发展应该不断提高劳动效率、资本效率、土地效率、资源效率、环境效率，不断提升科技进步贡献率，不断提高全要素生产率。从分配看，高质量发展应该实现投资有回报、企业有利润、员工有收入、政府有税收，并且充分反映各自按市场评价的贡献。从宏观经济循环看，高质量发展应该实现生产、流通、分配、消费循环通畅，国民经济重大比例关系和空间布局比较合理，经济发展比较平稳，不出现大的起落。更明确地说，高质量发展，就是从"有没有"

转向"好不好"①。

中国特色社会主义进入了新时代，我国经济已由高速增长阶段转向高质量发展阶段。推动高质量发展是当前和今后一个时期确定发展思路、制定经济政策、实施宏观调控的根本要求，具有重大的现实意义和深远的历史意义，是保持经济持续健康发展、适应社会主要矛盾变化和全面建设社会主义现代化国家以及遵循经济发展规律的必然要求。

二、农业高质量发展是适应外部需求变化和遵循自身发展规律的必然选择

学术界对农业高质量发展的研究从学理的角度也揭示了推进农业高质量发展的重要意义。从本质内涵来看，我国农业高质量发展在于提升土地生产率、增加劳动生产率、保护资源环境和拓宽农业功能（张露、罗必良，2020），因此绿色发展引领、供给提质增效、规模化生产、产业多元融合等是农业高质量发展的主要特征（辛岭、安晓宁，2019）。从发展实践来看，农业高质量发展主要表现为产业体系完备、市场竞争力增强、资源配置趋优、产能结构合理、各类主体活力十足（张务锋，2018）。从发展路径来看，农业高质量发展应实现产品质量、生态质量和结构质量的统一，即提供高品质的安全食品，坚持农业可持续发展，实现农业产品结构、区域结构、要素结构、组织结构以及贸易结构的协调平衡（柯炳生，2018）。总体而言，我国农业高质量发展的核心是在保证国家粮食安全与农民增收的基础上，从农业生产与供给入手，全面深化体制机制改革与创新，通过农业的转型升级与现代化，最终实现农业高质量发展的目标；重点在于农业生产结构的优化与农产品质量的提高，最根本的评价指标是农产品的质量（汪晓文等，2020）。在新发展理念的引领下，我国农业高质量发展的总体水平逐步提高，但结构性问题突出，地区差异明显（刘忠宇、热孜燕·瓦卡斯，2021）。我国农业高质量发展的高水平区主要集中于东中部地区，低水平区分布于西部地区，呈现显著的空间集聚效应（刘涛等，2020）。概括而言，农业高质量发展的实质是农业发展中适应社会

---

① 《习近平谈治国理政》第三卷，外文出版社，第238、239页。

主要矛盾变化、符合新发展理念、遵循自身发展规律、满足国家全面现代化建设和人民美好生活需要，其中最为核心的是主动适应外部需求变化、符合新发展理念和遵循自身发展规律。在这里，适应社会主要矛盾变化，意味着发展的阶段性任务发生了变化；符合新发展理念，意味着发展的指导思想、原则、方式发生了变化；遵循自身发展规律，意指农业经济、生态与社会等方面的发展规律要求；满足国家全面现代化建设和人民美好生活需要，意味着发展的出发点和落脚点发生了升华。可以说，农业高质量发展是适应外部需求变化和遵循自身发展规律的必然选择。

随着我国社会主要矛盾变化，农产品与服务高质量供给需要以市场消费需求为导向。我国农业综合生产能力不断提升，肉蛋菜果鱼等农产品产量稳居世界第一位，实现了由"吃不饱"到"吃不完"的转变，我国农业发展已具备了由增产转向提质的物质基础和社会条件。农业高质量发展为推进农业转型升级、实现现代化指明了方向，是推进农业供给侧结构性改革的必然要求，是让广大农民平等参与现代化进程、共同分享现代化成果的关键所在，也是破解"三农"难题、实现高质量乡村振兴的重要举措。

三、农业高质量发展是江西实现农业强省目标的根本途径

"十三五"期间，我国农业发展方式转变取得了长足进步，化肥农药实现了零增长。据统计，2020 年，江西化肥农药施用量连续四年负增长，利用率分别达到 44％和 41.5％，高于全国平均水平。然而，依靠资源投入的发展方式依然没有得到根本改变，农业资源环境约束趋紧，倒逼农业生产方式加快转变。与此同时，随着城乡居民收入和生活水平的提高，人民群众不再局限于量的需要，更加追求多层次、多样化、个性化、优质绿色的农产品；不仅关注"舌尖上"的满意度，还重视清新美丽的田园风光、洁净良好的生态环境。随着我国加入世界贸易组织，农业对外开放步伐加快，同时也面临着不断加大的国际风险，保障国家粮食安全越来越重要。这些方面都对江西农业高质量发展提出了迫切要求。

江西作为农业大省，是国家重要的商品粮生产基地，是长三角地区、粤港澳大湾区生猪、牛羊、家禽、蔬菜重要基地，其农业高质量供给对我国粮食安全和居民生活稳定贡献巨大、意义非凡。现阶段，江西农业发展

既有优势也有短板：生态环境优良，是全国唯一的绿色有机农产品示范基地试点省；然而，仍存在农产品结构不合理、三产融合度不高等问题，传统小农生产方式、粗放经营格局仍未有根本性改变，质量、效益、规模、品牌都在不同程度上需要提升。为了使广大人民群众不仅"吃得饱、吃得好"，而且"吃得安全、吃得健康"，江西亟待由农业大省向农业强省迈进。实现农业强省发展目标，根本途径在于推动农业高质量发展，从规模化、绿色化、优质化、融合化、数字化等方面，大力推进农业供给侧结构性改革。

第二节　江西农业高质量发展的基础及面临的问题

江西是新中国成立以来全国两个从未间断输出商品粮的省份之一，对保障国家粮食安全和主要农产品供给发挥了积极作用。党的十八大以来，江西农业继续保持良好发展势头，粮食连年增产，农民持续增收，农业综合生产能力稳步提升，为江西经济社会高质量跨越式发展提供了有效支撑。

一、"十三五"时期江西农业发展现状

江西地处长江中下游南岸，地形地貌可以概括为"六山一水二分田，一分道路和庄园"，土地面积16.69万平方公里，总人口4 666.1万，其中乡村人口1 986.8万、比重42.6%。农业农村资源十分丰富，素有"鱼米之乡"的美誉，是新中国成立以来全国两个从未间断输出商品粮的省份之一、东南沿海地区农产品供应地。

一是农业资源丰富。江西水质一流，生态环境一流，被誉为中国"最绿"的省份之一；江西四季分明，日照充足，雨量充沛，无霜期长，十分适合发展各种形态的农业。2020年，全省耕地面积4 391万亩*、永久基本农田3 693万亩、水面面积2 500万亩，可利用的荒山、荒坡、荒地、

---

* 亩为非法定计量单位，1亩＝1/15公顷。——编者注

荒滩、荒水等资源有 530 万亩。农产品资源丰富，江西绿茶、赣南脐橙、南丰蜜橘、广昌白莲、泰和乌鸡、鄱阳湖大闸蟹等久负盛名。

二是产业门类齐全。全省初步形成了大米、生猪、蔬菜、水果、水产、水禽、茶叶、中药材等主导产业，粮食、畜牧、水产、果蔬产业产值突破千亿元，茶叶、中药材、油茶产业产值突破百亿元。"一产接二连三"趋势明显，2020 年，农产品加工总产值突破 6 000 亿元、休闲农业和乡村旅游综合收入 930 亿元。创建了 4 个国家现代农业产业园、291 个省级现代农业示范园、55 个省级田园综合体；认定了 43 个中国美丽休闲乡村。

三是市场贡献较大。江西是全国水稻重要产区，稻谷产量居全国第 3 位，以全国 2.3% 的耕地生产了全国 3.25% 的粮食；是柑橘优势产区，产量居全国第 5 位，其中赣南脐橙种植面积居世界第 1 位、产量居世界第 3 位；是蔬菜优势产区，供港叶类蔬菜量排在全国前列；水产品产量居全国第 2 位，出口量居全国第 1 位；生猪存栏量居全国第 10 位，外调量稳居全国第 3 位。每年外调粮食 100 亿斤以上、水果 100 万吨以上、水产品 100 万吨以上。

四是区域优势明显。全省形成了"三区一片水稻生产基地"（鄱阳湖平原、赣抚平原、吉泰盆地粮食主产区和赣西粮食高产片）、"沿江环湖水禽生产基地"（赣江沿线、环鄱阳湖）、"环鄱阳湖渔业生产基地"、"一环两带蔬菜生产基地"（环南昌，大广高速沿线带、济广高速沿线带）、"南橘北梨中柚果业生产基地"、"三大茶叶生产基地"（赣东北、赣西北、赣中南）。

五是发展基础扎实。科技支撑有力，22 个省级现代农业产业技术体系支撑作用突显，2020 年江西农业科技进步贡献率 60.2%，主要农作物综合机械化率达 75.9%（水稻综合机械化率达 81% 以上），建成了 105 家农产品运营中心、1.48 万家益农信息社。经营主体多元，培育省级龙头企业 963 家（国家级 52 家）、农民合作社 7.39 万家、高素质农民 18.7 万人、纳入名录系统管理的家庭农场 9 万余家。

二、"十三五"时期江西农业位势分析

以 2019 年数据为基础，从江西省主要农作物种植面积、主要农产品

产量、化肥农药施用量等方面进行比对分析。

（一）主要农作物种植面积全国排名中等靠前

从全国排名来看（表1-1），江西省主要农作物总播种面积8 282万亩，全国排名第15位；粮食作物种植面积排名全国第13位，其中稻谷排名全国第3位，早、晚稻居全国第1位；油料作物排名全国第7位，其中油菜籽全国排名第4位；棉花全国排名第7位；茶叶全国排名第11位；水果全国排名第12位；蔬菜全国排名第15位；中药材全国排名第14位。从中部地区①排名来看，稻谷居第2位、糖料作物居第1位，油菜籽、花生、水果均居第3位。

表1-1　2019年江西省主要农作物种植面积及其全国和中部地区排名

指标	单位	江西	全国排名	中部地区排名
农作物总种植面积	万亩	8 282	15	5
粮食	万亩	5 498	13	5
稻谷	万亩	5 019	3	2
早稻	万亩	1 644	1	1
中稻	万亩	1 561	7	4
晚稻	万亩	1 814	1	1
豆类	万亩	196	18	6
薯类	万亩	182	16	4
油料	万亩	1 016	7	4
油菜籽	万亩	724	4	3
花生	万亩	248	10	3
棉花	万亩	64	7	4
蔬菜	万亩	967	15	5
糖料	万亩	21	7	1
水果	万亩	630	12	3
茶叶	万亩	164	11	5
中药材	万亩	124	14	4

资料来源：《中国统计年鉴2020》。

---

① 包括山西、河南、安徽、湖北、江西、湖南6省。

（二）主要农产品产量位居全国中上水平

从全国排名来看（表1-2），江西省粮食产量在全国排名第13位，稻谷产量居全国第3位，早、中、晚稻产量分列第2、7、2位；棉花、油料（油菜籽）、茶叶、蔬菜产量分列第6、8（6）、12、15位；生猪出栏量、肉类和水产品产量分列第9、12、9位。从中部地区排名来看，早稻、晚稻、棉花、柑橘类和水产品产量进入中部地区前三位，分列第2位、第2位、第3位、第3位和第2位。

表1-2　2019年江西省主要农产品产量及其全国和中部地区排名

指标	单位	江西	全国排名	中部地区排名
粮食	亿斤	431.5	13	5
稻谷	亿斤	410	3	2
早稻	亿斤	125	2	2
中稻	亿斤	137	7	5
晚稻	亿斤	147	2	2
薯类	万吨	56	16	5
豆类	万吨	29	18	6
棉花	万吨	6.6	6	3
油料	万吨	121	8	5
油菜籽	万吨	69	6	4
花生	万吨	48	11	4
蔬菜	万吨	1 582	15	5
水果	万吨	693	19	6
柑橘类	万吨	413	6	3
茶叶	万吨	6.7	12	4
生猪出栏量	万头	2 547	9	4
肉类	万吨	300	12	5
牛奶	万吨	7.3	27	5
禽蛋	万吨	57	15	6
水产品	万吨	259	9	2

资料来源：《中国统计年鉴2020》。

（三）单产水平位列全国中下游

从全国排名来看（表1-3），江西省粮食单产392公斤/亩，居全国第13位，稻谷单产408公斤/亩，居第25位，早、中、晚稻单产分列第9、23、6位；油菜籽单产排名全国第25位；棉花单产排名全国第4位。从中部地区排名来看，晚稻、棉花、豆类和薯类单产进入中部地区前三位，分列第3位、第1位、第3位和第3位。

表1-3　2019年江西省主要农产品单产及其全国和中部地区排名

指标	单位	江西	全国排名	中部地区排名
粮食	公斤/亩	392	13	4
稻谷	公斤/亩	408	25	6
早稻	公斤/亩	381	9	4
中稻	公斤/亩	440	23	6
晚稻	公斤/亩	405	6	3
豆类	公斤/亩	150	18	3
薯类	公斤/亩	307	15	3
油菜籽	公斤/亩	95	25	5
花生	公斤/亩	195	22	4
棉花	公斤/亩	103	4	1

资料来源：《中国统计年鉴2020》。

（四）部分农产品人均产量未及全国平均数

从全国排名来看（表1-4），江西省猪牛羊肉、粮食、棉花、油料、茶叶、水产品等人均产量排名居前，水果、蔬菜、牛奶人均产量排名靠后。粮食人均拥有量为463公斤，排名全国第11位；猪牛羊肉人均拥有量为48公斤，排名全国第11位；棉花、油料、茶叶和水产品人均拥有量分别为1.4、26、1.43和56公斤，全国排名分列第5、11、12和10位。此外，水果、蔬菜、牛奶排名靠后，分别为第18、21和26位。从人均拥有绝对量来看，粮食、棉花、蔬菜、水果、茶叶、牛奶等未及全国平均数。从中部地区排名来看，粮食、棉花和水产品人均产量进入中部地区前三位，分别为第3位、第2位和第2位。

表 1-4 2019 年江西省主要农产品人均产量及其全国和中部地区排名

指标	单位	江西	全国排名	中部地区排名	全国
粮食	公斤	463	11	3	475
棉花	公斤	1.4	5	2	4.2
油料	公斤	26	11	4	25
蔬菜	公斤	340	21	5	516
水果	公斤	149	18	5	196
茶叶	公斤	1.43	12	4	2
猪牛羊肉	公斤	48	11	2	38.7
牛奶	公斤	1.6	26	5	23
水产品	公斤	56	10	2	46

资料来源:《中国统计年鉴 2020》。

(五)生产效益不高,产值排名中部靠后

2019 年,江西省农林牧渔业总产值 3 481 亿元,在全国排名第 18 位,在中部地区列第 5 位(表 1-5)。分项看,农业、畜牧业、渔业产值分列中部地区第 5、5、3 位。从亩均产值看(农业产值/农作物总播种面积,反映土地产出率),江西排名全国第 25 位,中部地区第 4 位(江西 1 961元、湖北 2 779 元、湖南 2 505 元、河南 2 451 元、安徽 1 796 元、山西 1 772 元);从人均产值看(农业产值/乡村人口,反映劳动生产率),江西排名全国第 24 位,中部第 5 位(江西 1.75 万元、湖北 2.89 万元、湖南 2.16 万元、河南 1.89 万元、安徽 1.84 万元、山西 1.08 万元)。

表 1-5 2019 年江西省农业产值及其全国和中部地区排名

指标	单位	江西	全国排名	中部地区排名
农林牧渔业总产值	亿元	3 481	18	5
其中:农业	亿元	1 624	18	5
林业	亿元	343	8	3
畜牧业	亿元	889	18	5
渔业	亿元	477	10	3
亩均产值	元	1 961	25	4
人均产值	万元	1.75	24	5

资料来源:《中国统计年鉴 2020》。

(六) 资源利用率较高，但抗灾能力总体较差

2019 年，江西省化肥施用量 116 万吨，在全国排第 18 位，在中部地区排第 5 位，亩均化肥施用量（化肥施用量/农作物总播种面积）14 公斤，在全国排第 27 位，在中部地区排第 6 位；农药施用量 6.3 万吨，在全国排第 10 位，在中部地区排第 5 位，亩均农药施用量（农药施用量/农作物总播种面积）0.76 公斤，在全国排第 10 位，在中部地区排第 3 位；农村用电量 119.2 亿千瓦时，全国排名第 18 位，中部地区排名第 5 位；农作物受灾面积 1 802 万亩，全国排名第 7 位，中部地区排名第 3 位（表 1-6）。

表 1-6　2019 年江西省化肥农药施用量、农村用电量与农作物受灾面积及各项指标全国和中部地区排名

指标	单位	江西	全国排名	中部地区排名
化肥施用量	万吨	116	18	5
亩均化肥施用量	公斤	14	27	6
农药施用量	万吨	6.3	10	5
亩均农药施用量	公斤	0.76	10	3
农村用电量	亿千瓦时	119.2	18	5
农作物受灾面积	万亩	1 802	7	3

资料来源：《中国统计年鉴 2020》。

(七) 外贸出口竞争力不强

2019 年，江西省农产品商品率 72.7%。海关数据显示，江西省农产品进出口额 6.4 亿美元，在全国排名第 26 位，在中部地区排名第 5 位，安徽、河南、湖南和湖北农产品进出口额分别是江西省的 7.4、5.9、5.4 和 3.9 倍（表 1-7）。其中，江西省农产品出口额 5.4 亿美元，在全国排名第 23 位，在中部地区排名第 5 位，安徽、河南、湖南和湖北农产品出口额分别是江西的 2.5、5.0、2.5 和 3.7 倍。全国出口额前三名的省份分别为广东（98.7 亿美元）、福建（91.5 亿美元）和浙江（53.5 亿美元）。江西省主要出口产品品种是烤鳗、小龙虾、柑橘、茶叶、米粉、生猪、蔬菜、药材和饲料等。江西省农产品进口额 1.1 亿美元，在全国排名第 25 位，在中部地区排名第 5 位。

表 1-7　2019 年全国各地区农产品进出口额及出口额排名

单位：亿美元

出口额排名	省份	出口额	进口额	进出口额
1	广东	98.7	214.7	313.4
2	福建	91.5	84.9	176.3
3	浙江	53.5	80.7	134.3
4	辽宁	51.4	52.5	103.9
5	云南	47.8	16.4	64.3
6	江苏	37.0	144.7	181.7
7	河南	26.5	11.6	38.1
8	湖北	19.6	5.2	24.8
9	山东	18.9	155.8	174.7
10	广西	18.8	44.7	63.5
11	上海	18.8	231.8	250.7
12	河北	16.0	32.2	48.2
13	北京	15.3	223.1	238.4
14	安徽	13.3	34.0	47.3
15	湖南	13.2	21.9	35.1
16	新疆	11.0	7.3	18.4
17	吉林	10.7	6.2	16.9
18	内蒙古	9.2	9.0	18.2
19	黑龙江	9.0	17.6	26.6
20	天津	8.8	71.4	80.2
21	四川	7.2	8.2	15.4
22	贵州	6.6	0.1	6.7
23	江西	5.4	1.1	6.4
24	海南	5.3	4.3	9.7
25	陕西	4.9	5.9	10.8
26	甘肃	3.1	0.7	3.8
27	重庆	1.3	11.5	12.9
28	山西	1.2	0.3	1.6

（续）

出口额排名	省份	出口额	进口额	进出口额
29	宁夏	1.2	0.3	1.5
30	青海	0.2	0.0	0.2
31	西藏	0.1	0.0	0.1

资料来源：各省统计年鉴，《中国统计年鉴2020》。

（八）农民人均可支配收入跻身全国第一方阵

2019年，江西省农民人均可支配收入为15 796元，全国排名第11位，中部地区排名第2位；农民人均可支配收入增速9.2%，全国排名第12位，中部地区排名第4位（表1-8）。

表1-8 2019年全国各地区农村居民人均可支配收入情况

地区	农村居民人均可支配收入（元）	排名	增速（%）	排名
全国	16 021	—	9.6	—
江西	15 796	11	9.2	12
山西	12 902	25	9.8	8
安徽	15 416	12	10.1	5
河南	15 164	16	9.6	9
湖北	16 391	9	9.4	10
湖南	15 395	13	9.2	12
北京	28 928	3	9.2	12
天津	24 804	4	7.5	18
河北	15 373	14	9.6	9
内蒙古	15 283	15	10.7	2
辽宁	16 108	10	9.9	7
吉林	14 936	20	8.6	15
黑龙江	14 982	19	8.5	16
上海	33 195	1	9.3	11
江苏	22 675	5	8.8	14
浙江	29 876	2	9.4	10
福建	19 568	6	9.8	8
山东	17 775	8	9.1	13

（续）

地区	农村居民人均可支配收入（元）	排名	增速（%）	排名
广东	18 818	7	9.6	9
广西	13 676	22	10.0	6
海南	15 113	18	8.0	17
重庆	15 133	17	9.8	8
四川	14 670	21	10.0	6
贵州	10 756	30	10.7	2
云南	11 902	28	10.5	4
西藏	12 951	24	13.1	1
陕西	12 326	27	9.9	7
甘肃	9 629	31	9.4	10
青海	11 499	29	10.6	3
宁夏	12 858	26	9.8	8
新疆	13 122	23	9.6	9

资料来源：各省统计年鉴，《中国统计年鉴 2020》。

（九）农产品品牌还不响

2020 年，赣南脐橙以 895 的品牌强度、678.34 亿元的品牌价值列全国区域品牌（地理标志产品）第 6 位，居水果类产品第 1 位。南丰蜜橘、婺源绿茶、修水宁红茶等 11 个区域公用品牌入选 2020 年排行榜，数量较 2018 年、2019 年增长 2 倍。井冈蜜柚、遂川狗牯脑茶叶、广丰马家柚、军山湖大闸蟹 10 个产业入选"中国特色农产品优势区"。但农产品品牌"散、小、弱"现象突出，大米、生猪等传统产业靠品牌拓展市场的比重不大。当重庆巴味渝珍、广西好嘢、甘肃甘味、湖北荆楚优品享誉大江南北的时候，江西省的全域品牌赣都正品才刚刚面世。此外，江西省绿色食品数量 663 个，在全国排第 19 位，在中部地区排第 5 位。有机农产品数量 2 225 个，在全国排第 4 位，在中部地区排第 2 位。农产品地理标志数量 94 个，在全国排第 14 位，在中部地区排第 4 位。全国绿色食品原料标准化生产基地面积在全国排第 7 位，在中部地区排第 2 位。

（十）农产品精深加工水平不高

2019 年，江西省农产品加工率约 63%，低于全国平均水平 4~5 个百分点，而发达国家农产品加工率一般在 90％ 以上。农产品加工总体规模与发达省份相比，还存在较大差距。江西省规模以上农产品加工业企业（年销售收入 2 000 万元以上）3 174 家，在中部地区排第 5 位。江西省农产品加工总产值 6 223 亿元，在中部地区排第 5 位，仅为山东的 1/6、河南的 1/3、湖北以及湖南的 1/2。

（十一）经营主体实力较弱

2019 年，江西省村级集体经济经营性收入 5 万元以上的村虽已接近 70％，但 10 万元以下的村占比达 40.5％，30 万元以上的村占比仅为 9.9％；江西省规模以上农业龙头企业 5 144 家，其中国家级仅有 52 家。销售收入超亿元的农业龙头企业 800 家，在中部地区排第 4 位，超 10 亿元的仅有 46 家，在中部地区排第 5 位（河南省超亿元的农业龙头企业 2 070 家、超 10 亿元的 186 家，湖南省超亿元的农业龙头企业 1 520 家、超 10 亿元的 80 家）。

（十二）科技支撑水平偏低

2019 年，江西省农机总动力约 2 470.7 亿千瓦，全国排名第 16 位，中部地区排名第 5 位，低于安徽、湖南、湖北等省份；水稻耕种收综合机械化率为 80.24％，在周边 10 省中排第 7 位，水稻机械化种植水平 36％，低于全国平均水平 15 个百分点；农业科技进步贡献率 59.5％，在中部地区排第 5 位，比安徽、河南少 4.5 个、2.5 个百分点；现代种业发展滞后，江西省"育繁推一体化"种业企业只有 5 家；江西省冷库保有量为 129.3 万吨，排在全国第 18 位，而山东 580 万吨，广东、江苏、河南等省份都在 300 万吨以上。

三、"十三五"时期江西农业发展的阶段性特点

从江西农业农村主要经济指标在全国和中部地区排名来看，江西农业在全国的地位日益增强。以 2019 年数据为基础，江西省早、晚稻种植面积居全国第 1 位，粮食主产省地位进一步巩固。棉花、油料、柑橘类、水产品、生猪等产量均居全国前 10 位。农民收入水平居全国第 11 位，秀美新农村建设成为全国样板。但从农产品人均产量、亩均产值、加工率、外贸出口及农业机械化水平等指标来看，江西排名均较为靠后，农产品和现

代农业竞争力还不强。从上述十二项排名看，江西农业具有以下几个阶段性特点。

（一）农业比重大，贡献率高

江西主要农产品种植养殖面积、产量在全国及中部省份排名靠前。早、晚稻种植面积全国第一，水稻产量全国第三，油菜籽产量全国第八，柑橘产量全国第六，生猪出栏量和水产品产量均为全国第九，农民收入全国第十一。水稻、生猪、柑橘、水产主导产业优势明显，每年外调粮食125亿斤、生猪1 200万头、水果100万吨、水产100万吨。农业比重较大，2019年三次产业结构比为8.3∶44.2∶47.5，全国三次产业结构比为7.1∶39.0∶53.9。

（二）资源禀赋好，农业区位优势突出

江西生态优势明显，水质一流，生态环境一流，被誉为中国"最绿"的省份之一；交通区位优势显著，是长三角、珠三角、粤港澳大湾区腹地，是沿海地区休闲后花园；农业农村资源十分丰富，全省耕地面积4 391万亩、永久基本农田3 693万亩、水面面积2 500万亩、可利用的荒山、荒坡、荒地、荒滩、荒水等资源有530万亩；农产品资源丰富，素有"鱼米之乡"的美誉，江西绿茶、赣南脐橙、南丰蜜橘、广昌白莲、泰和乌鸡、鄱阳湖大闸蟹等久负盛名，是新中国成立以来全国两个从未间断输出商品粮的省份之一、东南沿海地区农产品供应地。

（三）主要农产品单产水平缺乏优势，产业化程度不高

从单产排名看，江西主要农产品排在全国中下游水平居多；从人均占有量看，部分农产品未及全国平均水平；从产值看，排名靠后，与江西省产量排名不匹配。这说明江西省农产品品牌不强、深加工弱、产业链条短、附加值不高。

（四）农业科技水平不高，农业抗灾抗风险能力弱

由于江西工业化水平比较低，财力不强，农业科技投入水平长期偏低。再加上江西是丘陵地区，产业较为分散，机械难以施展，劳动力投入依赖度高，农产品成本较高，利润空间较小，农业科技需求拉动较弱。由此而来，农业防灾减灾能力不足，靠天吃饭的局面没有得到根本改变。

2020年的特大洪灾造成农作物大面积绝收，给粮食稳产保供增加了不小压力。

四、"十三五"时期江西农业取得的主要成绩

"十三五"期间，江西省全力走出"产出高效、产品安全、资源节约、环境友好"的乡村振兴之路，为"十四五"农业高质量发展奠定了基础。

（一）决战决胜全面小康，脱贫攻坚取得决定性成效

江西省落实了"省负总责、市县抓落实、乡镇推进和实施"的机制，形成了"五级书记直接抓、部门行业合力扶、扶贫单位倾心帮、驻村干部和基层党员干部结对包"的格局，各级选派1.2万余名第一书记、3.9万余名驻村工作队员、30.2万名结对帮扶干部奋战在扶贫一线，脱贫攻坚取得决定性成效，25个贫困县实现全部脱贫退出，贫困发生率降至0.27％。吉安市吉安县"四个一"产业扶贫模式、赣南脐橙产业扶贫模式成为产业扶贫典型范例，得到习近平总书记肯定。

（二）提升农业综合生产能力，重要农产品供应保持稳定

截至2020年3月底，累计建成高标准农田2 544万亩，占江西省耕地面积比例达57.94％，粮食产量连续7年稳定在430亿斤以上，为保障国家粮食安全贡献了更多优质"江西粮"。2019年、2020年连续两年获国务院督查激励表彰，在国务院考核省长"米袋子"责任制中获评"优秀"，并获得农业农村部表彰。2016—2020年，江西省生猪出栏保持3 000万头以上，生猪外调1 000万头以上，为保障全国生猪市场供应作出了"江西贡献"。2018—2020年，积极应对非洲猪瘟疫情等不利影响，组织实施生猪复产增养行动计划，加快恢复生猪生产，生猪产能在"十三五"末已恢复到正常水平。

（三）实施产业结构调整工程，农业供给结构不断优化

从2018年开始实施农业结构调整"九大工程"。2019年，江西省蔬菜、水果、水产品、禽肉、禽蛋、牛羊肉产量分别达到1 795万吨、447万吨、258万吨、75.9万吨、57万吨、15.4万吨，形成了粮食、畜牧、水产、果蔬四大千亿元规模产业。唱响了以"生态鄱阳湖·绿色农产品"

为主题的品牌，并启动了"赣鄱正品"农产品品牌建设。培育江西省知名区域品牌 56 个。其中，"四绿一红"茶叶产值超百亿元，进入中国茶叶 50 强；赣南脐橙以 675.41 亿元产值列全国区域品牌（地理标志产品）第 7 位，为水果类第一；赣南脐橙、南丰蜜橘、赣南茶油、婺源绿茶、修水宁红茶、狗牯脑茶、高安腐竹、崇仁麻鸡、浮梁茶、泰和乌鸡、宁都黄鸡、宜丰蜂蜜等 12 个品牌入选"2020 中国品牌价值百强榜"。"三品一标"农产品 5 079 个，其中，绿色食品 663 个、有机食品 2 225 个、农产品地理标志 94 个。创建国家农产品质量安全县（市）10 个，省级绿色有机示范县 46 个，全国绿色食品原料标准化生产基地 48 个，绿色有机认证面积达 1 695.34 万亩。

（四）实施"百县百园"工程，示范引领作用显著增强

初步形成了"以点带面、梯度推进"的现代农业示范园区建设格局，共创建 5 个国家现代农业产业园，291 个省级、760 个市县级现代农业示范园。确定了"四区四型"建设模式，重点建好"四区"，即农业种养区、农产品精深加工区、商贸物流区和综合服务区，加快发展"四型"农业，即绿色生态农业、设施农业、智慧农业和休闲观光农业。

（五）强化农业经营主体培育，农业经济体量明显扩大

截至 2019 年，江西省规模以上（年销售收入 500 万元以上）龙头企业 5 144 家，省级以上龙头企业 871 家，其中国家重点龙头企业 52 家；年销售收入超亿元的龙头企业 800 家，其中超 10 亿元的 46 家、超 50 亿元的 8 家、超 100 亿元的 4 家；规模以上农产品加工业企业（年销售收入 2 000 万元以上）3 174 家，农产品加工业总产值突破 6 000 亿元大关，达到 6 223 亿元。2019 年，全国农业产业化龙头企业 500 强榜单中，江西省有 34 家企业上榜。江西省累计培育农民合作社超 7 万家，家庭农场超过 9 万家。

（六）大力实施科技兴农，科技创新驱动力稳步提升

加大现代农业产业技术体系建设力度，稳步提升农业科技创新与成果转化应用水平。2016—2020 年，逐步建立了水稻、生猪、大宗淡水鱼、蔬菜和茶叶等 22 个省级现代农业产业技术体系，获得国家科技进步奖 3 项，全国农牧渔业丰收奖 9 项，神农中华农业科技奖 2 项，省科技进步

奖 15 项，省技术发明奖 1 项，制定和颁布标准规程 112 个，申请和授权专利 108 项。2019 年，江西省农业科技进步贡献率为 59.5%；主要农作物综合机械化率达到 74.35%，高于全国平均水平 4 个百分点；水稻综合机械化率达到 80.24%，水稻机械化植保、粮食机械化烘干能力超过了50%。泰和、崇仁、高安等 8 个县获评全国基本实现主要农作物生产全程机械化示范县；萍乡市被评为全国"平安农机"示范市，永丰、余江、湖口、宁都、鄱阳等 35 个县（区）被评为全国"平安农机"示范县。

（七）稳步推行"互联网＋"农业，数字农业起步稳健

江西省智慧农业"123＋N"平台"一云、两中心、三平台"平稳运行。信息系统应用逐步推进，已建成的农产品质量安全追溯系统入库企业 31 643 家，发放追溯码 20.05 万个。农业物联网平台已对接江西省农业物联网基地或企业 173 家，上线传感器 3.52 万个，"赣农宝"电商平台上线农产品 3 500 多个。已建成省、市、县农产品运营中心 110 家，益农信息社达到 14 800 家，行政村覆盖率近 88%，带动交易额约 19 亿元。

（八）大力实施绿色生态农业，生态优势持续巩固

江西省畜禽粪污综合利用率与规模养殖场粪污处理设施装备配套率分别为 92.3% 和 98.8%，高于全国平均值近 17 个百分点，连续两年被国家评定为"优秀"等级；农药化肥用量连续四年负增长，农药化肥利用率达44%、41.5%，均高于全国平均水平；农作物秸秆综合利用率为93.57%，比 2015 年提高近 8 个百分点，农膜回收率超 80%，率先在长江流域重点水域实现全面禁捕退捕。

（九）持续深化农业农村综合改革，农业农村经济发展活力迸发

截至 2019 年底，江西省共颁发土地承包经营权证书 683.3 万本，颁证率达 97.31%，农村土地流转率达 46.6%。近 21.2 万个农村集体共核实集体资产 994.5 亿元，其中经营性资产 215.6 亿元；核实集体土地总面积 20 600 多万亩，其中农用地总面积 19 000 多万亩。截至 2019 年底，15.67 万个农村集体完成成员身份确认，共确认成员 2 400 多万人，有3 600 多个农村集体完成了产权制度改革；村集体年经营性收入 5 万元以上的村占比达 79% 左右。农村综合产权交易中心建设加快推进，共建成

11个市级流转服务中心、102个县级流转服务中心、1 454个乡级流转服务中心。

五、"十四五"时期江西农业高质量发展面临的主要问题

（一）产业基础仍然不够牢

农业生产基础设施仍然薄弱，农业靠天吃饭的局面尚未根本改变。高标准农田面积还不到耕地面积的60%，设施农业面积与湖南、湖北等周边省份相比还有较大差距。水稻种植机械化水平只有36%，低于全国平均水平15个百分点，设施种植机械化水平只有24.9%，与农业农村部提出的到2025年设施种植机械化水平总体达到50%相差甚远。丘陵山区"无机可用"和"有机难用"的现象仍然存在，制约了该地区机械化水平的提升。江西省池塘养殖面积242万余亩，大部分年久失修，淤积、老化现象严重，改造率不足20%。

（二）产业实力仍然比较弱

与发达省份相比，江西省农业企业总体实力不强。虽然有正邦、双胞胎等2家年营业收入超100亿元的大型企业集团，但是年营业收入超1亿元、超10亿元的企业数量不多，还没有形成集团军效应。全省超亿元的龙头企业为766家、超10亿元的有44家，而河南省超亿元的龙头企业3 900多家、超10亿元的400多家，湖南省超亿元的龙头企业1 500多家、超10亿元的70多家。

（三）产业结构仍然不够优

从全产业链看，农产品精深加工不多，以初加工为主，农产品加工率约63%，还低于全国平均水平4～5个百分点。农产品加工业总产值仅为山东的1/6、河南的1/3、湖北以及湖南的1/2。农产品仓储保鲜冷链物流能力严重不足，整体上是"弱、散、小"，成为延伸产业链的主要"断点"。从产业结构看，有的地方农业主导产业不聚焦，九个产业"样样齐全"，产业项目"遍地开花"，没有体现优势和特色；有的基地标准化建设水平不高，生产方式粗放；有的地方缺乏科学规划，同一产业的基地分布较散，没有形成集群集聚效应。从项目投入看，部分市、县没有严格按照省、市、县（区）1∶0.5∶1的比例落实联动支持资金，造成产业之间、

市县之间投入不平衡，使下达的任务与产业需求不匹配。

（四）科技支撑能力仍然不够强

农业科技进步贡献率与周边省份还有一定差距。企业创新主体能力弱，2019 年，全省 521 家加工型农业产业化省级以上龙头企业中，仅有298 家建有专门研发机构，研发投入仅有 33 亿元左右，研发投入占企业年销售收入比例超过 1% 的企业仅有 221 家。

（五）农产品品牌仍然不够响

虽然江西省经国家认证的绿色产品、有机产品品种数量位于全国前列，但在全国市场上叫得响、影响大的农产品品牌却很有限。"赣南脐橙""庐山云雾茶""赣南茶油""乐安竹笋"等四个农业品牌进入了全国百强榜，而大米、生猪、水产等传统优势产业，没有一个品牌进入全国百强榜。据不完全统计，2020 年江西省稻米品牌 400 多个，茶油品牌 1 000 多个，存在比较突出的"弱、散、小"现象。

（六）支农惠农政策落实力度不够大

用地、融资难题依然突出。在用地上，由于大多数农业龙头企业享受免税政策，在当地没有税收贡献，一些地方难以将有限的用地指标用于农业企业，农业企业获得建设用地十分困难。在融资上，金融资本和社会资本投入"三农"领域的积极性依然不高。一方面，金融机构因控制自身放贷风险，会增加放贷条件；另一方面，农业项目一般投入大、周期长、见效慢、利润低，农业企业可供担保、抵押物少，抵抗不可抗力风险能力弱，造成企业融资难。在少数地方，农产品加工企业用电优惠政策落实还不够到位。涉农财政资金统筹整合难度依然较大。一方面，农业农村部下达的资金约束性任务较多，可用于省级统筹的资金有限；另一方面，省级财政资金支持农业农村发展缺口较大，且资金筹集渠道单一。例如，2017—2020 年，江西省在全国率先从省级层面统筹整合资金推进高标准农田建设，取得了显著成效，获国务院通报奖励。但是，由于原材料价格和人工机械成本出现阶段性大幅上涨，加之江西省丘陵山区多，土方平整量及沟渠修筑都要比平原地区多，亩均建设成本越来越高，资金缺口进一步增大，给地方财政带来较大压力。

第三节 "十三五"时期江西农业
高质量发展评价分析

农业高质量发展是一项复杂的系统工程，为了把握方向，明确重点，找准差距，需要建立科学的评价体系，开展动态评价。

一、指标体系构建

（一）总体要求

以习近平新时代中国特色社会主义思想为指导，全面贯彻党的十九大和十九届历次全会精神及习近平总书记视察江西讲话精神，按照高质量发展要求，对标新时期保居民就业、保基本民生、保市场主体、保粮食能源安全、保产业链供应链稳定、保基层运转等"六保"工作主要任务，坚持引领性原则、系统性原则、指导性原则、可操作性原则、连续性原则，科学构建江西农业产品与服务高质量供给指标体系，准确评价江西农业产品与服务的供给水平。

（二）构建依据

（1）国家和省内重要文件精神。2020年中央1号文件明确要求，在实现全面小康的收官之年，必须确保重要农产品供给不出问题、确保农民收入保持稳定增长势头，稳住"三农"这个基本盘，并分别从补上农村基础设施和公共服务短板、保障重要农产品有效供给、强化农村补短板保障措施等方面，提出了要加大农村公共基础设施建设力度、治理农村生态环境突出问题、稳定粮食生产、加强现代农业设施建设、强化科技支撑作用等多项具体任务。2020年江西省委1号文件明确将补上全面小康"三农"领域突出短板作为重点目标之一，并提出要保护农村生态环境、加强农业基础设施建设、发挥农业科技创新引领作用等多项具体任务。

（2）借鉴现有相关指标体系。2016年10月，国务院发布的《全国农业现代化规划（2016—2020年）》明确提出，"十三五"农业现代化主要指标包括7个一级指标（粮食供给保障、农业结构、质量效益、可持续发展、技术装备、规模经营、支持保护）和31个二级指标。2019年12月，农业农村部发布的《数字农业农村发展规划》明确提出，数字农业农村发展的主要指标包括农业数字经济占农业增加值比例、农产品网络零售额占农产品总交易额比例和农村互联网普及率，并提出构建基础数据资源体系、加快生产经营数字化改造、推进管理服务数字化转型、强化关键技术装备创新、加强重大工程设施建设等主要任务。

综合有关政策要求和文件精神，农业产品与服务高质量供给是指在新发展理念的指导下，为人民提供高质量的农产品和服务，从而满足消费结构不断升级的各类需求。不仅包括经济、社会和生态环境的协同发展，还包括生产要素投入成本低、资源配置合理，产业结构和布局不断优化，农业发展的质量和效率持续提升，产品和服务的供给能力有保障，能够长期有效地满足人民的各种需求等内容。

（三）指标选择

我国农业主要矛盾已经由"有没有"的数量型矛盾转变为"好不好"的质量型矛盾，已进入农业高质量发展阶段，不仅要求农产品和服务供给得出、供给得优，还要农产品和服务供给能力强、效益高，更要实现农业竞争力强、农民收入多、农村生态环境美。根据江西实际和农业高质量发展要求，江西农业产品和服务高质量供给体系主要体现在以下"五化"：

——规模化生产。农业规模化生产是推行标准化生产、提高农业生产效率、降低生产成本、提高农业竞争力的前提条件，是推进农业高质量发展的必然要求。首先，深入实施"藏粮于地"战略，大规模开展高标准农田建设，通过土地流转、土地互换、土地入股等多种形式，扩大土地规模经营，是江西增加农业产品和服务高质量供给总量规模的基础。其次，农业高质量发展，离不开现代科技装备的运用，要充分运用现代农业新技术，增强科技创新对江西省农业高质量发展的驱动作用，提高或增加农业科技进步贡献率、主要农作物综合机械化率、农业机械总动力。最后，农业高质量发展，需要有一批爱农业、懂技术、善经营的高素质农民。要以吸引年轻人务农、培育职业农民为重点，加快培育新型经营主体，壮大农业社会化服务组织，开展土地托管、联耕联种、代耕代种、统防统治等直接面向小农户的农业生产服务，扩大服务规模。据此，规模化生产可以选择高标准农田占比、土地流转率、农业科技进步贡献率、农业机械总动力、农业生产托管面积比重、新型农业经营主体数 6 项指标来反映。

——绿色化引领。发展绿色农业是新时代贯彻新发展理念、满足人民日益增长的美好生活需要的重要方面，是农业高质量发展的应有之义。首先，优良的产地环境是农业产品和服务高质量供给的前提。只有优美的环境、清新的空气、良好的水质，才可能生产出绿色有机农产品。因此，要改善农业生态环境，降低农业生产能源消耗，持续推进农药化肥减量使用，推进生产更加绿色、资源更加节约、环境更加友好，实现产地环境生态化。其次，农业废弃物资源化利用水平，是影响农业绿色可持续发展的重要因素。江西是畜禽养殖大省，要加快畜禽养殖粪便无害化处理，重点推进畜禽粪污资源化利用，加快推动沼气发电上网，推进沼渣沼液有机肥利用，创新循环农业发展模式，提高畜禽粪污综合利用率。最后，绿色有机农产品是绿色化引领高质量供给的直接体现。保障绿色有机农产品供给，要健全标准化生产、农业投入品监管、农产品产地准出和市场准入、质量安全追溯管理、重大动物疫病防控等农产品质量监管体系，扩大主要农产品绿色有机种植面积，不断扩大绿色有机农产品数量规模。据此，绿色化引领可以选择森林覆盖率、Ⅲ类及以上水质比例、万元农业 GDP 能耗、农药化肥施用强度、畜禽粪污综合利用率、主要绿色有机农产品种植面积占比、绿色有机农产品数量 7 项指标来反映。

——优质化增效。实现由增产导向转向提质导向，大幅提升农产品和服务高质量供给，更好满足多层次、多样化、个性化、高品质的消费需求，是实现农业高质量发展的重要目标导向。首先，要满足产品和服务优质化的市场需求，深入推进结构调整，增加销路好、品质高、市场缺的优质农产品和服务供给，提高农业产品和服务供给体系的质量效益，这也必然要求土地产出效率更高。其次，即使优质农产品和服务生产供给得出，还要卖得出、卖得好，要把抢占市场、产品营销、唱响品牌作为农业高质量发展的重要任务。农业高质量发展离不开市场，谁抢占了市场，谁就赢得了主动，因此要不断提高农业产品和服务商品化程度。"十三五"期间，江西省农产品物流"最先一公里"短板突出，要加快补齐农产品冷链物流基础设施短板，增强江西省优质农产品市场竞争力。更为重要的是，农业区域公用品牌是优质农产品和服务的"标签"和"代名词"，提高农业区域公用品牌价值，是农产品和服务优质优价的重要体现，也是农业高质量发展的重要手段。最后，推进农业高质量发展的最终目的是要增加农村居民收入。要通过建立紧密的利益联结机制，通过保底分红、股份合作、利润返还等，带动农民分享农业产业链增值收益，实现小农户与现代农业发展有机衔接，让更多农民分享农业高质量发展成果。据此，优质化增效可以选择亩均产值、农业商品率、主要冷链物流农产品产量占比、区域公用农业品牌价值、农村居民人均可支配收入等 5 项指标来反映。

——融合化发展。拓展农业多功能，推进农村一二三产业融合发展，促进农业业态更多元、形态更高级、分工更优化，不断拓展农业增值空间，是实现农业高质量发展的关键所在。首先，要推进农业产业链延伸融合，大力发展农产品精深加工，改变农产品"原字号、粗加工"状态，增加农业服务业增加值比重，通过延长产业链不断提升价值链，是江西省农村产业融合发展的重要途径。其次，深入挖掘、开发利用农业的文化、科技、教育、研学、旅游观光、康养等多功能价值，推进农业与旅游、文化、康养、体育等深度融合，把休闲农业和乡村旅游、农产品电商作为农业"接二连三"的联结点，通过打造乡村旅游精品线路，将产业融合起来，通过发展农产品电商，将产业基地与终端市场连起来，打造产销融合有机整体，是江西省农村产业融合发展又一重要路径。据此，融合化发展可以选择农产品加工产值与农业总产值比、农业服务业产值占农业总产值比例、休闲农业和乡村旅游收入、农产品网上零售额占农业总产值比例等 4 项指标来反映。

——数字化提升。随着 5G、区块链、大数据、云平台等新技术推广应用，将加速对传统农业各领域各环节的全方位、全角度、全链条的数字化改造，提高全要素生产率，为农业高质量发展增添新动能。首先，加快补齐农业农村信息基础设施短板，提升农业信息化覆盖率，推进农业生产智能化、经营网络化、管理数字化、服务精准化，提升农业数字化水平，是发展数字农业经济的基础。其次，要加大数字农业领域新技术新产品新模式的应用推广力度，加大传统农业数字化改造力度，深入挖掘农村在推进数字技术产业化方面的潜力，打造数字农产品，不断催生新业态、新模式，提高农业数字经济增加值比重，不断培育壮大农业数字经济。据此，

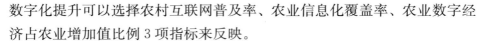

数字化提升可以选择农村互联网普及率、农业信息化覆盖率、农业数字经济占农业增加值比例3项指标来反映。

(四) 指标体系框架

江西农业高质量发展指标体系具体如表1-9所示。使用数据主要来源于《中国农村统计年鉴》《江西统计年鉴》《中国农村经营管理统计年报》等。

表1-9 江西农业高质量发展指标体系框架

一级指标	二级指标	单位	指标性质
规模化生产	土地流转率	%	+
	高标准农田占比	%	+
	农业生产托管面积比重	%	+
	农业科技进步贡献率	%	+
	新型农业经营主体数	万家	+
	农业机械总动力	万瓦特	+
绿色化引领	森林覆盖率	%	+
	Ⅲ类及以上水质比例	%	+
	绿色有机农产品数量	个	+
	主要绿色有机农产品种植面积占比	%	+
	农药化肥施用强度	公斤/公顷	—
	畜禽粪污综合利用率	%	+
	万元农业GDP能耗	吨标准煤/万元	—
优质化增效	亩均产值	万元	+
	农业商品率	%	+
	主要冷链物流农产品产量占比	%	+
	区域公用农业品牌价值	亿元	+
	农村居民人均可支配收入	元	+
融合化发展	农产品加工产值与农业总产值比	说明:以农业总产值为1	+
	农业服务业产值占农业总产值比例	%	+
	休闲农业和乡村旅游收入	万元	+
	农产品网上零售额占农业总产值比例	%	+
数字化提升	农村互联网普及率	%	+
	农业信息化覆盖率	%	+
	农业数字经济占农业增加值比例	%	+

二、应用分析

运用上文构建的指标体系进行评价分析，有助于明晰江西农业产品与服务高质量供给的现状，系统了解江西农业产品与服务高质量供给的长短板、强弱项，为今后改进提升提供明确指向。

（一）规模化生产

1. 高标准农田建设成效显著

高标准农田建设有利于变资源优势为商品优势和经济优势，提高农业效益。从 2017 年起，江西从省级层面统筹整合各部门农田建设资金，并统一提高投入标准，加快推进高标准农田建设。截至 2020 年 3 月底，江西省已累计建成高标准农田 2 544 万多亩，约占江西省耕地面积的 54.9%。2019 年、2020 年连续两年被评为全国完成高标准农田建设任务成效显著省份，获国务院督查激励和奖励资金各 2 亿元，2019 年获省政府及时奖励。

2. 农业适度规模经营水平有待提升

进行土地流转是新型农业经营主体提升规模化经营水平的有效途径，根据《中国农业年鉴 2018》数据，2017 年江西土地流转率为 40.5%，与周边安徽（45%）、湖北（44.1%）、湖南（46.43%）相比，存在一定差距。截至 2019 年底，江西土地流转率为 46.6%，相当于湖南 2017 年的水平，仍需进一步提升。

3. 农业生产托管服务水平亟待提升

农业生产托管服务作为一种新型农业经营组织形式正在逐步替代传统经营模式，成为规模化服务的一个重要发展方向。截至 2018 年底，湖北省从事农业生产托管服务的组织 25 133 个，主要农作物托管服务面积超过 1 803 万亩，比 2017 年增长 9.4%。截至 2018 年 1 月 4 日，安徽省各类农业生产性服务组织达到 3.1 万个，农业生产托管服务组织 1.8 万个，主要农作物托管服务面积 2 890 万亩，服务农户近 400 万户。与湖北、安徽等周边省份相比，江西农业生产性服务组织亟须壮大，农业生产托管服务水平需要进一步加快提升。

4. 农业科技支撑能力有待增强

科技进步是突破资源和市场对农业双重制约的根本出路。实现农业农村现代化，归根到底要靠农业科技的支撑和引领。2018年，江西省农业科技进步贡献率达59.02%，同期安徽省农业科技进步贡献率达63%，差距明显。2018年，江西农业机械总动力为2 382万千瓦，在中部地区六省中排倒数第二位，只有河南省（10 204.5万千瓦）的23.34%、安徽省（6 543.8万千瓦）的36.40%、湖北省（4 424.6万千瓦）的53.84%。

5. 新型农业经营主体须快速扩容

新型农业经营主体不仅是主要农产品供给主体，同时还是社会化服务主体。根据《中国农业年鉴2018》数据，2017年底江西拥有的家庭农场、农民合作社分别为3.82万家和6.42万家，同期河南省家庭农场、农民合作社分别为4.2万家和16万家，安徽省分别为7.7万家（全国第一）和8.9万家（全国第八）。截至2020年5月，全国有1 542家国家级农业产业化重点龙头企业，江西省52家，在全国各省区市中排名第16位、在中部地区排倒数第二位；在13个粮食主产区中，江西省农业产业化国家重点龙头企业数量排名倒数第二，同湖南（60家）、湖北（62家）、安徽（62家）、河南（76家）相比差距较为明显。

（二）绿色化引领

1. 生态资源禀赋优势明显

自然资源是农业生产的物质基础，高质量农业产品与服务供给对生态资源环境具有较严格要求。江西森林覆盖率长期稳定在63.1%，被称为全国"最绿"的省份之一。江西拥有我国面积最大的淡水湖鄱阳湖，水环境质量较好。2019年，江西省地表水断面水质优良比例为92.4%（达到或优于Ⅲ类标准），较2016年提高11个百分点，在中部地区六省中排名第二位，仅低于湖南省（95.4%）（表1-10）。

表1-10 2016—2019年中部六省森林覆盖率及水环境质量比较

单位：%

省份	指标	2019年	2018年	2017年	2016年
江西	森林覆盖率	63.1	63.1	63.1	63.1
	Ⅲ类及以上水质比例	92.4	90.7	88.5	81.4

（续）

省份	指标	2019 年	2018 年	2017 年	2016 年
河南	森林覆盖率	24.9	24.9	24.5	24.2
	Ⅲ类及以上水质比例	68.1	60.4	57.5	51.5
山西	森林覆盖率	22.8	22.8	20.05	18.03
	Ⅲ类及以上水质比例	57.0	57.0	56.0	48.0
安徽	森林覆盖率	——	28.65	28.65	28.65
	Ⅲ类及以上水质比例	72.8	69.5	73.6	70.0
湖南	森林覆盖率	59.9	59.8	59.7	59.6
	Ⅲ类及以上水质比例	95.4	94.5	93.6	89.7
湖北	森林覆盖率	——	39.6	38.4	38.4
	Ⅲ类及以上水质比例	89.4	89.4	86.6	86.6

资料来源：基于各省统计年鉴数据测算整理。

2. 绿色食品生产与有效用标绿色食品产品数不匹配

中国绿色食品发展中心发布的 2019 年《绿色食品统计年报》显示，2019 年江西绿色食品原料标准化生产基地 48 个、面积 854.3 万亩，分别列全国第 6 位、第 7 位。然而，江西有效用标绿色食品单位仅 327 家、产品数 653 个，均列全国第 19 位（表 1-11）。这表明江西绿色食品生产环节走在全国前列，但农业产品与服务的中后端环节的转化与销售能力亟待提升。

表 1-11　2019 年各省份绿色食品生产与产品情况

省份	绿色食品原料标准化生产		有效用标绿色食品	
	基地数（个）	面积（万亩）	单位数（家）	产品数（个）
北京	3	18.5	61	291
天津	1	11.2	52	144
河北	15	144.6	353	1 015
山西	3	24	290	490
内蒙古	48	1 860.4	397	1 170
辽宁	15	193.4	470	927
吉林	20	382.7	391	1 056
黑龙江	146	6 043.2	1 110	2 748

（续）

省份	绿色食品原料标准化生产		有效用标绿色食品	
	基地数（个）	面积（万亩）	单位数（家）	产品数（个）
上海	2	33.3	656	1 135
江苏	59	1 673.5	1 510	3 296
安徽	49	879.9	1 526	3 421
浙江	4	33.1	947	1 469
福建	16	148.8	429	760
江西	**48**	**854.3**	**327**	**653**
山东	25	531.6	1 625	3 898
河南	5	128.2	510	1 019
湖北	23	303.3	693	1 786
湖南	41	620.7	780	1 798
广东	6	57.4	339	597
广西	3	28.4	188	246
四川	66	862.9	673	1 593
陕西	4	162	188	321
甘肃	17	192.7	525	1 292
宁夏	14	157.3	107	277
青海	8	120.2	97	336
重庆	1	45.2	746	1 889
云南	1	6.7	501	1 753
新疆	78	1 097.2	236	537

资料来源：中国绿色食品发展中心发布的 2019 年《绿色食品统计年报》。

3. 对农药等外源物质的依赖程度较重

"十三五"期间，通过实施化肥农药零增长（负增长）、有机肥替代化肥等行动，江西农药化肥连续多年保持负增长，但农业产业化发展过程中农产品生产高度依赖农药等外源物质的现状尚未根本扭转。2018 年，江西农药使用强度达 164.8 吨/万公顷，在中部地区六省中排名第一位，农药使用强度居高不下，将制约产品和服务的高质量供给。同时，也要看到，江西农业循环化生产较好。2018 年，江西畜禽粪污资源化利用率达 77%，经国家考核评为优秀。这表明江西畜禽粪污资源化利用的循环发展模式需进一步向农业各领域拓展，深入实施有机肥替代化肥行动，以增强农业生产的内循环，减少对化肥、农药等外源物质的依赖，提升产品与服务的质量。

表1-12 2016—2018年中部六省农药化肥使用强度

单位：吨/万公顷

省份	指标	2018年	2017年	2016年
江西	农药使用强度	164.8	164.2	165.8
	化肥施用强度	2 354.2	2 363.8	2 553.2
河南	农药使用强度	76.9	81.9	85.2
	化肥施用强度	4 690.8	4 796.9	4 798.0
山西	农药使用强度	23.5	23.8	23.4
	化肥施用强度	3 083.1	3 138.7	3 146.4
安徽	农药使用强度	107.4	113.9	118.9
	化肥施用强度	3 554.3	3 652.2	3 676.9
湖南	农药使用强度	140.7	140.3	134.9
	化肥施用强度	2 991.9	2 965.6	2 802.7
湖北	农药使用强度	129.9	137.8	148.4
	化肥施用强度	3 719.6	3 996.0	4 146.9

资料来源：基于各省统计年鉴数据测算整理。

（三）优质化增效

1. 农业亩均生产能力有待提升

亩均生产能力是农业优质化增效的基础，提高单位生产能力是实现农业高质量供给的重要措施。2016—2018年，江西农业亩均产值在中部六省中始终排名第四，属于中等偏下水平。湖南省亩均产值连年稳居第一。2016—2018年，江西省亩均产值分别是湖南省亩均产值的77.7%、77.1%和78.2%，差距在1 300元左右（表1-13）。

表1-13 2016—2018年中部六省农业亩均产值情况

单位：元

省份	2016年		2017年		2018年	
	农业亩均产值	排名	农业亩均产值	排名	农业亩均产值	排名
湖南	5 991.01	1	6 261.16	1	6 418.45	1
山西	2 032.19	6	2 124.82	6	2 206.20	6

(续)

省份	2016 年		2017 年		2018 年	
	农业亩均产值	排名	农业亩均产值	排名	农业亩均产值	排名
江西	4 656.77	4	4 825.96	4	5 020.09	4
河南	5 497.83	2	5 612.07	3	6 131.06	2
湖北	5 328.18	3	5 658.03	2	5 794.23	3
安徽	3 642.15	5	3 820.52	5	3 841.45	5

资料来源：各省统计年鉴，《中国统计年鉴 2019》。

2. 农产品冷链流通率亟待提高

加快发展冷链物流可以最大限度保证产品品质和质量安全、降低损耗并防止污染，提高生鲜食用农产品的市场供给质量。根据《江西省冷链物流发展规划（2018—2022)》数据，江西省冷链综合流通率只有 13%，冷藏车每万人拥有量仅 0.16 辆，低于全国每万人拥有 1.08 辆的平均水平。2016—2018 年，江西省主要冷链物流农产品产量占比分别为 45.97%、47.59%、48.66%，均不高于 50%，在中部六省中排名末尾（表 1-14）。

表 1-14 2016—2018 年中部六省主要冷链物流农产品产量占比情况

单位：%

省份	2016 年		2017 年		2018 年	
	占比	排名	占比	排名	占比	排名
湖南	58.21	3	55.63	3	56.94	2
山西	60.53	2	54.01	4	52.18	4
江西	45.97	6	47.59	6	48.66	5
河南	55.33	4	56.00	2	54.45	3
湖北	62.31	1	60.77	1	61.66	1
安徽	52.44	5	52.91	5	41.64	6

资料来源：基于各省统计年鉴数据测算整理。

3. 区域公用品牌价值高

农业高质量发展的时代，品牌竞争的重要性更加凸显，"质量兴农、绿色兴农、品牌强农"已成为转变农业发展方式、提升农业竞争力和实现乡村振兴的战略选择。2019 年，江西省区域公用农业品牌价值为 792.12

亿元，在中部地区六省中排名第一，比第二名的河南省（404.07 亿元）高 388.05 亿元，是最后一名山西省的 6.8 倍，高出 675.68 亿元（表 1 - 15）。在中国农业品牌目录 2019 农产品区域公用品牌（第一批）价值评估榜单中，赣南脐橙的品牌价值为 675.41 亿元，为水果类单个品牌价值最高。

表 1 - 15　2019 年中部六省区域公用农业品牌价值情况

单位：亿元

省份	区域公用农业品牌价值	排名
湖南	211.98	4
山西	116.44	6
江西	792.12	1
河南	404.07	2
湖北	301.42	3
安徽	161.74	5

资料来源：2020 年 1 月 10 日发布的中国农业品牌目录首批农产品区域公用品牌价值评估和影响力指数榜单。

4. 农村居民收入水平居中部地区前列、全国上游，但农业经营性收入占比呈下降趋势

农村居民收入水平综合反映了一个地区农业农村经济发展水平。2018 年，江西农村居民人均可支配收入 14 459.89 元，居全国第 11 位，在中部地区六省中排名第 2 位，与第 1 名湖北省的差距逐年缩小（表 1 - 16）。然而，江西农村居民人均可支配收入构成中，工资性收入占比最高，2016—2018 年分别为 40.82%、42.36%、42.33%，经营性收入占比分别为 38.66%、36.77%、36.46%，而第一产业的经营收入占比分别为 26.44%、23.87%、24.05%。可以看出，江西农村居民收入中农业生产经营收入的占比呈下降趋势，折射出农业经营效益、农业全产业链增加值惠及农民的水平有待提升。

（四）融合化发展

1. 农产品加工能力有待增强

农产品加工业连接工农、沟通城乡，产业关联度高、带动能力强，具有促进产业融合发展的特质与优势。根据《中国农业年鉴 2018》，2017 年

底，江西省农产品加工业产值与农业总产值之比为 2.2：1，同期湖北省为 2.24：1、湖南省为 2.3：1、安徽省为 2.2：1。可见，江西农产品加工能力与周边省份相比有一定差距，但不明显，与发达国家农产品加工业产值是农业产值 3 倍以上的水平相比差距较大。

表 1－16　2016—2018 年中部六省农村居民人均可支配收入情况

单位：元

省份	2016 年		2017 年		2018 年	
	农村居民人均可支配收入	排名	农村居民人均可支配收入	排名	农村居民人均可支配收入	排名
湖南	11 930.4	3	12 935.8	3	14 092.5	3
山西	10 082	6	10 788	6	11 750	6
江西	12 137.72	2	13 241.82	2	14 459.89	2
河南	11 696.74	5	12 719.18	5	13 830.74	5
湖北	12 724.97	1	13 812.09	1	14 977.82	1
安徽	11 720.47	4	12 758.22	4	13 996.02	4

资料来源：各省统计局 2017—2019 年统计年鉴。

2. 农业服务业规模亟待发展壮大

发展农业生产性服务业是一二三产业融合发展的有效路径，在实施乡村振兴战略、推进农业农村现代化征程中，农业服务业发挥着不可替代的作用。"十三五"期间，江西加快构建以公益性服务为基础、经营性服务为支撑的农业社会化服务体系，涌现了绿能公司多种经营并举、利源公司"六代一管"、宁都县联耕联种联管联营等生产托管服务模式，但江西省农业服务业尚处于起步发展阶段，农业服务业产值在农业总产值中的份额偏低。

3. 休闲农业和乡村旅游发展基础较好

休闲农业和乡村旅游是乡村产业重要组成部分，是横跨一二三产业、兼容生产生活生态、融通工农城乡的新产业新业态，能够大幅提升农产品附加值，有效提升农村产业的劳动生产率、土地产出率、资源利用率。江西具有发展休闲农业和乡村旅游的资源优势。根据《中国农业年鉴2018》，2017 年底，江西休闲农业和乡村旅游总创收 810 亿元，同期湖南省休闲农业和乡村旅游总创收突破 400 亿元，湖北省休闲农业和乡村旅游总创收达 1 920 亿元，江西发展基础较好，发展空间广阔。

4. 农产品网络零售额需加力突破

农产品网络销售，正加速重构农业产品与服务供给的产业链、供应链、创新链、价值链，对缩减环节、降低成本、增加效益具有重要意义，是"绿水青山就是金山银山"的重要"转换器"。根据农业农村部信息中心联合中国国际电子商务中心研究院公开的《2020 全国县域数字农业农村电子商务发展报告》，2019 年江西县域农产品网络零售额在全国列第 16 位、在中部地区列第 5 位，与广东省（592.1 亿元）、北京市（361.6 亿元）、浙江省（331.4 亿元）差距显著。

（五）数字化提升

1. 农业信息化覆盖基础较好

随着互联网的飞速发展和信息技术的广泛普及，信息化在发展乡村经济、推动乡村振兴中的作用将日益凸显。根据《中国通信年鉴 2019》，2018 年底，江西省行政村光纤网络和 4G 网络覆盖比例达 100%，农村固定宽带用户数为 372.4 万户；同期，湖南省农村行政村 4G 网络覆盖率为 99.6%，农村宽带用户数为 520.2 万户，湖北省全面实现行政村通光纤，4G 网络实现行政村 100% 覆盖。

2. 农村互联网普及率亟须提升

推进农村信息化网络建设，普及网络应用，对推进农业农村现代化具有重要现实意义。据 2021 年第 47 次《中国互联网络发展状况统计报告》，农村网民规模为 3.09 亿，农村地区互联网普及率为 55.9%，低于城镇地区 23.9 个百分点。《网宿·中国互联网发展报告》显示，2017 年全国互联网的普及率达 53.12%，北京（78%）、广东（75%）、上海（73%）、福建（69%）、浙江（65%）分列前五位。互联网普及率达 53% 以上的 16 个省份中包括山西、新疆、青海、陕西、湖北、重庆等中西部省份，而江西互联网普及率只有 47%，较全国平均水平低 6 个多百分点、居全国第 22 位，相应地，农村互联网普及率更低，亟须提升。

3. 农业数字经济水平有待提升

新一代信息技术创新空前活跃，不断催生新产品、新模式、新业态，为农业数字经济发展创造了前所未有的重大机遇。根据农业农村部信息中心联合中国国际电子商务中心研究院公开的《2020 全国县域数字农业农村电子商务发展报告》，江西县域农产品网络零售额为全国中等偏下水平，农业数字经济水平有待提升。

三、评价结论

江西农业高质量供给体系"五化"发展既有亮点又有不足，发展呈现不均衡、不充分的情况。

一是在规模化生产方面，江西高标准农田建设成效显著，2019 年、2020 年连续两年被评为全国完成高标准农田建设任务成效显著省份。但是，农业适度规模经营水平不高，农业生产托管服务水平亟待提升。农业科技支撑能力有待增强，农业机械化水平偏低。新型农业经营主体需增量提质。

二是在绿色化引领方面，江西生态资源禀赋优势明显。江西森林覆盖率居全国第二位，被称为全国"最绿"的省份之一。然而，绿色食品生产与有效用标绿色食品产品数不匹配。对农药等外源物质的依赖程度依然较高。

三是在优质化增效方面，2019 年，江西省区域公用农业品牌价值在中部地区六省中排名第一。其中，赣南脐橙的品牌价值为水果类单个品牌价值最高。然而，农业亩均生产能力有待提升，农产品冷链流通率亟待提高，冷链综合流通率和冷藏车每万人拥有量低于全国平均水平。农村居民收入水平居中部地区前列、全国上游，工资性收入占比最高，农业经营性收入占比呈下降趋势，农业经营效益、农业全产业链增加值惠及农民的水平有待提升。

四是在融合化发展方面，江西休闲农业和乡村旅游发展基础较好。农村人居环境治理促进生产生活生态协调，一二三产业融合加快，形成融通工农城乡的新产业新业态。但江西省农产品加工能力有待增强，农业服务业规模亟待发展壮大，农业多功能发展有待进一步拓展。

五是在数字化提升方面，江西农业信息化覆盖基础较好。2018 年底，江西省行政村光纤网络和 4G 网络覆盖比例达 100%，但农村互联网普及率和农业数字经济水平均低于全国平均水平，亟待提升。

第二章　江西农业高质量发展的战略思考

　　江西农业高质量发展事关国家粮食安全保障、江西经济社会发展基础支撑、农业和农村现代化目标，是一个时间跨度大、涉及国计民生多、具有深远历史影响的重大系统工程，需要以习近平新时代中国特色社会主义思想为指导，立足江西资源禀赋，充分发挥比较优势，服务"农业强省"目标，进行深入思考，明确目标、路径和主要措施。

第一节　国家战略、比较优势与江西农业高质量发展

　　《中共中央关于制定国民经济和社会发展第十四个五年规划和二〇三五年远景目标的建议》明确提出，加快构建以国内大循环为主体、国内国际双循环相互促进的新发展格局，并突出强调：新发展格局是开放的国内国际双循环，不是封闭的国内单循环；是以全国统一大市场基础上的国内大循环为主体，不是各地都搞自我小循环；各地要发挥自己的比较优势，找准自己在新发展格局中的位置，共同构建国内大循环。同时，进入21世纪以来，一系列国家战略先后在江西叠加实施。江西农业高质量发展，必须服从国家战略需要，并充分发挥自身比较优势。

一、江西农业高质量发展面临的国家战略及其目标要求

（一）"藏粮于地、藏粮于技"战略

　　加强高标准农田和水利设施建设，继续推进轮作休耕和结构调整，提升粮食生产能力和农业发展质量，当好维护国家粮食安全的"压舱石"，

根本在耕地，出路在科技，目标在安全。坚持最严格的耕地保护制度，坚守耕地红线，提高粮食产能，确保谷物基本自给、口粮绝对安全。

（二）鄱阳湖生态经济区建设

以促进生态和经济协调发展为主线，以体制创新和科技进步为动力，转变发展方式，创新发展途径，加快发展步伐，努力把鄱阳湖地区建设成生态文明与经济社会发展协调统一、人与自然和谐相处、经济发达的世界级生态经济示范区、中国低碳经济发展先行区。生态农业发展是鄱阳湖生态经济区建设的重中之重。

（三）国家生态文明试验区建设（江西）

到 2018 年，试验区建设取得重要进展，在流域生态保护补偿、河湖保护与生态修复、绿色产业发展、生态扶贫、自然资源资产产权等重点领域形成一批可复制可推广的改革成果。到 2020 年，建成具有江西特色、系统完整的生态文明制度体系。通过试验区建设，生态环境质量进一步改善。经济发展的质量和效益显著提高，生态环境质量继续位居全国前列，使江西的天更蓝、地更绿、水更清，人民群众的生态获得感和幸福感明显增强，美丽中国"江西样板"基本建成。把生态价值实现与脱贫攻坚有机结合起来，实现生态保护与生态扶贫双赢，推动生态文明共建共享，探索形成人与自然和谐发展新格局。

（四）新时代支持革命老区振兴发展

到 2025 年，革命老区脱贫攻坚成果全面巩固拓展，乡村振兴和新型城镇化建设取得明显进展，基础设施和基本公共服务进一步改善，居民收入增长幅度高于全国平均水平，对内对外开放合作水平显著提高，红色文化影响力明显增强，生态环境质量持续改善。到 2035 年，革命老区与全国同步基本实现社会主义现代化，现代化经济体系基本形成，居民收入水平显著提升，基本公共服务实现均等化，人民生活更加美好，形成红色文化繁荣、生态环境优美、基础设施完善、产业发展兴旺、居民生活幸福、社会和谐稳定的发展新局面。

（五）乡村振兴战略

深化农业供给侧结构性改革，构建现代农业产业体系、生产体系、经营体系，实现农村一二三产业深度融合发展，推动农业从增产导向转向提质导向，增强我国农业创新力和竞争力。到 2020 年，乡村振兴取得重要进展，制度框架和政策体系基本形成；到 2035 年，乡村振兴取得决定性进展，农业农村现代化基本实现；到 2050 年，乡村全面振兴，农业强、农村美、农民富全面实现。

（六）新时代推动中部地区高质量发展

到 2025 年，中部地区质量变革、效率变革、动力变革取得突破性进展，投入产出效益大幅提高，综合实力、内生动力和竞争力进一步增强。创新能力建设取得明显成效，科创产业融合发展体系基本建立，全社会研发经费投入占地区生产总值比例达到全国平均水平。常住人口城镇化率年均提高 1 个百分点以上，分工合理、优势互补、各具特色的协调发展格局基本形成，城乡区域发展协调性进一步增强。绿色发展深入推进，单位地区生产总值能耗降幅达到全国平均水平，单位地区生产总值二氧化碳排放进一步降低，资源节约型、环境友好型发展方式普遍建立。开放水平再上新台阶，内陆开放型经济新体制基本形成。共享发展达到新水平，居民人均可支配收入与经济增长基本同步，统筹应对公共卫生等重大突发事件能力显著提高，人民群众获得感、幸福感、安全感明显增强。到 2035 年，中部地区现代化经济体系基本建成，产业整体迈向中高端，城乡区域协调发展达到较高水平，绿色低碳生产生活方式基本形成，开放型经济体制机制更加完善，人民生活更加幸福安康，基本实现社会主义现代化，共同富裕取得更为明显的实质性进展。

二、国家战略与江西农业高质量发展

（一）贯彻国家战略对江西农业发展的要求

1. "藏粮于地、藏粮于技"战略

以服务保障国家粮食安全为底线，深入实施"藏粮于地、藏粮于技"战略，严守耕地保护红线，扎实推进高标准农田、农业水利设施建设，实施优质粮食工程和现代种业提升工程，进一步巩固粮食主产区地位。

2. 鄱阳湖生态经济区建设

建设全国大湖流域综合开发示范区、长江中下游水生态安全保障区、加快中部地区崛起的重要带动区、国际生态经济合作重要平台、连接长三

角和珠三角的重要经济增长极、世界级生态经济协调发展示范区。

3. 国家生态文明试验区建设（江西）

支持打造山水林田湖草综合治理样板区、中部地区绿色崛起先行区、生态环境保护管理制度创新区、生态扶贫共享发展示范区。2020 年，江西省森林覆盖率稳定在 63％，地表水水质优良比例提高到 85.3％，重要江河湖泊水功能区水质达标率达到 91％以上，鄱阳湖流域水功能区水质达标率达到 90％以上，全面消除Ⅴ类及劣Ⅴ类水体，水土流失面积和强度显著下降，生态环境质量继续位居全国前列，使江西的天更蓝、地更绿、水更清，人民群众的生态获得感和幸福感明显增强。

4. 新时代支持革命老区振兴发展

加强农田水利和高标准农田建设，深入推进优质粮食工程，稳步提升粮食生产能力。加强绿色食品、有机农产品、地理标志农产品认证和管理，推行食用农产品合格证制度，推动品种培优、品质提升、品牌打造和标准化生产。做大做强水果、蔬菜、茶叶等特色农林产业。建设一批农村产业融合发展园区、农业标准化示范区、农产品质量检验检测中心和冷链物流基地，鼓励电商企业与革命老区共建农林全产业链加工、物流和交易平台。

5. 乡村振兴战略

坚持农业农村优先发展。确保国家粮食安全，把中国人的饭碗牢牢端在自己手中。加强耕地保护和建设。江西永久基本农田保护目标任务 3 693 万亩。截至 2020 年底，江西省累计建成 2 825 万亩高标准农田；"十四五"期间，新建高标准农田 600 万亩左右，提质改造 900 万亩左右；到 2035 年，江西省高标准农田保有量和质量进一步提高。加快农业转型升级。推动农业由增产导向转向提质导向，提高农业供给体系的整体质量和效率。强化农业科技支撑。实施创新驱动发展战略，加快农业科技进步，提高农业科技自主创新水平、成果转化水平，为农业发展拓展新空间、增添新动能。

6. 新时代推动中部地区高质量发展

大力发展粮食生产，确保粮食种植面积和产量保持稳定，巩固提升全国粮食生产基地地位。实施大中型灌区续建配套节水改造和现代化建设，大力推进高标准农田建设，推广先进适用的农机化技术和装备，加强种质资源保护和利用，支持发展高效旱作农业。高质量推进粮食生产功能区、重要农产品生产保护区和特色农产品优势区建设，大力发展油料、生猪、水产品等优势农产品生产，打造一批绿色农产品生产加工供应基地。支持农产品加工业发展，加快农村产业融合发展示范园建设，推动农村一二三产业融合发展。加快培育农民合作社、家庭农场等新型农业经营主体，大力培育高素质农民，健全农业社会化服务体系。加快农村公共基础设施建设，因地制宜推进农村改厕、生活垃圾处理和污水治理，改善农村人居环境，建设生态宜居的美丽乡村。

（二）国家战略对江西农业高质量发展的方向性启示

第一，江西必须"推进农业农村现代化"，巩固粮食主产区地位，保障重要农产品供给。这是巩固和提升江西农业的核心功能和重要保障功能的必然要求。

第二，江西农业发展必须贯彻落实生态文明试验区、鄱阳湖生态经济区建设要求，有利于实现生态与经济协调发展、良性循环，打造美丽中国"江西样板"。这是深入贯彻习近平生态文明思想，贯彻新发展理念，加快绿色崛起的路径选择。其核心是：投入端要落实减肥减药要求，做到生态有机；产出端要实现低污染、低残留和废弃物资源化利用。

第三，江西农业需要加快转型升级，推动农业由增产导向转向提质导向，大力发展特色农业，不断提高农业综合效益和竞争力。这是江西加快实现由传统农业大省向现代农业强省转变的迫切要求。

三、江西农业高质量发展具有的比较优势

（一）区位优势

江西在我国区域经济发展新构架中具有承东启西、南联北拓的得天独厚的地理环境和区位优势。

1. 长江经济带协同发展的区位优势

长江经济带是中国最大的以长江为纽带联结构成的相对完整的经济带。江西起到承东（接受东部优质农业生产要素的辐射和灵活的体制、开放意识以及先进的经营管理经验的熏陶）启西（开拓西部开发中

的农业投资品和消费品市场）的枢纽作用，有利于推动东中西部地区间的农业协同发展。2016 年设立赣江新区，推动江西更好地融入长江经济带。

2. 与长三角、珠三角、闽三角的共邻优势

江西是全国唯一同时毗邻长江三角洲、珠江三角洲、闽三角（海西经济区）三个最活跃经济区的省份，有着良好的对外开放区位优势。其中，长江三角洲是我国最大的对外开放地区，把以上海为中心的 20 多个接近或达到现代化水平的大中城市连为一体，把山东、安徽等邻近省市亦纳为市场腹地，形成了一个区域统一大市场。珠江三角洲拥有发达富裕的城市群，伴随粤港澳大湾区的建设，其区域范围内也形成了统一大市场。海西经济区是中国沿海开放地区之一，吸引了大量台商的投资，是大陆台商投资最密集的区域。江西地处长、珠、闽（海西）经济区域交汇点，具有承东启西、毗邻东南的显著区位优势，既有助于将蔬菜等生鲜农产品迅速转运到这些高消费区域，又能依托这三个地区连接国际市场的地缘优势，扩大特色优势农产品外贸出口。

3. 路网纵横贯通的交通优势

一是铁路方面，沪昆线和京九线形成"十"字形路网主骨架，基本构建"五纵五横"的铁路网主骨架，包括合福、阜鹰汕、银福、京九、蒙吉泉 5 条纵向通道，沿江、岳（长）九衢、沪昆、衡吉温、韶赣厦 5 条横向通道。至 2030 年，将基本形成"六纵六横"铁路网主骨架，构建"三纵三横"高铁通道。省内近九成县可通火车，畅通与珠三角、长三角、闽三角等区域的联系。二是水运方面，建设了"两横一纵"高等级航道以及九江港、南昌港、赣州港等大港口，拥有长江九江段一级航道、南昌至湖口二级航道、赣江赣州至南昌和信江贵溪至都昌三级航道。三是高速公路方面，高速公路通车里程在全国居第 10 位，与周边省会城市均有高速公路相连。城市道路交通枢纽、城市轨道交通枢纽、航空枢纽与水运枢纽有机衔接。

（二）生态资源优势

绿水青山就是金山银山，优良的生态环境是江西最大的优势、最大的财富、最大的潜力和最大的后劲。

1. 青山常在

2019 年，江西省森林覆盖率达 63.1%，居全国第 2 位，仅次于福建；活立木总蓄积 57 564.29 万立方米，居全国第 10 位；森林蓄积量为 50 665.83立方米，居全国第 9 位。截至 2019 年底，江西省共创建了省级以上湿地公园 106 个（其中国家级 40 个，省级 66 个）；自然保护区 190 个（其中国家级 16 个，省级 38 个，县级 136 个），国家级自然保护区数量居全国第 13 位；建立了 182 个森林公园（其中国家级 50 个，省级 120 个，市县级 12 个）；城市绿地率达到 43.69%，人均公园绿地面积 14.86 平方米。江西省有 15 个县为国家森林城市，75 个县为省级森林城市。

2. 绿水长流

作为长江流域的重要省份之一，江西省 97.7% 的面积属于长江流域，水资源比较丰富。赣江、抚河、信江、修水和饶河为江西省五大河流，全境 10 平方公里以上河流有 3 700 多条，2 平方公里以上湖泊有 70余个。2019 年江西省水资源量 1 655.1 亿立方米，居全国第 6 位，占全国总水量的 7.06%；人均水资源量为 4 405.4 立方米，居长江中下游区域首位。2019 年，江西省地表水水质优良比例（Ⅰ～Ⅲ类水质比例）为 92.4%（含县界断面），主要河流水质优良比例 98.9%，水质均为优。

3. 空气常新

2019 年，江西省空气质量优良天数比例 89.7%，排全国第 10 位，高于全国平均水平约 8 个百分点。江西省设区城市环境空气 $PM_{2.5}$ 年平均浓度 35 微克/立方米，6 项空气质量指标全面达到二级标准，在中部地区率先实现省级空气质量达标。11 个设区城市可吸入颗粒物（PM_{10}）、臭氧（O_3）年均值均达到二级标准，二氧化硫（SO_2）、二氧化氮（NO_2）、一氧化碳（CO）年均值均达到一级标准。

4. 资源丰富

江西地处亚热带，地貌类型有山地、丘陵、岗地、平原和湖泊水系等，动植物资源丰富。江西已知野生脊椎动物 845 种，占全国野生脊椎动物总数的 13.5%。鄱阳湖是闻名世界的水鸟越冬地，每年到鄱阳湖越冬的候鸟多达 60 万～70 万只，其中国家 Ⅰ 级保护鸟类 10 种、Ⅱ 级保护鸟类 41 种，越冬白鹤最高数量达 4 000 余只，占全球 98% 以上。鄱阳湖长江江豚约 450 头，占整个长江江豚种群近一半。江西已知野生高等植物 5 117 种，占全国总数的 17%。其中，国家Ⅰ级保护野生植物 9 种、Ⅱ级保护野生植物 46 种，省Ⅰ级保护野生植物 9 种、Ⅱ级 39 种、Ⅲ级 115 种，国家珍贵树种 26 种，约占全国的 20%。东乡区的野生稻为近代水稻始祖，是我国分布最北的野生稻；南昌金荞麦、鄱阳湖莼菜、彭泽中华水韭、宜黄水蕨、赣南野生茶、九江野生莲均为国内珍稀物种。

（三）传统产业优势

1. 全国重要粮食主产区与调出区，素有"江南粮仓"之称

江西是全国 13 个粮食主产区之一、粮食大省，稻谷生产在全国具有比较优势，以占全国 2.3% 的耕地，生产了占全国 9.8% 的稻谷，稻谷产量稳居全国前 3 位。每年稻谷外调量大约 125 亿斤，是新中国成立以来全国两个从未间断输出商品粮的省份之一，为保障国家粮食安全（特别是口粮安全）作出了重要贡献。

2. 生猪养殖大省，供沪、供港生猪量分别居全国第 1、第 2 位

江西是国家生猪主产区之一、商品猪生产基地，已列入全国生猪优势区域布局规划（中部生猪产区）。生猪是江西省畜牧业中的第一大产业，猪肉产量占江西省肉类总产量 70% 以上。已形成"一片两线生猪生产基地"（赣中优势片、浙赣铁路沿线、京九铁路沿线，占江西省生猪年出栏量 55% 左右）。

3. 历史上"贡"字号农产品众多，重放光彩潜力巨大

江西作为"物华天宝"之地流传下来 40 多个"贡"字号农产品。例如，广昌白莲、南丰蜜橘、泰和乌鸡、万年贡米等，曾经都是响当当的皇家贡品，在乡村振兴中，重振"贡"字号雄风，潜力巨大。

4. 南橘北梨中柚各美其美，赣南脐橙享誉世界

江西特色水果有赣南脐橙、南丰蜜橘、靖安椪柑、赣北早熟梨等，已形成多果并举、特色突出、名优荟萃的果业格局。赣南脐橙荣获"国优产品"、农业部"优质农产品"、"优质果品"等称号。赣南脐橙品牌驰名全国，享誉海外，2020 年以 678.34 亿元的品牌价值列全国区域品牌第 6 位和水果类产品第 1 位。国内外专家对赣南脐橙给予高度评价，认为其外观和品质均已超过美国新奇士脐橙。赣南脐橙已远销俄罗斯、阿联酋、新加坡、马来西亚、哈萨克斯坦、印度尼西亚等国家。

四、促进江西农业高质量发展的若干对策建议

(一) 发挥比较优势，保障产品供给

一是巩固粮食主产区地位，保障主要农产品充足供给。深入实施"藏粮于地、藏粮于技"战略，稳固江西传统产粮大省地位，在保障粮食安全的基础上，促进粮食高质量发展，提供优质粮食产品。同时，稳步推进生态稻米种植基地建设，发展"水稻＋渔（虾、鸭）"等共生综合种养模式。发展优质稻、功能稻和特色稻等。确保蔬菜、生猪等主要农产品充足供给。二是有效转化生态资源优势，打造绿色食品大省。充分发挥江西生态优势，重点围绕"四绿一红"茶叶、赣南脐橙、鄱阳湖水产、江西地方鸡、"沿江环湖"水禽、江西稻米（鄱阳湖大米、宜春大米、万年贡米、永修香米、"井冈山"牌大米、麻姑大米、奉新大米等稻米区域公用品牌和"凌代表"牌大米、"吉内得"牌大米）等特色明显、市场知名度高、发展潜力大、带动能力强的农产品，打造绿色食品大省。

(二) 推进三产融合，促进提质增效

例如，"中国最美乡村"——江西婺源，以花为媒，发展赏花经济，实施"油菜花＋"战略，挖掘农业的多功能性，通过打造赏花基地促进休闲农业与乡村旅游提档升级，实现农业提质增效、农民就业增收。2019年，婺源赏花高峰期接待游客达520.6万人次，综合收入达42.7亿元。其主要做法：一是坚持三产融合发展。一产围绕旅游提升，变"种农田"为"种风景"。婺源将主要旅游路线沿线、村镇可视范围等规划成赏花"主打区域"，打造出12万亩油菜花海，实现"一花两益"，既可以卖风景增加旅游收益，又可以卖菜油增加农业收益。服务业紧跟旅游拓展，积极发展现代服务业。2019年，婺源三产比例优化为9.0：31.9：59.1，走出了文化生态高水平保护与乡村旅游高质量发展有机融合之路。二是塑造区域旅游品牌。婺源整合农业农村、自然资源、住建、水利、交通等项目资金，新建改造升级标识标牌、停车场、旅游公厕、农村公路等基础设施，将全县所有景区统筹于"中国最美乡村——婺源"这一整体品牌下，一体

营销、合作推介，有效增强了品牌影响力。三是构建村民和景区"利益共同体"。采取"公司＋农户"形式，由景区与农户成立农村经济合作社，将村庄的水口林、古树等生态资源纳入股本，并将农民的山林、果园、梯田等资源要素进行流转，与农户共同开发农业观光体验项目。以"篁岭花海"为例，景区向 600 余户村民租赁了近千亩梯田，统一规划种植，打造四季花海观光园，村民也由"庄稼户"变为公司的"造景工"，实现了生态入股、红利共享的共建格局。

（三）实施创新驱动，支撑高质量发展

江西农业高质量发展，在依托和服务国家战略实施、积极发挥自身比较优势的同时，需要着力强化科技支撑。围绕保障国家粮食安全和重要农产品供给这个目标，加快种业创新，积极推广先进适用新品种、新技术，对于江西农业高质量发展具有重要作用。当前及今后一段时期，需要大力支持水稻、油菜、蔬菜等产业的科技创新和成果转化。

第二节 "十四五"时期江西农业高质量发展的战略重点

走具有江西特色的农业高质量发展之路，必须立足省情和农情，最大限度地发挥绿色生态优势，尽最大努力克服短板弱项，瞄准事关江西农业高质量发展的中长期战略重点。

一、加快推进"六大先导行动"

以习近平总书记关于"三农"工作的重要论述为指引，贯彻新发展理念，围绕农业供给侧结构性改革这条主线，加快构建现代农业产业、生产、经营三大体系，扎实推进高标准农田建设，着力优化调整农业结构，加快推动农业绿色发展，全力推进三产融合发展，持续深化农业农村改革，推动江西由农业大省向农业强省迈进。

（一）思想解放行动，浓厚农业高质量发展氛围

要在农业干部和农业经营者两个层面掀起一次思想解放行动。在农业干部层面要解决"怕、慢、假、庸、散"问题，树立"敢、快、实、专、聚"的新作风。农业干部要摆正位置，去除优越感，转变理念和工作方式，提高服务意识和办事效率，真正实现"管理型"向"服务型"转变。建立相应的容错机制，营造争做"善谋实干、冲得上去、敢抓敢管、作风过硬、勇于担当"的好干部氛围。在农业经营者层面，要引导农民和农业企业家淡化"仕文化"观念，厚植"商文化"根基，破除小农思维和小富即安心理，营造干事业谋发展、争做现代企业家的氛围。鼓励高素质农民和农业企业家"敢为天下先，勇闯市场路"，不怕失败、敢于胜利。

（二）组织提质行动，提升农民组织化程度

大力培育产业龙头和新型经营主体，加强农民专业合作社的规范准入和规范管理。通过建立龙头企业、新型经营主体与农户之间更加紧密的利益联结机制，提高农民组织化程度。通过土地流转、土地托管、土地入股、代耕代种、联耕联种、统一经营等多种形式发展适度规模经营，实现小农户与现代农业的有机衔接。强化龙头企业和新型经营主体的市场竞争意识，推进农业企业间横向联合。推动农业机械化服务由产中向产前、产后环节延伸，促进社会化服务规范化、规模化。构建统一高效、互联互通的信息服务平台，大力实施"互联网＋现代农业"。

（三）品牌唱响行动，擦亮"生态鄱阳湖·绿色农产品"品牌

品牌是农业高质量发展的集中体现和市场核心竞争力，必须放在突出位置。全面树立农业品牌意识，大力发展绿色、有机、地理标志农产品生产，推行食用农产品达标合格证制度；推动品种培优、品质提升、品牌打造和标准化生产。抓住生态绿色和富硒这张靓丽名片，唱响"生态鄱阳湖·绿色农产品"主旋律，逐步建立"赣鄱正品"品牌体系，实现全域品牌、区域品牌、企业品牌、产品品牌兼容并进、融合发展的农业品牌发展新格局。鼓励和促进品牌整合和企业联合，实现品牌共创、利益共享。广泛利用媒体、网络、报纸、展销会等渠道，让"生态鄱阳湖·绿色农产品"品牌早日唱响全国、走向世界，成为消费者追求健康安全农产品的首选品牌。

（四）基础设施与智能装备再提升行动，提升农业现代化水平

一方面，抓好水利建设，实施高标准农田建设、水土流失综合治理、病险水库除险加固，提高农业抗击自然灾害的能力；另一方面，因地制宜，引进推广小型、实用型机械，提高自动化、智能化水平。同时，加大特色作物设备的研发、应用推广力度，解决如油菜收割、棉花采摘、白莲处理、脐橙去皮等瓶颈问题。此外，加大智能农业推进力度，实现物联网技术和人工智能设备的研发和应用，推进 NB‑LOT（窄带物联网）、EMTC（增强机器类通信）、AR（增强现实技术）、VR（虚拟现实技术）等移动宽带的技术应用，注重农业大数据的集成，打造全国智慧农业"江西样板"。

（五）人才干事创业环境优化行动，充分发挥农业人力资本作用

第一，狠下功夫"培养人"。探索创立高素质农民培育培训机构、实训基地、田间学校，支持农民合作社、专业技术协会、龙头企业等主体承担培训任务，以"请进来，送出去"方式全方位培育爱农业、懂技术、善经营、能创新的高素质农民，使人才成长得起来。第二，广开门路"引进人"。拓宽人才思路，在加大力度引进技术人才的同时，突出加强引进管理人才、企业家人才，加快技术产业化、资源开发经济化步伐。要以乡情乡愁为纽带，以大学生、进城务工人员、退伍军人等群体为重点，通过"筑巢引凤"，鼓励"燕归来""凤还巢"，吸引更多心怀农业、情系农村、视野宽阔、理念先进的"新农人""新乡贤"投身现代农业。第三，搭建平台"留住人"。加强对第一书记、驻村工作队、"三支一扶"等人员的精准管理服务，使之成为乡村振兴的引领力量。完善农业人才的考核、评价、激励和保障机制，通过感情留人、乡情动人，以事业聚人、环境育人、发展用人等方式，让真正愿意从事农业、扎根农村的人有待遇、有舞台、有回报，使人才回得来、留得下。

（六）三产融合促进行动，深化推进农业供给侧结构性改革

一是强产业，做强做特优势产业带。一方面，做大做强水稻、生猪、柑橘等优势产业，重点从机械化、深加工方面寻求突破，形成核心竞争力；另一方面，做优做特小龙虾、大闸蟹、"三只鸡"、茶叶、中药材、休闲农旅等特色产业，做足生态绿色富硒江西特色。二是强企业，做强做大农业示范园区。要加大整合力度，用工业化的理念做园区，用工厂化的理念做企业，打造行业的"龙头老大"。同时，要提升农业合作社、家庭农场、规模种养户与行业领军企业的黏合度，构建利益联结机制，理顺农产品供应链条。三是强技术，降低生产成本。要大力推进机械化，打造像南昌蒋巷大田农业那样生产、管理、销售、溯源全程机械化、信息化、品牌化的模式。四是强加工，延伸拓展产业链。加工和冷链是避免生鲜农产品大量上市直面市场冲击的调节器，也是农产品价格调峰平谷、稳产保供的稳压器。五是强农旅，大力发展休闲农业。要支持鼓励传统乡村，挖掘自身特色，变田园为景区，变农家为客舍，变农产品为旅游商品，既卖农品也卖风景，让以往只向土地要收入的农民，能捧上一碗增收的"旅游饭"。

二、着重实施"十大战略工程"

（一）农产品综合保障能力提升工程

农产品综合保障能力提升工程主要包括粮食、生猪等重要农产品稳产保供工程、动物防疫公共服务能力提升工程、高标准农田新建和提质改造工程、农业产业园（示范园）提质增效工程、现代种业提升工程、农业标准化和农产品质量安全工程、农垦示范引领工程、渔业高质量发展工程、农业综合行政执法保障体系建设工程，该工程的实施旨在提高农业综合保障能力。

（二）农业生产社会化服务高质量发展工程

按照主体多元、功能互补、竞争充分、融合发展的原则，加快培育各类农业社会化服务主体。鼓励各类服务组织加强联合合作，推动服务链条横向拓展、纵向延伸，促进各主体多元互动、功能互补、融合发展。创新各类新型农业服务业态，大力发展以农业生产托管为重点的农业生产社会化服务，培育服务组织，不断创新服务形式。坚持横跨一二三产、兼容生产生活生态，发掘功能价值，丰富产业形态，促进休闲农业多元化发展。

（三）农业生产全程全面机械化提升工程

以服务乡村振兴战略、满足广大农民对机械化生产的需要为目标，以农机农艺融合、农机装备制造、机械化信息化融合、农机服务模式与农业适度规模经营相适应、机械化生产与农田建设相适应为路径，以科技创新、机制创新、政策创新为动力，补短板、挖潜力、增优势，推动农机装备产业振兴，推动农业机械化发展升级。

（四）农业资源综合化利用和环境保护工程

坚决贯彻绿水青山就是金山银山的理念，坚持以绿色低碳循环为目标，推动形成农业绿色生产方式，实现投入品减量化、生产清洁化、废弃物资源化、产业模式生态化，提高农业可持续发展能力。

（五）农产品仓储保鲜冷链物流网建设工程

坚持江西省"一张网"的发展思路，做好战略布局。支持建设一批骨干冷链物流基地和产地仓储物流设施，支持畜禽产业"从运活体到运肉"的关键转变和生鲜"产销对接"的关键链接。

（六）农产品加工业提质增效工程

统筹发展农产品初加工、精深加工和综合利用加工，推进农产品多元化开发、多层次利用、多环节增值；推进农产品加工向产地下沉、与销区对接、向园区集中；加快技术创新，提升装备水平，促进农产品加工业提档升级。

（七）农产品品牌创建工程

坚持"扩大规模创品牌、做优品质护品牌、培育主体强品牌、开拓市场兴品牌"的工作路径，大力实施"增品种、提品质、创品牌"提升行动，整合区域公用品牌，进一步唱响"生态鄱阳湖·绿色农产品"品牌，打造"赣鄱正品"农产品区域品牌。

（八）数字农业和大数据建设工程

以产业数字化、数字产业化为发展主线，以数字技术与农业农村经济深度融合为主攻方向，以数据为关键生产要素，抢抓"新基建"的战略机遇，着力建设基础数据资源体系，加强数字生产能力建设，加快农业农村生产经营、管理服务数字化改造。

（九）农业发展创新工程

以企业为实施主体，以重大科技专项为抓手，以平台建设和人才队伍为支撑，着力强化科技创新、转化应用、人才培养"三个关键环节"，建设以产业需求为导向、以农产品为单元、以产业链为主线、以综合试验站为基点，覆盖产前、产中、产后全过程创新的现代农业产业技术体系。

（十）新型农业经营主体培育壮大工程

引导龙头企业采取兼并重组、股份合作、资产转让等形式，建立大型农业企业集团，提升龙头企业在乡村产业发展中的带动能力；扶持一批龙头企业牵头、家庭农场和农民合作社跟进、广大小农户参与的农业产业化联合体，构建分工协作、优势互补、联系紧密的利益共同体，实现抱团发展。坚持精准施策，分类指导，培育一批链主型企业，壮大一批骨干型企业，发展一批支撑型企业，形成大中小企业梯次发展格局。

三、主要战略措施

（一）加强重要农产品的保障供应

习近平总书记多次强调，越是面对风险挑战，越要稳住农业，越要确保粮食和重要副食品的安全。一是在粮食生产方面，关键在于实施"藏粮于地、藏粮于技"战略。根据省委、省政府计划安排，江西省在"十四五"期间将再新建高标准农田 600 万亩，改造提升 900 万亩，届时江西省高标准农田将达 3 425 万亩，占江西省耕地总面积的 78%，对稳定粮食生产有着重要意义。对此，建议省里加大高标准农田建设支持力度。二是在生猪生产方面，由于非洲猪瘟、环保整治、自然灾害等因素，江西省生猪产能出现大幅下降。建议加大对生猪调出大省和大县的奖补，建立完善生猪调出补偿机制，调动地方生猪生产的积极性，加强基层动物防疫体系建设，提升兽医公共服务能力。

（二）持续加大对"三农"的投入力度

习近平总书记多次强调，乡村振兴是党的国家大战略，要加大真金白银的投入力度。建议加大省级财政"三农"投入力度，中央预算内投资继续向农业农村倾斜，确保财政投入与推进农业农村现代化相适应。要加快建立涉农资金统筹融合长效机制。要健全适合农业农村特点的农村金融体系，把更多金融资源配置到农业农村经济社会发展的重点领域和薄弱环节，更好满足乡村振兴多样化金融需求。推动脱贫攻坚与乡村振兴相衔接，统筹做好体制机制、政策体系等制度安排，以乡村振兴巩固提升脱贫攻坚成效。

（三）推进农业规模化发展

一是加快放活土地资源要素。积极引导农村承包地有序规模流转，健全县乡村三级土地流转服务和管理网络，因地制宜建立农村土地流转服务公司、农村产权交易平台、土地流转服务中心等各类农村土地流转中介组织；积极探索土地承包经营权永久性退出。完善设施农用地政策，明确生产设施、配套设施、附属设施三类设施农用地的规划安排、选址要求、使用周期，出台农业配套设施和附属设施的建设标准和用地规范，适应环保监管和乡村产业融合发展要求。

二是扎实推进高标准农田建设。落实好江西省下发的《关于切实加强高标准农田建设巩固粮食主产区地位的实施意见》（赣府厅发〔2020〕14号）有关要求，以提升粮食产能为首要目标，突出粮食生产功能区和重要农产品保护区，新建和改造提升相结合。建立健全农田建设投入稳定增长机制，优化财政支出结构，将农田建设作为重点事项。加快推进高标准农田建设。用好"奖优罚劣"激励机制，探索出一条高规格设计、高质量建设、高效益利用的高标准农田建设之路。坚持良田粮用，强化用途管控，及时将建成的高标准农田划为永久基本农田，实行特殊保护，坚决防止高标准农田"非农化""非粮化"；完善种粮激励政策，建成的高标准农田主要集中用于粮食生产。

三是加快发展农业服务业。培育壮大新型农业经营主体，探索实施"服务兴农"和"服务强农"战略，以生产托管、代耕代种、联耕联种等服务促进农业适度规模经营，推动农业绿色转型，带动农业提效增收。构建政府引导、市场主体、社会参与的新型农业服务业管理体制。构建体系化支持政策，对优势特色农业服务业和具有较大增长潜力的新型农业服务业给予先导性支持。建立健全服务主体效益化、内容多元化、布局效率化、结构优势化的农业服务业运行体系。

四是强化农业科技支撑。推动特色农产品和农业生态化技术的研发与应用，大力培优农业科技创新主体，提高农业科技成果转化率。探索"政府搭台、多元投入、市场运作、产业兴园"运行方式，依托省内现有农业科技示范园开展先进农业技术的引进、示范和推广，发挥科技示范园"孵化器""加速器"作用。增强新技术示范推广、物联网控制、互联网销售、新品种展示、职业农民培训、科技金融服务、产业融合等功能，打造高效生态农业的众创空间。

（四）推进农业绿色化发展

一是强化产地环境管理。建立农业投入品监督检查常态化制度，从源头管理好"药瓶子""肥袋子""料槽子",大力实施农药化肥"负增长"行动,推广农药减量控害、测土配方施肥等技术,推进果菜茶有机肥替代化肥试点建设,落实有机肥补贴政策,探索农业废弃物有效治理新机制,统筹推进农作物秸秆综合利用。扎实推进耕地保护与质量提升行动,探索实施稻油轮作试点,深入推进土壤重金属污染治理试点示范,形成一套可复制、可推广的产地环境治理模式。

二是强化标准化体系建设。以优势特色农产品为重点,对标国家和国际先进标准,加快农产品品质提升、安全高效生产技术规程、产品质量分等分级、产品质量安全追溯等地方标准研制,鼓励农业企业或生产基地制定高于国家标准和行业标准的企业标准,加快形成以国家标准为引领、地方标准为重点、企业标准为补充的农业标准体系。发挥龙头企业、农民合作社、家庭农场等新型农业经营主体示范带动作用,通过"公司＋基地＋农户"等多种形式,推行"统一供种、统一生产技术、统一产品质量标准、统一品牌销售"等标准化制度,推动农产品的生产上规模、管理上档次、质量上水平。

三是强化农产品质量安全监管追溯体系建设。加强农产品检测机构建设管理、考核验收、能力测试和资质认定,推进江西省所有市、县独立开展农产品定量检测能力建设。大力推进农产品质量安全追溯平台的推广应用,探索建立农产品质量"合格证"制度,鼓励、引导农产品出口基地和有条件的生产主体开展GAP(良好农业规范)和HACCP(危害分析与关键控制点)认证,健全覆盖省、市、县和生产企业各层级的农产品质量全程可追溯体系。推动农产品质量安全监管、执法和检测机构的无缝对接,深入推进农业执法标准化建设,探索建立农产品质量安全执法跨区域协查机制。

四是大力发展生态循环农业。开展生态循环农业示范行动,推广"资源利用节约化,生产过程清洁化,废弃物利用资源化"的生态循环农业发展模式,加快推进种养循环一体化,开展生态循环农业示范县创建;依托现代农业园区、农业规模化生产基地等,集成普及生态农业技术,示范推广种养业循环一体化模式,打造示范性循环农业产业园。深入实施有机肥替代化肥行动,积极探索"果(菜、茶)-沼-畜""有机肥＋水肥一体化"

"有机肥＋配方肥""有机肥＋机械深施""绿肥＋配方肥"等可借鉴、可复制、可推广的技术模式，以增加绿色优质农产品供给，提升绿色农产品质量和效益。

（五）推进农业优质化发展

一是探索推进"亩产与效益论英雄"。深化"亩产论英雄"改革，将"亩产效益"综合评价范围延伸至农业，探索在江西省省级以上农业园区试点开展"亩产效益"综合评价，创新"退低进高"机制，推动资源要素向高效农业主体集聚，积极探索建立资源要素市场化配置的体制机制，以提高农业经济发展质量和效益。

二是加快补齐冷链物流短板。以需求为导向，优化冷链基础设施建设布局。实施农产品仓储保鲜冷链物流设施建设工程，鼓励产地批发市场、大型龙头企业和农民合作建设产地冷藏保鲜库。重点在农产品主产区加快建设一批结构合理、设施先进、节能环保、高效适用的冷藏冷冻库、产地冷链加工集配中心等设施。加快推进物流园区、农产品批发市场等冷链物流配套设施建设。促进冷链物流与批发市场、大型超市、社区超市等商贸流通企业加强合作，助推冷链产品直销模式发展。促进冷链物流与综合电商平台、垂直电商平台等电商企业加强合作，助推冷链产品线上销售模式发展。

三是强化农业品牌建设。构建农产品区域公用品牌、企业品牌、产品品牌协同发展、互为补充的农产品品牌体系，做好做强"赣菜""赣品""赣味"品牌，唱响"生态鄱阳湖·绿色农产品"战略品牌。深入打造赣南脐橙、"四绿一红"茶叶、鄱阳湖水产品、鄱阳湖大米等一批农业区域公用品牌和万年贡米、南丰贡橘、广昌贡莲、泰和乌鸡等一批历史悠久的老字号、"贡"字号产品品牌，提高国内外市场影响力，提升区域公用品牌价值。加大农业企业品牌整合力度，聚焦政策、聚集资源、集中力量重点打造一批核心品牌，使其成为叫得响、信得过的品牌。

四是健全完善利益联结机制。在市场化程度较高的农业产业化经营领域，加快信用体系建设与加大守信失信奖惩力度，保障产业收益正常有序分配，引导龙头企业和农民合作社采取订单农业、"保底收益＋按股分红"等紧密型利益联结机制。在具有一定外部性的资产运营领域（如农村土地盘活利用、资产开发等领域），明确政府、村集体与农民个体的收益分配关系，弥补农村资本附着的社会生计特性产生的外部性问题。鼓励采取农业企业、村集体经济组织、农民三方持股等方式，大力推广农业企业、农民合作社的农业项目财政补助资金股权化改革。

（六）推进农业融合化发展

一是提升农产品精深加工能力。以实施绿色食品产业链为重点，支持一批骨干龙头企业组链发展，扩大规模，培育壮大一批链主型龙头企业。围绕京津冀、长三角、珠三角三大经济圈，有计划地分年度举办专题招商活动，重点引进一批国内外 500 强企业、跨国公司、中央企业、行业龙头企业以及产业投资基金等投资江西省农产品加工业，打造一批大型加工龙头企业。

二是促进农村一二三产业融合发展。立足江西省各地资源禀赋基础条件，以优势农产品区域为依托，大力发展休闲农业、农村文化旅游等业态，打造一批集专用品种、原料基地、加工转化、现代物流、便捷营销为一体的优质农产品集聚区，创建一批农业产业强镇、国家农村产业融合示范园和具有区域特色的农村创业创新示范区。推动农产品电子商务与乡村旅游业融合发展，通过举办民俗和节会活动带动乡村生态游，以内容电商、社区团购等方式为农业农村发展注入新动能，以旅游服务带动当地农副产品销售。

三是大力发展农产品网络销售。顺应"互联网＋农业"发展趋势，加快补齐农村电商发展短板，加速推进城乡高效配送，构建农村电商可持续发展生态。支持和鼓励各地加大与阿里巴巴、京东、苏宁、拼多多等电子商务企业的合作，鼓励优秀电商人才、大学生和外出务工青年返乡参与农村电商发展，利用直播、短视频、长视频等社交电商新模式推广本地农业产品与服务，鼓励和引导发展"直播带货"等新业态新模式。推进农产品电商品牌化建设，做大做强"赣农宝"等一批本土电商平台，提升农业生产经营效益。

（七）推进农业数字化发展

一是夯实信息基础设施。以开展国家数字乡村试点为契机，实施智慧农业和数字乡村建设工程，巩固提升乡村宽带工程建设成果，持续推进提速降费和电信普遍服务，不断提升农村互联网普及率、农业信息化覆盖率，逐步扩大 5G 等在农村的有效覆盖面。把农村网络基础设施建设的重点转向田间、圈舍、鱼塘、车间等，大力发展农业物联网，探索推进北斗卫星导航系统、5G 在农业生产中的应用，为数字农业农村发展打下坚实物质基础。

二是大力发展数字农业。开展农业物联网、大数据、区块链、人工智能、5G 等新型基础设施建设和现代信息技术应用，全面提升农业农村数字化、智能化水平。加快农业农村大数据工程建设，围绕各地主导特色产业，开展重要农产品全产业链大数据建设，从生产、加工、流通、销售、消费等关键环节加快数字化改造，打通数据链、重构供应链、提升价值链，大力发展农业数字经济，以数字经济发展驱动农业产品与服务高质量供给。

三是加强农村信息服务。加快物联网、大数据、区块链、人工智能、5G、智慧气象等现代信息技术在农业农村领域的应用，加快推进农村信息化服务普及。创新发展农业生产性服务业，以手机终端为重点，组织开发适应"三农"特点的信息技术产品和应用软件。加大农民手机应用技能培训力度，推动信息技术与生产、经营等环节融合，让手机尽快成为广大农民的"新农具"。

第三节　深化江西农业供给侧结构性改革

深化农业供给侧结构性改革，是农业高质量发展的一条主线。一方面，农业高质量发展需要通过深化农业供给侧结构性改革来推进；另一方面，深化农业供给侧结构性改革又要体现和落实农业高质量发展的要求。根据江西省农业科学院调研团队 2017 年先后赴江西省宜春市袁州区、万载县，吉安市青原区、新干县和抚州市临川区、南丰县等地的专题调研，全省各地贯彻中央和省委决策部署，在推进农业供给侧结构性改革方面，进行了许多有益探索，创造了不少新鲜经验，促进了农业农村经济发展，但也还存在一些困难和问题。根据推进江西农业高质量发展的要求，深化江西农业供给侧结构性改革十分必要，需要采取以下措施。

一、加强教育引导，创新供给理念

供给侧结构性改革，是党中央主动适应我国经济发展进入新常态、着力推动我国经济迈向中高端水平作出的战略决策。农业供给侧结构性改革，是改变农业弱势面貌、提高农业供给质量和效率的必由之路。党的十九大更是明确把深化供给侧结构性改革作为贯彻新发展理念、建设现代化经济体系的首要任务，强调必须坚持质量第一、效益优先，以供给侧结构性改革为主线，推动经济发展质量变革、效率变革、动力变革。

调研中，调研组欣喜地看到，随着农业供给侧结构性改革的不断深入，一些地方农业发展理念正在发生深刻变化，农业发展的新模式新业态不断涌现，为现代农业发展注入了强劲动力。但同时，调研组也深切地感到，一些市县乡领导以及农口部门同志对农业供给侧结构性改革还存在不少模糊认识，特别是对这项改革的重大意义、核心要义认识不深、把握不准，不少同志习惯沿用传统思维和发展模式来指导和推动农业发展，成为深化农业供给侧结构性改革、加快现代农业发展的一大障碍。针对这种情况，要坚持把转变农业发展理念作为深化江西省农业供给侧结构性改革的首要任务。教育引导广大干部进一步强化"质量第一、效益优先"意识，切实形成从单纯追求数量规模转向更加注重质量效益的发展导向，按照省委、省政府提出的"稳粮、优供、增效"的总要求，真正把工作的着力点凝聚到扩大农业有效供给、不断提升农业发展质量效益和市场竞争力上来。

二、夯实发展基础，增强供给能力

调研中，调研组看到，江西省农业农村基础设施建设持续加强，农业生产条件显著改善。但总体来说，各地农业农村基础设施薄弱问题依然存在，尤其是高标准农田占比较小，农业设施化水平较低，农业生产"靠天吃饭"的局面尚未根本改变。为此，建议：坚持把加强农田基本建设、夯实农业发展基础，作为提高农业供给质量和效益的重要基础性工程。认真总结这些年江西省加强农业农村基础设施建设的成功经验，以高标准农田建设和设施农业发展为主抓手，进一步加大资金投入，加强农田基本建设，不断提高农业综合生产能力。

（一）继续着力完善农业基础设施，提高土地产能

建议把完善农业基础设施、增强农业综合生产能力作为增加农业投入的重要方向，集中力量，加大力度。一是要大力推进高标准农田建设。继续加大资金整合和工作推进力度，加快建成更多集中连片、稳定高产、生态良好、设施完备的高标准农田，整体提升江西省土地产能和综合生产能力。二是要积极鼓励和支持设施农业发展。针对江西省设施农业发展严重不足、地方财力投入有限、普通农户无力投入的现状，建议进一步加大奖励和支持力度，采取"以奖代补、先建后补"等多种方式，吸引和鼓励社会资本投资发展各类设施农业，从根本上改变农业生产"靠天吃饭"的不利局面。

（二）鼓励土地轮作、休耕，促进地力恢复

调研中，调研组看到，江西省农业由于长期以"扩面积、增产量、保供应"为目标，在为保证全国农产品供应作出巨大贡献的同时，也出现了土地肥力和农业资源过度消耗的状况。一些地方土地长期高负荷、农药化肥过量使用、农业面源污染加重等问题日益凸显，土地退化、地力透支、农田"越种越薄"现象普遍。同时，调研组在调研中也发现了一个十分可喜的现象：不少地方正在自发地改变过去"多季、多熟、多产"的传统观念，通过技术改良以及轮作休耕等方式，让土地休养生息，促进地力恢复。为此，建议：总结推广各地开展土地轮作、休耕的成功经验，有序开展土地轮作、休耕试点，让轮作、休耕逐步成为广大农户的自觉行为。一方面，大力推广高效种植模式，教育引导广大农户自觉、主动地开展土地轮作、休耕；另一方面，借鉴我国在部分省区实行的土地休耕试点政策，选择部分市县开展土地休耕试点，对试点地区农户实行休耕补贴，并积极争取国家及相关部门的支持，以达到土地用养结合、改良土壤、增肥地力的目的。

三、优化产业体系和经营体系，提高供给质量

通过调研，调研组感到，深化农业供给侧结构性改革，必须从优化产

业体系和经营体系入手，减少无效供给和低质供给，增加有效供给和优质供给。

（一）突出绿色有机优势，优化农产品供给结构

江西省农产品由于产地生态优、环境好，质优价廉，颇受消费者青睐，但随着广大消费者更加注重"吃好、吃精、吃健康"，农产品消费结构不断升级，江西省农产品大路货多、中高端产品相对缺乏的结构性矛盾日益凸显，绿色有机优势没有得到充分发挥，更没有产生应有的效益。为此，建议：积极适应农产品消费结构升级的新趋势，充分发挥江西省生态优势，大力发展绿色有机产业，着力打造若干全国知名的绿色有机农产品基地，不断增加优质大米、有机蔬菜、优质水果、有机茶叶、精品茶油、道地中药材等绿色有机优质农产品比重，真正让江西绿水青山的生态优势有效转化为绿色有机的产业优势，给江西广大农民带来更大的收益。

（二）推广绿色生产方式，实现绿色化、标准化生产

发展绿色有机产业，必须大力推广绿色生产方式，严格控制化肥、农药的使用。调研中，调研组欣喜地看到，各地在这方面都有许多探索和创造，有的效益可观，正在一定范围内推广。比如，抚州市临川区龙鑫公司利用"林间套种饲草、林下分区养鸡、鸡粪发酵肥草"的生态养殖模式，既达到了护林、防火的目的，又有效地提升了鸡的品质和价值，创造了可观的经济效益和生态效益；吉安市青原区大力推广稻虾轮作模式，抚州市南丰县积极发展稻鳖、莲鳖共生种养模式，不仅大幅提升了虾、鳖的品质，而且增加了土壤肥力，减少了病虫害，从而基本不用农药、化肥，所生产的优质稻米、莲子比普通产品价格高出数倍有余。为此，建议：认真总结各地经验，大力推广绿色生产方式和生态种养模式，变粗放种养为精耕细作，实现绿色化、标准化生产。同时，着力实施农产品生产、加工、流通各环节标准化管理，加快构建"生产有记录、流向可追踪、信息可查询、质量可追溯"的农产品全程追溯系统，从源头上确保绿色有机优质农产品的品质和安全。

（三）大力培育产业龙头和新型经营主体，发展多种形式适度规模经营

适度规模经营，是提高农业供给质量和效益的重要前提和基础。发展适度规模经营，既需要龙头企业和新型经营主体引领带动，又离不开广大农民积极参与。调研中，调研组发现，龙头企业和新型经营主体辐射带动力不强、农民组织化程度不高是制约江西省农业发展适度规模经营的主要障碍。突出表现在：土地流转困难，特别是难以长期稳定流转，既制约了龙头企业和新型经营主体的投入，又影响了农业生产的整体效益。究其原因，主要是龙头企业及新型经营主体与普通农户之间利益联结纽带松散、合作方式简单，普通农户除了能得到低微的土地流转租金，不能分享到规模经营带来的"红利"，对土地流转缺乏热情甚至抵触。另外，各地农民专业合作社虽然数量众多，但大多有名无实、流于形式，没有有效发挥组织农民、服务农业的应有作用。为此，建议：大力培育产业龙头和新型经营主体，加强农民专业合作社的规范准入和规范管理，通过建立龙头企业、新型经营主体与普通农户之间更加紧密的利益联结机制提高农民组织化程度，通过土地流转、土地托管、土地入股、代耕代种、联耕联种、统一经营等多种形式发展适度规模经营，真正实现小农户与现代农业的有机衔接。

四、促进产业融合和企业联合，提升供给效益

深化农业供给侧结构性改革，说到底就是要改变"农业是弱质、低效产业"的不利局面，大幅提升农业发展比较效益，大幅增加广大农民来自农业及其相关产业的收入。为此，提出如下建议。

（一）加强三产融合

调研中，调研组发现，各地精品农业、休闲农业、智慧农业、创意农业发展方兴未艾，一二三产业融合发展正成为江西省农业农村发展的一大亮点，但农产品精深加工不足、三次产业融合度不高，仍然是制约农业供给效益提升的重要因素。为此，建议：进一步加强三产融合，走"精品农业、精深加工、精准营销"紧密结合的新型融合发展之路，通过延长产业链，丰富、提升价值链，让广大农民和农业企业分享更多的综合效益和增值收益。

（二）加强产学研结合

调研中，调研组看到，不少地方和企业更加重视科技引领，积极运用良种良法，有效地促进了产业发展和效益提升，但美中不足的是，这些

"星星之火"未形成"燎原之势",没有成为促进江西省农业发展和效益提升的主要动力;而且由于一线农技人才严重缺乏,农技推广面临不少困难,一些农业科技示范园示范带动作用不足,广大农户依靠科技增产增收的迫切需求难以得到有效满足。为此,建议:进一步强化政策激励,鼓励引导高等院校、科研机构、科研人员与农业企业加强合作,加快科技成果转化;充分发挥现代农业科技示范园的示范带动作用,着力健全农技推广体系,大力推广良种良法。

(三)加强品牌整合和企业联合

调研中发现,江西省农产品品牌和农业企业数量众多,但"散、小、弱"现象突出,市场份额不高、竞争力不强;企业之间自成一体、单打独斗、相互阻隔、盲目竞争状况亟待改变。比如,在宜春市袁州区,调研组看到,青龙高科拥有国际先进技术,生产的高端茶油品质一流、供不应求,但由于缺乏稳定的高品质原料供应,无法全年满负荷生产;而同在一地的星火农林拥有高品质油茶基地,正计划依靠自己的力量,生产茶油、创立品牌。为此,建议:总结借鉴江西省整合茶叶品牌的成功经验,充分运用市场手段,加强政策引导、加强利益联结、加强信息沟通,鼓励和促进品牌整合和企业联合,实现品牌共创、利益共享,让"生态鄱阳湖·绿色农产品"品牌早日在海内外唱响。

五、创新支持保障体系,形成强大合力

深化农业供给侧结构性改革,是一项复杂的系统性工程,需要从政策、制度等各方面综合施策、形成合力。为此,提出如下建议。

(一)创新统计、计划、考核体系,树立正确的发展导向

改变过去主要重视种植面积、产品产量等数量规模型统计和考核办法,更加注重对单位产量、单位产值、综合效益的统计和考核;减少或不再对农业生产经营下达指导性甚至指令性计划,从而形成和强化由数量规模型向质量效益型转变的发展导向。

(二)完善奖补政策,增强农业投入实效

调研中,调研组了解到,这些年各级政府在农业农村投入的资金很多,但由于资金分散、多头管理,整体效益不高。为此,建议:进一步整

合各类财政支农资金，完善奖补政策，减少一般性补助，增加奖励性政策，鼓励和引导工商企业、社会资本把更多的资本投入到加强农业基础设施建设、发展优势特色产业、促进农业科技成果转化、提供农村社会化服务上来，真正发挥财政资金"四两拨千斤"的作用。

（三）加大金融支持力度

调研中，各方面对农业农村无抵押、贷款难、保险少问题反映特别集中、特别强烈。建议：进一步加大金融支持力度，探索建立农业农村抵押担保机制，增加农业保险品种和覆盖面，不断满足农业农村发展对金融资本的需求。

（四）加强市场监管

加强市场监管，是提高农业供给质量、保障农产品安全的重要环节。建议：进一步加强市场监管，加强品牌保护，严厉查处和打击假冒伪劣产品，让绿色有机农产品真正实现优质优价。

第四节　大力实施"江西绿色生态"标准品牌战略

江西被称为"红色摇篮，绿色家园"。2016年2月，习近平总书记视察江西时指出："江西生态秀美、名胜甚多，绿色生态是最大财富、最大优势、最大品牌，一定要保护好。"为了加快把绿色生态优势转化为经济优势，江西迫切需要打造"江西绿色生态"标准品牌，建立"江西绿色生态"标准的制定、发布、评价体系，不断提升江西绿色生态产业的整体竞争力。

一、实施"江西绿色生态"标准品牌战略的必要性

（一）建设国家生态文明试验区（江西）的具体内容

党中央、国务院发布《国家生态文明试验区（江西）实施方案》《江西省生态文明先行示范区建设实施方案》等文件，明确提出"江西应发挥生态优势，使绿水青山产生巨大的生态效益、经济效益、社会效益"，打造"江西绿色生态"标准品牌是深入推进国家生态文明试验区（江西）建

设的具体内容和重要支撑。

(二) 应对区域品牌竞争严峻性的重要选择

品牌战略是市场经济的产物,是市场竞争力的基础和市场占有的前提。在以经济内循环为主的发展背景下,以国内市场为主的品牌竞争将会变得更加激烈。部分先行省份在省级品牌战略方面走在江西前面,清晰的区域品牌战略引导这些省级品牌在国内市场上的占有率越来越高。江西这样的资源大省,同时又是品牌洼地,就成了这些品牌大省"虎视眈眈"的目标。如,江西的茶山成了浙江品牌茶的原料基地,江西超市的高端大米货架成了东北大米的阵地,电商平台上江西产品被远远地排在最后。江西必须在品牌战略方面加大力度,在品牌的顶层设计上进行反思,学习先行省份的先进经验,根据江西经济文化特点,进行省级品牌战略的模式创新,打造具有江西特点的品牌软实力,以期缩短差距,争取在内循环市场上弯道超车,后发先至。

(三) "绿色生态标准"是江西品牌核心竞争力的重要元素

绿色生态是江西最大的品牌和特有的标签,而"江西绿色生态"的概念也成为不可分割的整体,是江西所有产品及服务与其他省份相比最重要的差异化特点。让"江西绿色生态"标准品牌成为江西所有产品(实物产品及服务类产品)的"标识",将有助于形成江西产品在国内外独特的市场竞争力,有助于形成江西最大的品牌资产。

二、"江西绿色生态"标准品牌建设的现状

(一) 主要进展

一是争取国家有关部门支持。2017 年 7 月,江西省人民政府关于筹建国家技术标准创新基地(江西绿色生态)的申请获国家标准化管理委员会批复,由江西省标准化研究院作为创新基地筹建承担单位;2019 年 12 月,江西省人民政府与国家标准化管理委员会省部标准化联席工作会在南昌召开,发布《2019—2020 年生态文明标准化合作行动计划》,提出要完善"江西绿色生态"品牌评价标准体系。

二是发布"江西绿色生态"系列标准。省市场监督管理局提出以"A+B"的模式开展"江西绿色生态"的评价工作,发布《"江西绿色生态"品

牌评价通用要求》作为 A 标准，以绿色生态各领域团体标准作为 B 标准，与江西铜行业协会联合发布《江西绿色生态电工用铜线坯》团体标准，与江西省茶叶协会共同发布《江西绿色生态茶叶》团体标准。截至 2020 年，正在制定《江西绿色生态油茶籽油》《江西绿色生态稻米》《江西绿色生态超细稀土氧化钇粉体材料》等标准。

三是组织企业应用。江西省茶业集团执行《江西绿色生态茶叶》标准，通过第三方机构评价后，在其部分产品包装上使用了"江西绿色生态"标志，迈出了"江西绿色生态"标准品牌宣传的第一步；截至 2020 年，江西铜业集团有限公司正在申请《江西绿色生态电工用铜线坯》的产品评价。

四是制定相关法律。2020 年 7 月 24 日，新修订的《江西省标准化条例》通过省人大审议于 2020 年 10 月 1 日起颁布施行。条例设"'江西绿色生态'标准特别规定"专章，为"江西绿色生态"标准品牌的建设提供了法律支撑。

五是成立"江西绿色生态"标准创新联盟。省市场监督管理局组织成立江西绿色生态标准创新联盟，起草发布《"江西绿色生态"标准管理办法》和《"江西绿色生态"评价实施细则》，就"江西绿色生态"品牌评价的组织管理和评价实施做了明确规定，制定"江西绿色生态"标准品牌证明商标样式，并已将确定后的商标样式向中国商标局申请注册证明商标。

（二）存在问题

一是思想认识不足。"十三五"期间，江西在省级品牌战略上做了很多工作，也获得了不少成绩，推出了"四绿一红"的茶叶品牌战略、"7＋2"的大米品牌战略，"生态鄱阳湖·绿色农产品""赣南蔬菜""赣抚农品"等品牌概念，也投入了大量品牌专项资金。但由于思想认知不足，在品牌战略的顶层设计上，缺乏一个集合省级区域经济、文化、历史、现状特点，具有鲜明特色的、有别于其他省域产品的省级区域公用品牌。现有江西品牌过于流于概念、喊口号的较多，差异化不足，品牌发展严重滞后于经济发展，品牌建设现状落后于全国平均水平，品牌溢价、市场占有都有待提升。

二是资金保障不足。无论是"江西绿色生态"标准制定、品牌宣传，还是标准认证、绿标企业奖补，都需要有足够的资金支持。如"浙江制造""蒙字标"每年专项资金高达数千万元。"江西绿色生态"标准品牌项目经费主要是靠省市场监督管理局自筹，远不足以进行江西省和全国推广。

三是标准体系不健全。"江西绿色生态"标准品牌的概念界定、品牌战略意义、具体产品品类标准制定依据等都有待深入研究。由于经费原因，"江西绿色生态"的标准体系还不健全，截至2020年底，只发布了3项标准，待发布3项。

四是宣传推广力度不大。"江西绿色生态"标准品牌的宣传推广主要局限于省市场监督管理局在开展相关工作时的新闻推送，推广的力度和平台都不足，在中央级和省级媒体缺乏宣传，品牌的普及和影响力度无法提升，企业关注度、认知程度严重不足，参与积极性也比较低。"江西绿色生态"的形象包装（LOGO设计等）水平也需要提升，以做到形质一致。

三、加快推进"江西绿色生态"标准品牌战略实施

（一）建立政府推进机制

将"江西绿色生态"标准品牌的建设纳入江西省国民经济和社会发展"十四五"规划，以省人民政府名义下发关于打造"江西绿色生态"品牌的实施意见，建立打造"江西绿色生态"品牌工作推进协调机制，成立高规格的江西省绿色生态品牌标准研究智库。

（二）纳入考核体系

省委、省政府将打造"江西绿色生态"标准品牌工作纳入对市、县（市、区）政府的高质量发展考核体系，各市、县（市、区）政府和省级有关部门要结合实际，制定相应实施办法和配套政策措施，确保打造"江西绿色生态"标准品牌工作顺利推进。

（三）加强政府引导

促进"江西绿色生态"品牌企业与银行、风投机构等资本对接，拓宽品牌产品走出去渠道，提高品牌创建国际化水平，鼓励各市、县（市、区）政府依法采取政府采购、落实税收优惠政策、提供融资帮助等方式支持执行"江西绿色生态"标准。

（四）出台激励政策

积极发挥财政资金的杠杆作用，为"江西绿色生态"标准制定修订、品牌宣传、奖补提供必要的经费保障，引导全社会加大对"江西绿色生态"标准品牌建设工作的投入，全面提升品牌的知名度和美誉度。

（五）完善标准体系

建立和完善"江西绿色生态"标准体系，厘清区域品牌建设过程中品牌标准制定的意义，把"绿色生态标准"作为"品牌基本法"建设，与具体的"区域产品品牌打造"加以区分，以明确工作责任。

（六）扩大对外宣传

加大江西省对"江西绿色生态"标准品牌宣传力度，培育推广"江西绿色生态"品牌企业成功案例，引领更多的企业迈入"江西绿色生态"标准先进行列。尽快在国内外形成"江西绿色生态标准"的品牌形象力，提升国内经济内循环背景下的江西区域品牌竞争力。

第五节　江西省农产品加工业的位势分析及对策建议

江西省第十五次党代会明确提出，加快构建现代经济体系，着力提高江西在全国构建新发展格局中的位势，并强调大力发展农产品精深加工，促进一二三产业融合发展，加快建设农业强省。根据 2004—2018 年 4 次全国经济普查数据[①]，并结合实际调查掌握的情况，分析江西省农产品加工业在全国的位势及其原因，提出对策建议，十分必要。

一、江西省农产品加工业在全国和中部地区的位势分析

农产品加工业是指直接或间接以农林牧渔业产品、野生动植物资源等农产品为原料的工业。根据《国际标准产业分类》（ISIC）体系，农产品加工业具体包括食品、饮料和烟草加工，木材和木材产品，纺织、服装和

---

① 2004 年开展第一次全国经济普查，2008 年开展第二次全国经济普查，2013 年开展第三次全国经济普查，2018 年开展第四次全国经济普查。

皮革制造，纸张和纸产品加工、印刷出版，橡胶产品加工五大类。特定区域农产品加工业在全国或者局部区域所处的位势，可以通过农产品加工业的区域集中度来观察。农产品加工业的区域集中度一般用规模排列前五位或前八位区域的营业收入占全国整个行业营业收入的份额表示，分别用 CR_5 和 CR_8 表示。

（一）农产品加工业在全国的区域分布呈扩大趋势

以德国工业 4.0 和美国制造业回归为标志，全球制造业尤其是智能制造开启了新征程。《中国制造 2025》提出脱虚就实，加快推进制造业创新发展，实现从制造大国向制造强国转变。全国各地审时度势，纷纷启动了新一轮制造业强省战略，加速了农产品加工业发展，农产品加工业区域集中度呈现下降走势，其区域分布不断扩大。如表 2-1 所示，总体来看，2004—2018 年我国农产品加工业规模排列前五位区域的营业收入占全国整个行业营业收入的份额（CR_5）由 2004 年的 0.611 9 逐步下降至 2018 年的 0.495 2，降幅达 19.1%；规模排列前八位区域的营业收入占全国整个行业营业收入的份额（CR_8）由 2004 年的 0.744 4 逐步下降至 2018 年的 0.665 7，降幅达 10.6%。细分行业来看，2004—2018 年，绝大部分行业的区域集中度 CR_5、CR_8 均保持下降的趋势。

表 2-1 2004—2018 年我国农产品加工业及其细分行业 CR_5 和 CR_8 分布情况[①]

行业类别	CR_5				CR_8			
	2004 年	2008 年	2013 年	2018 年	2004 年	2008 年	2013 年	2018 年
农产品加工业	0.611 9	0.587 2	0.501 7	0.495 2	0.744 4	0.714 1	0.652 6	0.665 7
C13	0.544 0	0.530 1	0.480 6	0.439 1	0.675 6	0.664 1	0.624 0	0.621 4
C14	0.468 3	0.500 7	0.430 3	0.430 8	0.640 7	0.628 4	0.565 1	0.600 5
C15	0.497 4	0.472 5	0.468 5	0.481 2	0.630 3	0.619 6	0.614 7	0.642 9
C16	0.496 8	0.477 1	0.468 5	0.511 6	0.650 2	0.636 1	0.614 7	0.678 0

---

① 根据第四次全国经济普查的行业分类，将农产品加工业分为农副食品加工业（C13），食品制造业（C14），饮料制造业（C15），烟草制造业（C16），纺织业（C17），纺织服装、服饰业（C18），皮革、毛皮、羽毛及其制品和制鞋业（C19），木材加工和木、竹、藤、棕、草制品业（C20），家具制造业（C21），造纸和纸制品业（C22），印刷和记录媒介复制业（C23），橡胶和塑料制品业（C29）等 12 个细分行业。

（续）

行业类别	CR_5				CR_8			
	2004 年	2008 年	2013 年	2018 年	2004 年	2008 年	2013 年	2018 年
C17	0.769 6	0.773 7	0.700 1	0.669 6	0.865 7	0.867 5	0.846 7	0.833 5
C18	0.785 0	0.766 5	0.671 3	0.677 1	0.908 6	0.886 9	0.807 8	0.841 7
C19	0.765 7	0.736 5	0.659 5	0.702 0	0.901 0	0.885 7	0.839 0	0.839 7
C20	0.593 4	0.559 5	0.514 5	0.554 3	0.722 2	0.721 1	0.676 1	0.739 1
C21	0.710 1	0.674 3	0.585 6	0.629 2	0.842 9	0.824 8	0.734 6	0.781 0
C22	0.675 1	0.674 6	0.571 4	0.624 4	0.801 0	0.789 0	0.716 0	0.749 2
C23	0.620 5	0.579 1	0.517 3	0.512 6	0.742 8	0.708 1	0.666 8	0.696 7
C29	0.647 5	0.647 6	0.587 1	0.610 7	0.792 5	0.807 7	0.726 0	0.743 0

资料来源：基于国家统计局发布的数据测算整理。

（二）东部沿海发达地区农产品加工业正在向中西部地区扩散转移

长三角经济区和珠三角经济区作为国内经济活力最充沛、创新能力最强、制造业基础最雄厚的区域，吸引农产品加工业不断向东部沿海发达地区集聚。如表 2-2 所示，总体来看，2004—2018 年，江苏、广东、浙江、福建、河南农产品加工业产值长期稳居全国前八位。具体来看，2004 年我国农产品加工业主要集中在山东、浙江、江苏、广东、福建、上海等东部沿海一带；2008 年辽宁、四川农产品加工业产值跻身前八位，上海、河北被挤出前八位；2013 年，湖北农产品加工业产值跻身前八位，四川被挤出前八位；2018 年，四川农产品加工业产值又挤进前八位，辽宁被挤出前八位。

从农产品加工业的 12 个细分行业来看，受政府对烟草产业的管制以及行业对资源的依赖程度影响，烟草制造业（C16）的前八位集聚省份未发生太大改变，主要是内部排名有所变化，主要集聚在云南、湖南、上海、江苏、浙江、广东、河南、山东等省。农副食品加工业（C13）、食品制造业（C14）、纺织业（C17）、纺织服装、服饰业（C18）、皮革、毛皮、羽毛及其制品和制鞋业（C19）、印刷和记录媒介复制业（C23）、橡胶和塑料制品业（C29）等存在由江苏、广东、浙江、上海等东部地区向湖北、湖南等中部地区扩散转移的态势；食品制造业（C14）、家具制造业（C21）、造纸和纸制品业（C22）存在由广东等东部地区向四川等西部地区扩散现象。

表 2 - 2 2004—2018 年我国农产品加工业及其细分行业地域分布（CR_8）

行业类别	2004 年	2008 年	2013 年	2018 年
农产品加工业	山东、浙江、江苏、广东、福建、上海、河南、河北	山东、江苏、广东、浙江、河南、福建、辽宁、四川	山东、江苏、广东、浙江、河南、福建、湖北、辽宁	广东、江苏、福建、山东、浙江、河南、湖北、四川
C13	山东、广东、河南、江苏、河北、辽宁、四川、浙江	山东、河南、辽宁、江苏、广东、四川、河北、吉林	山东、河南、辽宁、湖北、江苏、吉林、黑龙江、广东	山东、河南、湖北、广东、湖南、福建、江苏、四川
C14	山东、广东、上海、河南、河北、江苏、内蒙古、福建	山东、河南、广东、内蒙古、上海、福建、河北、江苏	山东、河南、广东、天津、福建、内蒙古、河北、湖北	广东、河南、福建、山东、湖南、四川、内蒙古、湖北
C15	山东、广东、浙江、四川、江苏、河北、河南、上海	四川、山东、广东、河南、浙江、江苏、湖北、福建	四川、山东、湖北、河南、广东、江苏、福建、贵州	四川、贵州、江苏、福建、广东、湖北、河南、山东
C16	云南、湖南、上海、江苏、浙江、广东、河南、山东	云南、湖南、上海、江苏、广东、湖北、浙江、河南	云南、上海、湖南、江苏、浙江、广东、湖北、河南	云南、上海、湖南、浙江、江苏、湖北、广东、河南
C17	江苏、浙江、山东、广东、福建、上海、河北、河南	江苏、浙江、山东、广东、河南、福建、河北、湖北	山东、江苏、浙江、广东、河南、湖北、福建、河北	江苏、浙江、福建、广东、湖北、山东、河南、**江西**
C18	江苏、广东、浙江、福建、山东、上海、河北、辽宁	山东、江苏、浙江、广东、河南、福建、辽宁、吉林	江苏、广东、浙江、山东、福建、**江西**、辽宁、湖北	广东、江苏、福建、浙江、山东、河南、**江西**、安徽
C19	浙江、广东、福建、山东、江苏、河北、上海、河南	广东、浙江、山东、上海、辽宁、福建、江苏、河南	福建、广东、浙江、河北、河南、山东、江苏、**江西**	福建、广东、浙江、河南、河北、湖南、江苏、**江西**

（续）

行业类别	2004 年	2008 年	2013 年	2018 年
C20	江苏、浙江、山东、广东、上海、福建、吉林、河南	山东、广东、江苏、浙江、河南、福建、湖南、河北	江苏、山东、辽宁、吉林、河南、福建、广西、湖南	福建、山东、江苏、广西、湖南、安徽、广东、河南
C21	广东、浙江、上海、山东、江苏、福建、辽宁、天津	广东、浙江、山东、江苏、上海、北京、河南、四川	广东、山东、浙江、河南、辽宁、四川、福建、江苏	广东、浙江、福建、四川、河南、**江西**、上海、江苏
C22	山东、广东、浙江、江苏、河南、福建、河北、上海	山东、广东、江苏、浙江、河南、福建、湖南、河北	山东、广东、江苏、浙江、河南、福建、湖南、河北	广东、山东、浙江、江苏、福建、湖南、河南、四川
C23	广东、浙江、上海、江苏、北京、山东、福建、四川	广东、浙江、山东、江苏、上海、北京、河南、四川	广东、山东、江苏、浙江、河南、安徽、湖南、河北	广东、江苏、湖北、浙江、四川、湖南、福建、山东
C29	山东、江苏、浙江、广东、上海、福建、辽宁、安徽	山东、江苏、浙江、广东、河南、福建、辽宁、上海	山东、广东、浙江、江苏、辽宁、河南、福建、安徽	广东、江苏、山东、浙江、福建、安徽、上海、湖北

资料来源：基于国家统计局发布的数据测算整理。

（三）江西省农产品加工业的全国排名不断提升但中部地区排名仍未改变

东部沿海发达地区农产品加工业处于绝对领先地位。观察 2018 年农产品加工业 12 个细分行业产值排名前八位的省份上榜次数可以发现，10 次及以上的分别为广东（13 次）、江苏（12 次）、福建（12 次）、河南（11 次）和山东（10 次），5 次和 10 次之间的分别为浙江（9 次）、湖北（8 次）、四川（7 次）、湖南（7 次），详见表 2 - 3。

随着中部地区崛起、西部大开发实施，广东、浙江、江苏等沿海地区的产业升级促使劳动密集型产业向中西部腹地转移。2004—2018 年，江西、湖北、湖南、安徽、四川等中西部地区省份进入农产品加工业产值排名前八位的次数处于逐年上升的态势，分别从 2004 年的 0 次、0 次、

1次、1次和3次上升至2018年的4次、8次、7次、3次和7次。

表2-3 2004—2018年我国农产品加工业产值排名
前八位的省份上榜次数统计

省份	2004年	2008年	2013年	2018年
广东	13	13	12	13
江苏	13	13	12	12
山东	13	12	13	10
河南	9	13	12	11
福建	10	9	11	12
浙江	12	11	8	9
上海	12	6	0	3
河北	8	5	5	1
湖北	0	3	7	8
四川	3	5	3	7
辽宁	4	5	6	0
湖南	1	3	3	7
安徽	1	0	2	3
江西	**0**	**0**	**2**	**4**
吉林	1	2	2	0
内蒙古	1	1	1	1
北京	1	2	0	0
贵州	0	0	2	1
云南	1	0	1	1
天津	1	0	1	0
广西	0	0	1	1
黑龙江	0	0	0	0
山西	0	0	0	0
海南	0	0	0	0
重庆	0	0	0	0
西藏	0	0	0	0
陕西	0	0	0	0

（续）

省份	2004 年	2008 年	2013 年	2018 年
甘肃	0	0	0	0
青海	0	0	0	0
宁夏	0	0	0	0
新疆	0	0	0	0

资料来源：基于国家统计局发布的数据测算整理。

在这样的趋势下，江西省农产品加工业在全国的地位稳步提升，详见表 2-4。江西省农产品加工业在全国的市场份额从 2004 年的 1.00％上升到 2018 年的 3.26％，排名从第 21 位上升至第 11 位。从农产品加工业的 12 个细分行业来看，2004 年、2008 年，江西省农产品加工业没有一个细分行业的产值排名进入前八位；2013 年，江西省的纺织服装、服饰业（C18）与皮革、毛皮、羽毛及其制品和制鞋业（C19）两个行业进入了前八位；2018 年，江西省又新增了纺织业（C17）、家具制造业（C21）两个进入前八位的行业。

尽管江西省农产品加工业在全国的地位稳步上升，但与河南、湖北、湖南等省份相比仍存在较大差距，在中部地区排名第五的位置仍未改变。2004—2018 年，江西省农产品加工业占中部六省的比例逐年增长，但排名一直保持在第 5 位，仅高于山西省。2018 年，江西省农产品加工业产值排名进入全国前八位的次数排中部地区第 4 位，河南、湖南、湖北上榜次数分别是江西省的 2.75 倍、1.75 倍和 2 倍，详见表 2-3 和表 2-4。

表 2-4　2004—2018 年江西农产品加工业营业收入占比及排名情况

年份	2004 年	2008 年	2013 年	2018 年
江西占全国比例（％）	1.00	1.61	2.59	3.26
江西在全国排名	21	16	13	11
江西占中部地区比例（％）	8.46	10.13	11.99	13.29
江西在中部地区排名	5	5	5	5

资料来源：基于国家统计局发布的数据测算整理。

二、决定江西省农产品加工业位势的主要因素

一是在全国领先的农产品加工行业数量少。通过对 2004—2018 年 4 次全国经济普查数据的分析发现，江西省农产品加工业产值没有进入全国前五位，也还没有进入全国前八位。2004 年和 2008 年，中部地区仅有河南省进入全国农产品加工业产值前八位；2013 年和 2018 年，湖北省成为继河南省之后又一农产品加工业产值跻身全国前八位的中部省份，位列第七。从农产品加工业的 12 个细分行业产值排名前五位的地区名单来看，2018 年江西省没有一个行业进入全国前五位，中部六省中的湖南省上榜 4 次、河南省上榜 4 次、湖北省上榜 3 次、安徽省和山西省均上榜 0 次。从农产品加工业的 12 个细分行业产值排名前八位的地区名单来看，2018 年江西省上榜 4 次[①]，排中部地区第 4 位。其中，中部六省中的安徽省上榜 3 次、山西省上榜 0 次、湖北省上榜 8 次、湖南省上榜 7 次、河南省上榜 11 次。

二是农产品加工龙头企业发展不足。2020 年，全省规模以上农业龙头企业 5 144 家，其中国家级仅有 52 家。销售收入超亿元的农业龙头企业 800 家，在中部地区排第 4 位，超 10 亿元的仅有 46 家，在中部地区排第 5 位。河南省超亿元的农业龙头企业 2 070 家、超 10 亿元的 186 家；湖南省超亿元的 1 520 家、超 10 亿元的 80 家；安徽省超亿元的超过 2 500 家、超 10 亿元的超过 100 家。江西省农产品加工业总体规模与发达省份相比，还存在较大差距。2019 年江西省规模以上农产品加工业企业（年销售收入 2 000 万元以上）3 174 家，在中部地区排第 5 位；农产品加工总产值 6 223 亿元，在中部地区排第 5 位，仅为山东的 1/6、河南的 1/3、湖北以及湖南的 1/2。

三是农产品精深加工和冷链短板问题突出。2020 年，江西省农产品加工率约 63%，低于全国平均水平 4～5 个百分点，而发达国家农产品加工率一般在 90% 以上。2019 年，江西省农业农村厅对南昌、九江、抚州、上饶、宜春、赣州等六个地级市 50 家农产品加工企业调研发现，初级加

---

① 2018 年第四次全国经济普查中，江西省农产品加工业的 12 个细分行业产值排名进入全国前八位的分别为纺织业（C17），纺织服装、服饰业（C18），皮革、毛皮、羽毛及其制品和制鞋业（C19），家具制造业（C21）。

工链长、精深加工链短，仅有 20％的调研企业生产精深加工产品；多数企业以销售初加工产品和原料为主，初加工产品居多，科技含量和产品附加值不够高，且产品单一，同质化严重，缺乏小众类、精准化、中高端产品，没有形成完整的产业链，处于价值链低端。如，江西大米品质好，但调出大米以原粮为主，并没有形成大的产值效益。此外，江西省冷链设施匮乏。禽类疫情严峻期间，不少家禽被低价抛售至广东等省冷藏，疫情缓解后再高价返销回来。

四是农产品加工业科技创新内生动力不足。第一，研发投入不够。据统计，2019 年江西省级龙头企业中建有专门科研机构的仅为 57.2％，年科研投入占总销售额 1％以上的龙头企业也只有 42.42％。2018 年江西省农产品加工业研发总投入 31.25 亿元，远低于河南省的 188 亿元。第二，科企合作不深。调研发现，企业与科研院所合作大多是以合约方式和购买方式为主，难以形成长期稳固的合作关系。有些企业急功近利，一旦达不到预期就中断合作；科研院所和人员不愿放弃事业编制和稳定的待遇向企业流动。第三，科技人才不足。调研中，多数企业反映招聘人才难，留住人才更难。农产品加工企业大多在郊区，很难提供与城区相媲美的生活环境，即使工资比城市同级人员的工资高出 1 000～2 000 元/月，吸引力也有限。

三、做大做强江西省农产品加工业的对策建议

（一）深耕细分赛道，找准农产品加工业发展的切入点

"十四五"期间，牢牢把握农产品精深加工风口，力争将农产品加工业由 2018 年的排名全国第 11 位提升至挤进全国前 8 位。结合江西实际，聚力打造江西省农产品加工业中的首位行业和主导行业，力争使农产品加工业中的家具制造业，纺织业，纺织服装和服饰业以及皮革、毛皮、羽毛及其制品和制鞋业等 4 个细分行业销售总产值占比挤进全国前 5 位；力争使农副食品加工业，木材加工和木、竹、藤、棕、草制品业，造纸和纸制品业，印刷和记录媒介复制业，橡胶和塑料制品业等 5 个细分行业销售总产值占比挤进全国前 8 位；力争使烟草制造业、食品制造业、饮料制造业等 3 个细分行业销售总产值占比挤进全国前 15 位。

（二）发挥特色优势，聚力打造农产品加工产业集群

以县域为重点，因地制宜，构建江西省粮油加工、果蔬加工、特色经济作物加工、畜禽产品加工、水产品加工等县域优势产业集群，全力打造中部地区重要农产品精深加工基地。加强原料基地建设，发挥江西省作为唯一的"全国绿色有机农产品示范基地试点省"优势，重点扶持稻米、生猪、水产、家禽、果业、蔬菜、茶叶、毛竹等特色优势产业发展。打造农产品加工示范样板，引导企业向农业优势产业、优势区域聚集发展，在全省建设一批特色农产品加工园区。

（三）突出招商引资重点，从农产品加工业高集聚度地区引进企业集团

加大融入粤港澳大湾区力度，依托江西省"全国绿色有机农产品示范基地试点省"建设，开展招商引资推介活动，重点向农产品加工产业高集聚程度地区招商，引进一批产业链条长、科技含量高、品牌影响力强、示范带动广的国内外500强企业，推动江西省绿色食品龙头昂起、加工升级、产业融合。其中，农副食品加工业可重点考虑从全国集聚程度排名前3位的山东、河南和湖北引进大型企业集团；食品制造业可重点考虑从全国集聚程度排名前3位的广东、河南和福建引进大型企业集团；饮料制造业可重点考虑从全国集聚程度排名前3位的四川、贵州和江苏引进大型企业集团。

（四）顺应消费需求升级，做大特色农产品加工

聚焦"小食品、大产业"，做大做优方便食品、冻干产品、净菜加工、天然植物萃取等特色农产品加工业。从种植养殖、加工、包装、物流、电商、餐饮消费等全产业链视角，推进行业标准化、品牌化、规模化。精准把握消费者需求和市场趋势，培育一批"独一份、特别特、好中优"的"土字号""乡字号"加工产品品牌。

（五）加快科技创新，提升农产品加工层次水平

设立农产品加工专项基金，创设由有实力的行业龙头企业牵头的全省农产品加工科技创新联盟，以农产品加工关键环节和瓶颈制约为重点，组织联合技术攻关，研发酶制剂替代品、减损保鲜、梯度加工等先进加工技术。扶持一批农产品加工装备研发机构和生产创制企业，开展信息化、智能化、工程化加工装备研发，集成组装一批科技含量高、适用性广的加工工艺及配套装备，提升农产品加工层次水平。

第三章

江西农业高质量发展的科技支撑

科技是第一生产力。农业现代化，关键在于农业科技现代化。习近平总书记强调指出：农业要振兴，就要插上科技的翅膀；农业出路在现代化，农业现代化关键在科技进步；要加强农业与科技融合，加强农业科技创新，科研人员要把论文写在大地上，让农民用最好的技术种出最好的粮食。因此，全面推进农业高质量发展，归根到底要靠农业科技的支撑和引领。

第一节　科技创新是破解江西农业"大而不强"矛盾的必由之路

江西省农业的典型特征是"大而不强"。加快由传统农业大省向现代农业强省转变，核心在于提升江西省现代农业的市场竞争力，关键在于强化农业科技创新。从当前及今后一段时间看，破解江西省农业"大而不强"的矛盾，需要牢牢把握农业科技创新的主攻方向，深化科技管理体制机制改革，做大做强"一院一园一区一团"，扎实推进农业科技创新重点工程，加强农业科技创新平台建设，加大农业科技成果转化力度。

一、农业科技在江西省现代农业发展中的作用日趋彰显

科技是乡村振兴的第一动力。习近平总书记强调指出，农业要振兴，就要插上科技的翅膀；农业出路在现代化，农业现代化关键在科技进步。因此，全面推进乡村振兴，归根到底要靠农业科技的支撑和引领。截至2021年，江西省认真贯彻落实科技创新驱动战略，乡村振兴开局良好、

成效显著。江西省粮食总产量连续 9 年稳定在 430 亿斤以上,农业科技进步贡献率迈上 60% 的新台阶,主要农作物耕种收综合机械化率达 75.99%,机收率达 99%,水稻的综合机械化率达 81.3%,均超过全国平均水平。农业物联网技术在现代农业产业园中应用率达 90% 以上,主要农作物良种基本实现全覆盖,主要农产品综合生产能力迈上新台阶,农业供给侧结构性改革进展顺利,现代农业产业体系逐步建立。究其原因,一是科技创新体系建设逐步壮大。江西省组建了 22 个省级现代农业产业技术体系创新团队,成立了由 56 家单位构成的江西农业科技创新联盟,推进了与中国农业科学院的省院科技战略合作。二是农业科技创新试验示范体系不断完善。形成了以省、市、县、乡四级农业技术示范推广服务链为主体、农业企业科技创新和科技服务为补充的试验示范体系。三是农业科技成果转化速度逐步加快。通过重大科研项目实施、示范基地建设、省农科院高安基地推介等方式,新品种、新技术、新模式得到有效示范推广。四是农业科技服务体系建设逐步加强。农业科技"云服务"、科技特派团、科技服务工作站、"三区"人才专项、农业大讲堂等活动如火如荼,省、市、县、乡四级专家和技术人员联动,面向基层的科技服务得到加强。

从发展趋势来看,农业高质量发展在很大程度上取决于农业科技创新。省委十四届十二次全会提出了到 2035 年建成"农业强省"的奋斗目标。实现这一目标,必须坚定地走农业高质量发展之路。江西省农业的高质量发展之路,是服从国家战略需要与发挥江西省比较优势紧密结合之路;是找准自身位置,积极参与新发展格局构建,有效纳入"双循环"发展之路,是新一轮影响空前的结构变迁,涉及江西省中长期农业综合生产能力建设,契合江西省中长期农业供给侧结构性改革,无疑需要强有力的科技创新提供支撑。农业的高质量发展,不仅要提供优质安全的农产品,还要提供清新美丽的田园风光、洁净良好的生态环境。与此相适应,质量兴农、绿色兴农,将成为农业发展的主旋律;质量变革、效率变革、动力变革,将成为推动现代农业发展的重要因素。科技是第一生产力,推动农业发展的质量变革、效率变革、动力变革,实现质量兴农、绿色兴农,显然,在很大程度上取决于农业科技创新。

当前,农业科技革命正在不断深化。农业科学与技术一体化发展趋势日益明显。科学理论推动技术突破、技术发展拉动理论创新的趋势更加突出。农业科技交叉化、分支化并行发展，同时向广度、深度不断进军。农业科技与产业的结合日趋紧密。产业需求驱动技术创新，技术创新促进产业发展，越来越成为普遍现象。以引领性、突破性、颠覆性为显著特征的生物技术成为引领农业科技革命的新引擎；以物联网、大数据、云计算为依托的智慧农业技术成为未来农业发展的新航标；高效农机装备成为农业现代化的加速器。要跟上农业科技革命的步伐，江西省农业科技创新任重道远。

二、制约江西省农业科技创新能力的主要因素分析

虽然江西省农业科技创新取得了一定成绩，但农业科技创新能力仍处于较弱水平，还存在不少薄弱环节。农业的基础研究、底层技术、原创性成果依然不足，育种技术、资源利用、产品质量及农业信息技术等领域的"卡脖子"问题仍然较为突出，打好关键核心技术攻坚战仍然任重道远。

（一）农业科技创新资源不足

1. 农业科研总量不足

一是农业科研资源协同利用程度不高。"十三五"期间，江西省共有52个农业科研机构。其中，省级层面，除省农科院有13个农业科研机构外，还有9个涉农研究机构分别隶属农业农村厅及粮食局等不同部门。由于归属不同，科研机构之间还没有形成稳定的分工协作，农业科技创新投入要素缺乏协同利用机制，在科技创新资源绝对数量不足的情况下存在明显的科研重复投入和低效率的状况。二是农业科技研发和服务队伍偏弱。2019年，江西省农科院从业人员600余人，在中部地区最少，在全国列28位。农业技术人员队伍较弱，2018年，江西省平均每万名农村人口中仅有8个农业技术人员，约为美、日等发达国家的1/5。

2. 农业科技创新投入不足

一是农业科研投资强度低。2018年，江西省农业科研机构R&D经费支出为20 667.9万元，农业科研投资强度仅为0.13%，与我国平均水平0.8%和发达国家的3%～5%相差甚远。二是科研经费紧张。科研经费总体投入不足，尤其是基础研究经费严重不足的现象普遍。2019年，江西

省公益性科研院所没有基本科研业务费专项资金和创新能力建设专项投入。财政科研项目申报渠道单一，且多为竞争性项目，科研机构能申请到的项目数量少。三是战略性创新支持不足。浙江省自 1988 年 12 月开始，设立重大科技专项"浙江省杂交稻新组合选育与中试"（8812 计划），经过 30 多年的稳定科技攻关，育成了一大批高产优质品种，为浙江省粮食增产作出了重要贡献。长期以来，江西省没有对资源保护创新等战略性问题研究给予长期、稳定的支持。

3. 农业科技社会化服务供给不足

2019 年，江西省农业科技服务主体以农业技术推广部门为主，但基层农技推广队伍薄弱。截至 2019 年底，江西省共有农业技术推广机构 2 118 个。其中，县级农技推广机构实有人数 4 464 人，乡级农技推广机构实有人数 9 087 人，每万名农村人口不足 1 名农技推广人员。此外，江西省基层农技服务人员总体呈现出老龄化、素质偏低、观念滞后的状况，因此难以适应农业高质量发展对技术服务的迫切需求。

（二）农业科技创新机制缺乏活力

1. 科技管理机制与农业产业需求不相适应

一是项目完成期限不符合农业科研的特点。农业科研具有季节性强、研究周期长、保密性差、环境因素很难控制等特殊性，一般难以在短期内取得科研成果。而在实际工作中，国家、省级科研项目研究周期通常为 2～3 年，最多 5 年，导致部分科研项目因项目支持中断而不得不放弃。二是农业科技创新目标与成果转化结合不紧密。现行的农业科研体制采用高度集中统一的管理模式，更多的科研工作是"研-学-产"而非"产-学-研"，科研单位缺少解决产业需求的动力和压力，导致科技创新成果与产业发展需求的结合度不够高，"十三五"期间江西省农业科技创新成果的转化率平均在 20% 左右，低于全国平均水平（38%），与欧美（70%～80%）的差距更大。

2. 科研人才评价机制与人才队伍建设不协调

一方面，科学合理的科技人才评价机制尚未形成。科技成果转化成效在评价指标中分量较轻，导致部分科研成果与本土实际需求脱节，不利于科研人员成长和创造性科研工作的开展。另一方面，科技成果推广人才缺乏。2018 年江西农大和省农科院高级专业技术人才共 756 人，而湖南农大和湖南省农科院高级专业技术人才共 1 373 人。

（三）农业科技创新综合水平不高

1. 传统农业科技成果对产业的带动作用下降

尽管江西省农业科技自主创新能力不断提高，但新的市场需求还在不断增长，产业技术需求标准不断提升，传统的农业科技成果对产业发展的推动能力逐步下降，对本领域整体技术水平提升的拉动作用相对减弱。

2. 农业科技创新综合水平滞后

一是对重大科研项目的前瞻设计不够。在国家级项目层面，主要根据国家重点研发计划等重大项目公布的指南自由申报，对重大、重点科研项目的主动谋划还有所欠缺。二是农业领域学科交叉融合还不充分。交叉学科间的逻辑联系尚未梳理清楚，交叉学科的"软环境"还不完善，尚未出现跨学科产生的重大科技创新成果。

三、破解江西省农业"大而不强"矛盾的科技创新建议

（一）牢牢把握农业科技自主创新的主攻方向

立足江西省农业比较优势和农业科技创新瓶颈，把提高自主创新能力摆在农业科技工作的突出位置，加快解决制约江西省农业发展的科技难题。重点要聚焦乡村振兴的重大科技需求，紧紧把握农业科技与产业的结合日趋紧密的趋势，加强以引领性、突破性、颠覆性为显著特征的生物技术以及以物联网、大数据为依托的智慧农业技术和高效农机装备的研究。贯彻落实习近平总书记视察江西重要讲话精神，按照"做示范、勇争先"和"五个推进"更高要求，聚焦"一强省、一基地、一走前列"的目标定位，加快推进农业科技现代化。

"十四五"期间，江西省需要重点围绕"四个面向"和江西省农业结构调整九大产业发展工程，优化农业科技创新力量布局，构建适应"高产、高效、生态、安全"发展要求的农业全产业链技术供给体系，促进农业产业基础高级化和产业链供应链现代化，塑造高端化智能化绿色化农业发展新优势。重点突破一批契合江西省乡村振兴战略和农业高质量发展需

求的重大新技术、新模式、新品种和新产品，努力建设生猪高效全基因组选择与基因编辑、南方红壤丘陵综合高效开发、东乡野生稻种质资源创新、芦笋种质资源和育种技术创新、绿色生产技术等一批全国一流的农业科技优势领域。

（二）深化科技管理体制机制改革

一是理顺江西省科研机构关系。要理顺江西省农科院、江西省农业农村厅下属农业科研机构、农业类高校、涉农研究所和隶属当地农业行政主管部门的农业科研资源关系和职能定位。改革传统科研管理模式，建立新型协同创新机制，实现跨单位、跨学科、跨领域组建科研协同创新团队，打破单兵作战和单项技术创新的模式，实现农科教紧密结合、产学研相互衔接。

二是创新科研组织方式。统筹江西省科技资源，探索农业科技创新资源"一盘棋"布局，实施"揭榜挂帅"制度、"赛马争先"制度和"信用激励"制度。联合各类创新主体，集聚各类创新要素，推进完善重大项目联合攻关、重大创新平台共建共享的新型组织模式。

三是优化科研投入结构。根据农业科研周期与规律，加大对基础类、公益类农业科研机构稳定支持力度。为促进科研人员集中精力潜心搞科研，解决好科研和生产"两张皮"的突出问题，迫切需要改变长期以来竞争性研究经费占主体的现状，建议70%以上农业科研投入稳定安排到农业科研机构中，用于产学研自主选题和重大成果持续攻关研究，30%由政府相关主管部门统一掌握，供创新团队自由竞争申请，支持需要自由探索的项目和跨部门、跨专业协作研究项目。

四是完善分类评价和绩效考核制度。进一步健全竞争和激励机制，优化分类考核与综合评价制度，推动农业科研机构评价由"唯论文、重奖励"向"崇创新、重贡献"转变，构建以技术研发创新度、产业需求关联度、产业发展贡献度和科技服务满意度为核心的考核评价指标体系。鼓励和支持农业科技人员创新创业，提高创新积极性。

五是深化农业科技成果产权制度改革。加大对农业知识产权侵权的惩治力度，建立农业知识产权创造、运用、保护、管理、服务等全链条保护制度。健全以价值为导向的成果转化激励机制，鼓励拓展技术股与现金股相结合的激励模式，探索赋予科研人员职务科技成果所有权或长期使用权改革试点，充分调动科技创新的积极性，激发创新创业活力。

（三）做大做强"一院一园一区一团"

一是做强省级农业科研机构。参照高校"双一流"建设方案，设立公益性农业科研机构基本科研业务费专项资金和创新能力提升专项资金，争取在"十四五"末，江西省农业科技创新和成果转化应用实力位列中部地区前列，挤进全国第一方阵。二是做强农业科技园区建设。完善考评和退出机制，真正让农业科技园区成为科技成果的"孵化器"。进一步，充分发挥地方资源禀赋和比较优势，推进区域农业科技园区和谐共生、竞争有序，实现更高水平的协调发展。三是加快推进井冈山国家农业技术高新园区升级建设。大力培育发展科研平台和高新技术企业，将其打造成农业科技产业化龙头和成果转化应用"第一阵地"。四是加强科技特派员服务团建设。支持市、县（区）建设科技特派员工作站，按照"一县一团""一业一团"的方式，实现科技特派员服务与创业对江西省 100 个县（市、区）、九大农业产业工程全覆盖。

（四）攻关一批农业科技创新重点课题

围绕江西省农业结构调整九大产业发展工程，将相关产业的科技创新工程纳入全产业链工程。一方面，围绕满足江西省农业绿色发展、食品安全、产业结构调整所需要的关键共性技术，大力推进质量兴农、绿色兴农、品牌强农的技术体系，推进农业竞争力提升和农民收入增长的技术体系，推进符合绿色导向和农业可持续发展的技术体系，推进信息化与农业融合发展的技术体系。另一方面，实施一批支撑江西省农业高质量发展的农业科技创新重点工程。一是围绕农产品质量安全重点领域，深入实施绿色安全高效关键技术工程；二是围绕农业设施装备重点领域，深入推进高效种、养、加技术集成与研发工程；三是围绕农业信息化重点领域，深入实施现代智慧农业信息技术和智能装备工程；四是围绕动植物种质资源创新重点领域，深入推进现代种业提升工程，构建公益性研究与商业化育种相结合的育种科技创新体系。支持农作物种质资源库（圃）建设，将种质资源库（圃）运行管理所需经费纳入省级财政预算予以长期的、稳定的支持。

（五）加强农业科技协同创新体系建设

积极鼓励省、市级农业科研机构加强与国家级科研机构的交流与合作，形成"上靠国家队、外联兄弟队、内带地方队"的协同创新模式，进一步做好省级现代农业产业技术体系、协同创新联盟。以龙头企业为主体，设置国家级和省、市级农业产业科技创新中心，在江西省搭建一批多方联合、高效实用、服务产业的院士工作站和产业研究院等农业科技创新平台。

（六）加大农业科技成果转化力度

农业科技成果转化与应用是农业科技进步的重要环节，也是服务乡村振兴成效的关键环节。多元化推动农业科技成果的转化与应用。健全政府主导的农技推广体系，探索推行地市农技推广机构与农业科研机构合并运行，实现农业科技成果研发攻关、组装集成、试验示范和推广应用的无缝链接；鼓励科研院所与企业和地方政府共建农业科技试验示范基地和产业园区，积极推进"订单科研"服务；结合国家现代农业高新技术产业示范区、现代农业产业园等重点建设任务，创建多样化的农业科技成果转移转化示范基地，搭建成果展示、推介和交易平台，加速科技成果转化应用。

第二节　把握趋势抓住重点更新机制加快农业科技创新

加快农业科技创新，是实施乡村振兴的重要支撑，是实现农业高效、优质的关键。适应我国农业发展由增产导向转向提质导向的变化，破解江西省农业"大而不强"的矛盾，加快实现由传统农业大省向现代农业强省转变，迫切需要农业科技创新提供有力支撑，必须加快农业科技创新步伐。

一、紧紧把握农业科技创新发展的趋势

（一）我国农业已经进入了由增产导向转向提质导向的发展阶段，农业科技创新的作用更加突出

农业的高质量发展不仅要提供优质安全的农产品，还要提供清新美丽

的田园风光、洁净良好的生态环境。与此相适应，质量兴农、绿色兴农，将成为农业发展的主旋律；质量变革、效率变革、动力变革，将成为推动现代农业发展的重要因素。科技是第一生产力，推动农业发展的质量变革、效率变革、动力变革，实现质量兴农、绿色兴农，在很大程度上取决于农业科技创新。

（二）农业科技革命不断深化，新的趋势越来越明显

一是农业科学与技术一体化发展趋势日益明显。农业科学、农业技术的边界日益模糊，科学理论推动技术突破、技术发展拉动理论创新的趋势更加突出，周期日益缩短。二是农业科技交叉化、分支化并行发展，同时向广度、深度不断进军。三是农业科技与产业的结合日趋紧密。产业需求驱动技术创新，技术创新促进产业发展，越来越成为普遍现象。以引领性、突破性、颠覆性为显著特征的生物技术成为引领农业科技革命的新引擎；以物联网、大数据为依托的智慧农业技术成为未来农业发展的新航标；高效农机装备成为农业现代化的加速器。

（三）面对农业科技革命纵深发展，农业科技创新还存在明显不足

主要表现在：支撑重大突破的基础前沿性研究储备不足；面向需求导向的技术研发不足；有利于科技与经济紧密结合的体制机制还不完善；科技、农业、计划、财政、金融、林业、水利、环保、气象等多部门组成的农业科技协商机制还不够完善，对农业科技重大问题协调机制还不够顺畅。

（四）展望未来，农业科技创新要以推动农业供给侧结构性改革为目标

要致力于提升农业产业质量、效益和竞争力，促进农业绿色发展。既要面向国家重大需求，完善农业科技创新体系；又要面向农业农村主战场，提高农业科技供给质量；还要面向世界农业科技前沿，努力实现弯道超车、跨越发展。

二、紧紧抓住江西省农业科技创新的重点

（一）破解江西省农业"大而不强"的矛盾，是农业科技创新的重点任务

"十三五"期间，江西省农业初步走出了一条产出高效、产品安全、资源节约、环境友好的现代农业强省之路。但是，江西省农业依然是短

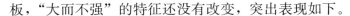

板，"大而不强"的特征还没有改变，突出表现如下。

1. 产量不少，但"名、优、特"不多

江西省稻谷产量位居全国前列，但绝大多数是籼稻，米质优、口感好的品种较少。万年贡米、奉新大米，已有一定的名气，但由于品质不稳定，产量规模难以扩大。赣南脐橙种植面积不小，但优质果比重不高。江西省柑橘产量不少，但类似寻乌蜜橘、易家河蜜橘的高品质产品少。江西省茶叶不乏优等品质，但"优而不特""特而不响"的现象依然普遍。浮梁茶、狗牯脑、婺源绿茶早在 1915 年就获得万国博览会金奖，庐山云雾茶也在 1959 年就获得新中国十大名茶称号，但在外形上不如浙江龙井、江苏碧螺春那样有特色，在口感上不如福建铁观音、云南普洱茶那样有特点。广丰马家柚不能不说品质上乘，但名气不大，市场占有率不高。

2. 质量不差，但响亮的品牌不多

一方面，江西作为"物华天宝"之地，流传下来的 40 多个"贡"字号农产品远未发扬光大。例如，广昌白莲、南丰蜜橘、泰和乌鸡、万年贡米，曾经都是名头响当当的皇家贡品，但时至今日，名声日渐式微。另一方面，企业自主品牌不强。据统计，截至 2016 年底，江西省有中国驰名商标 38 个，中国名牌产品 8 个，中华老字号 14 个，江西省著名商标和江西名牌产品 258 个，各类农产品知名区域名牌 56 个，商标品牌的数量不少，但市场竞争力强、在全国叫得响的品牌屈指可数。

3. 农产品加工转化率低，整体效益不高

2017 年，江西省农产品加工转化率为 60.9%，低于全国平均水平 4 个百分点。2013—2017 年，江西省农副食品加工利润平均每年 127.09 亿元，仅为同期山东省的 1/5。2017 年，江西省共有省级农业龙头企业 865 家，其中加工型企业只占 60%；规模以上农产品加工企业主营业务收入 5 979 亿元，列全国第 12 位，约为排名第一的山东省 33 791 亿元的 18%，比周边省份河南（23 601 亿元）、江苏（17 678 亿元）、湖南（15 010 亿元）、湖北（11 500 亿元）、安徽（8 450 亿元）低。2013—2017 年，江西省农业投入产出比为 1.74，列全国第 14 位，低于周边省份湖北（1.80）、湖南（2.22）、江苏（2.09）、广东（2.15），与全国排名第一的重庆

（2.76）差距明显。

4. 农产品市场规模小，配套体系不完善

2015年，江西省亿元以上农产品交易市场100个，交易额808.6亿元，而同期江苏省分别为191个、2 924.1亿元，差距明显。2016年，全国十大农产品批发市场，江西省周边的浙江、江苏、湖北、湖南、广东、河南都有入选，而江西省没有。2017年，全国农产品批发市场百强中，江西省只有南昌深圳农产品中心批发市场和宜春市赣西农副产品批发市场2家入选，而周边省份浙江、江苏、广东、河南、湖南、湖北分别有5家、10家、10家、6家、3家、4家入选。2015年，江西省年均交易额2 000万元以上的物流企业81家，年均交易额10亿元以上的农产品交易市场14个，而湖北省同期交易额过亿元的物流企业179家，年均交易额10亿元以上的农产品交易市场59个。2015年，江西省农产品冷库库容60万吨，而湖北省为290万吨；江西省果蔬、肉类、水产品冷链流通率分别为9%、20%、28%，与发达国家平均水平80%相差还很大。

5. 农业产业结构不合理，"三大一小"格局依然存在

江西省农业产业结构"传统"特点浓重。在种养业结构中，种植业比重偏大，在种植业内部粮、经、饲结构中，粮食比重偏大；在养殖业结构中，猪的比重偏大；在经济作物结构中，蔬菜比重偏小。

上述情况说明，江西省正处在由传统农业大省向现代农业强省的转变之中，迫切需要加快破解"大而不强"的矛盾。要加快由传统农业大省向现代农业强省的转变，最根本在于加快江西省农业生产力的整体提升和重点突破。科技是第一生产力，推动江西省农业生产力的整体提升和重点突破，农业科技创新需要担当重要使命。

（二）支撑江西省农业结构调整九大产业工程，是农业科技创新的重点课题

围绕形成"产地生态、产品绿色、产业融合、产出高效"的现代农业发展新格局，江西省制定了关于加快农业结构调整的行动计划，确定了优质稻、水产、蔬菜、果业、休闲农业与乡村旅游、茶叶、中药材、草地畜牧业、油茶等九大产业发展目标。这九大产业工程涉及的新品种、新技术、新模式和综合配套技术，是江西省农业科技创新的重点

课题。

根据质量兴农、绿色兴农、效益优先的发展要求，围绕江西省农业结构调整九大产业工程，需要优先解决以下四大类农业科技创新需求。

1. 推进质量兴农、品牌强农的技术体系

一是以生产技术规范的制定以及按标生产的推行为重点，推进优质农产品生产环节的标准化，城市郊区、"菜篮子"主产区需要优先实施。二是安全农产品执法监督环节的农产品质量安全追溯体系建设，绿色、有机、品牌农产品需要优先实施。三是生产要素集成环节的现代科技装备支撑。其中，特色高效品种或技术创制、粮食和特色优势作物良种研发、设施农业装备集成与本土创新需要优先实施。

2. 促进农业竞争力提升和农民收入增长的技术体系

一是节本增效类技术：适于机械化作业、轻简化栽培的新品种选育；果菜茶、养殖业、农产品初加工等关键机械化技术试点示范；节水节肥节药绿色新品种选育和更新换代等。二是规模经营类技术：与土地托管、联耕联种、代耕代种、统防统治相适应的技术。三是产业融合类技术：农产品保鲜、储藏、分级、包装等初加工设施技术。四是农业功能拓展类技术：促进休闲农业、分享农场、共享农庄、创意农业、特色农耕文化产业发展的相关技术。

3. 符合绿色导向和农业可持续发展的技术体系

一是投入品减量类技术：减肥减药及其相关的化肥替代、病虫害绿色防控技术；动物疫病防控、兽用抗菌药物减量使用技术。二是废弃物资源化利用类技术：畜禽粪污资源化利用技术、秸秆综合利用技术，城市郊区、水源保护区、长江九江沿线、环鄱阳湖周边需要优先实施。三是农业资源养护类技术：土壤污染管控和修复技术、土地轮作休耕技术。

4. 推进信息化与农业融合发展的技术体系

构建农业农村数据资源体系，建设重要农产品市场信息平台、新型农业经营主体信息直报平台，推进政务信息资源整合共享；实施信息进村入户工程，强化村级信息员选聘培育；实施智慧农业工程，建设"天-空-地"数字农业管理系统，推进农业物联网试验示范。

（三）坚持全面提升与重点突破相结合，深入实施农业科技创新重点工程

1. 围绕农产品质量安全重点领域，深入实施绿色安全高效关键技术工程

开展绿色增产增效技术集成模式研究与示范；推动农产品优质、安全、高产、高效生产技术创新；加强农业生物质资源利用科技攻关；突破节水节肥节药、农业清洁生产、耕地重金属和农产品产地污染治理修复等技术。加强农产品质量安全风险评估、冷链物流配送及储运保鲜营养等技术研究；开展农业大健康资源营养和功能成分筛选研究，攻关加工营养品质的稳态化、营养和功能成分制备提取技术。

2. 围绕动植物种质资源创新重点领域，深入推进现代种业提升工程

"科技兴农，良种先行"，大力培育一批竞争力强的种业龙头企业和育种技术团队。加强基因组学技术的研发，构建"育、繁、推"商业化育种技术体系，提高种质资源保护、育种创新、良种繁育能力。通过联合攻关，创制一批具有自主知识产权的重大突破性绿色优质新品种，推进"绿色种业"建设。

3. 围绕农业设施装备重点领域，深入推进高效种、养、加技术集成与研发工程

重点开展轻简、高效、全程机械化技术研究与集成应用，大力研发和引进适合江西地形地貌的小型、实用型机械。加大特色作物设备的研发力度，解决如油菜收割、棉花采摘、白莲处理、脐橙去皮等瓶颈问题；因地制宜创制一批适合江西绿色农产品精深加工的技术装备、智能化管理的设施种养关键技术与装备；打通种、养、加全产业链关键技术环节，突破多目标管理的农田灌溉排水集成技术，开展生物固氮、高效嫁接、设施环境下果蔬风味营养品质管控等技术研究。

4. 围绕农业信息化重点领域，深入实施现代智慧农业信息技术和智能装备工程

推进 NB‐LOT、EMTC、AR、VR 等移动宽带的技术应用，注重农业大数据的集成，建立农业大数据中心和现代农业科技服务云平台；建立覆盖江西省的农产品质量安全追溯管理信息系统，加强互联网、物联网、人工智能设备、遥感等数字农业技术研发和应用；加快基于空地大

数据的"作物一张图"研制，探索农业网络化管理。突破农业信息智能和识别关键技术；开展精准农业数字化管理和智能决策等关键技术研究。

三、坚持走"政产学研用"一体化的农业科技协同创新之路

农业科技创新涉及不同主体之间创新要素的合理组合以及创新链条不同环节之间的密切配合，在农业科技革命日益深化的趋势下，需要从"单兵作战"转向"协同创新"。农业所处的基础产业地位及其在市场条件下表现出来的弱质性特点，决定了农业科技创新更必须走"政产学研用"一体化的协同创新之路。政、产、学、研、用分别代表政府机构、企业、高等院校、研究机构和目标用户五种力量。"政产学研用"一体化协同创新的实质在于通过政府引导和机制安排，促进大学、研究机构、企业发挥各自能力、整合资源，实现各方优势互补，加快技术研发、推广应用和产业化。推进江西省"政产学研用"一体化农业科技协同创新，需要采取以下几项重点措施。

（一）加强"政"的引导作用

1. 建立"政产学研用"一体化农业科技协同创新协调领导小组

由省政府行政主管领导挂帅，农业、科技、教育、财政、科研院所等部门（单位）为成员，吸收农业行业协会、农业龙头企业代表参加，成立协调领导小组，负责：组建省级协同创新重点团队；落实协同创新专项经费；审定协同创新重大项目及经费安排；发布协同创新重要成果；促进重大科技成果供需对接；协调重大成果知识产权共享及利益分配关系；研究考核机制和激励政策。

2. 建立优质稻、蔬菜、果业、茶叶、水产、油茶、草地畜牧业、中药材、休闲农业与乡村旅游等产业"政产学研用"一体化协同创新体系

聚焦江西农业结构调整九大产业工程，与现有国家和省级产业技术体系对接，设立创新团队、首席专家、核心企业、试验示范基地，建立优质稻、蔬菜、果业、茶叶、水产、油茶、草地畜牧业、中药材、休闲农业与乡村旅游等产业"政产学研用"一体化协同创新体系团队，负责具体实施协同创新任务。

3. 建立风险分担与利益共享机制

建立"产""学""研""用"各主体在协同创新过程中的风险分担机制，明确协同各方在合作过程中的责任担当。建立和完善利益共享机制，加强知识产权的保护和管理，规范科技成果评价和奖励制度，保证各方利益的平衡。

4. 建立创新链各环节的分工协调机制

以企业为主体的用户部门负责提出创新需求和成果运用；高校和科研院所负责项目研究、技术攻关、成果产出；政府部门负责规范引导、经费保障、政策支持、立项审批、成果验收与推广转化。坚持农业科技管理统一规划、地方和部门共同实施的原则，建立由科技、农业、计划、财政、金融、林业、水利、环保、气象等多部门组成的农业科技协商机制，对农业科技重大问题进行协调。

（二）增强"产""用"的主体地位

1. 开展"政产学研用"一体化农业科技协同创新省级农业龙头企业、示范性合作社、典型专业大户遴选

对接农业结构调整九大产业工程，动态遴选一批具有培育潜力、示范性强、带动面大的"产""用"主体，纳入协同创新体系，优先给予项目支持，优先安排成果运用，优先享受创新成果。

2. 营造"多投入、优产出、有回报"的外部环境，增强"产""用"主体重视创新、热爱创新的内生动力

完善国家粮食收储政策，增设优质稻品种，实行优质优价；打通以市场竞争为导向的农产品生产目标区域与消费目标市场之间的信息通道、物流通道、销售通道，实现货畅其流、产销对接、优质优价。

（三）激发"学""研"的主动参与

1. 面向江西省经济社会建设主战场，调整优化学科专业结构

由"根据现有资源、条件设置学科专业、研究机构"转向"面向经济社会需求设置学科专业、研究机构"。高校主动对接江西省未来人才需求，加强应用型专业设置，加强学科交叉，打通专业链与产业链、创新链的联系。科研机构主动对接江西省创新型省份建设，聚焦农业供给侧结构性改革，聚焦农业高质量发展。

2. 建立以创新和质量为导向的多元评价机制

在绩效分配中，更重视学术研究的实际价值，彻底解放生产力，让从事基础研究的，能真正静下心来，瞄准国际前沿，取得原创成果；让从事应用研究的，能积极主动转化成果，为经济社会发展作出贡献；让带着成果创业的，有能进能出的"旋转门"，宽容失败，解除社会保障等方面的后顾之忧。

第三节　加快建设农业科技强省　助推江西农业高质量发展

我国社会主要矛盾已经转化为人民日益增长的美好生活需要和不平衡不充分的发展之间的矛盾。其中，不平衡不充分发展最突出体现在农业农村。"十四五"期间，世界新一轮科技革命和产业革命同我国转变发展方式发生历史性交汇，我国正处于转向高质量发展的新阶段，最重要的是国家粮食安全，要害是种子和耕地。外来生物入侵等生物安全、天然橡胶等资源安全问题日益凸显。保障粮食和重要农副产品供给安全，加快农业现代化进程，推进农业高质量发展，亟须按照"双循环"新发展格局要求，加速农业科技自立自强。

一、习近平总书记关于高质量发展和农业科技创新工作的重要论述

（一）习近平总书记关于高质量发展的重要论述

推动高质量发展是做好经济工作的根本要求。高质量发展就是体现新发展理念的发展，是经济发展从"有没有"转向"好不好"。——2018年4月24日至28日，在湖北考察时的讲话

保护生态环境和发展经济从根本上讲是有机统一、相辅相成的。不能因为经济发展遇到一点困难，就开始动铺摊子上项目、以牺牲环境换取经济增长的念头，甚至想方设法突破生态保护红线。在我国经济由高速增长阶段转向高质量发展阶段过程中，污染防治和环境治理是需要跨越的一道重要关口。我们必须咬紧牙关，爬过这个坡，迈过这道坎。要保持加强生

态环境保护建设的定力，不动摇、不松劲、不开口子。——2019 年 3 月 5 日，参加十三届全国人大二次会议内蒙古代表团审议时的讲话

要推进农业供给侧结构性改革。发挥自身优势，抓住粮食这个核心竞争力，延伸粮食产业链、提升价值链、打造供应链，不断提高农业质量效益和竞争力，实现粮食安全和现代高效农业相统一。——2019 年 3 月 8 日，参加十三届全国人大二次会议河南代表团审议时的讲话

要坚持不懈推动高质量发展，加快转变经济发展方式，加快产业转型升级，加快新旧动能转换，推动经济发展实现量的合理增长和质的稳步提升。——2020 年 6 月 10 日，在宁夏考察时的讲话

高质量发展不只是一个经济要求，而是对经济社会发展方方面面的总要求；不是只对经济发达地区的要求，而是所有地区发展都必须贯彻的要求；不是一时一事的要求，而是必须长期坚持的要求。——2021 年 3 月 7 日，参加十三届全国人大四次会议青海代表团审议时的讲话

（二）习近平总书记关于农业科技创新工作的重要论述

农业出路在现代化，农业现代化关键在科技进步。我们必须比以往任何时候都更加重视和依靠农业科技进步，走内涵式发展道路。——2013 年 11 月，在山东农科院召开座谈会时的讲话

要加快科技创新，增强农业发展动能，调整农业科技创新方向和重点，调动科技人员的积极性。——2016 年 12 月，在中央农村工作会议上的讲话

中国现代化离不开农业现代化，农业现代化关键在科技、在人才。要把发展农业科技放在更加突出的位置，大力推进农业机械化、智能化，给农业现代化插上科技的翅膀。——2018 年 9 月，在东北三省考察时的讲话

希望广大科学家和科技工作者肩负起历史责任，坚持面向世界科技前沿、面向经济主战场、面向国家重大需求、面向人民生命健康，不断向科学技术广度和深度进军。——2020 年 9 月，主持召开科学家座谈会时的讲话

要加强原创性、引领性科技攻关，坚决打赢关键核心技术攻坚战。——2021 年 5 月，第四次出席两院院士大会时的讲话

二、"十三五"江西农业科技创新的重大进展与成效

(一) 建立了完备的科技创新体系

"十三五"期间,构建了水稻、油菜、生猪等20大产业技术体系,建有水稻国家工程实验室、国家红壤改良工程技术中心、猪遗传改良与养殖技术国家重点实验室、食品科学与技术国家重点实验室、国家脐橙工程技术研究中心等国家级重大创新平台,打造了一支国家级和省级农业科技人才队伍。江西省农科院牵头建立了涵盖江西省涉农大学科研机构、农业龙头企业和地方农业科技机构的江西省农业科技创新联盟,覆盖江西省主要农业产业的"省-市-县"农业科技创新体系基本形成。

(二) 涌现了一批重大创新成果

江西水稻大钵体毯状苗机械化育秧插秧技术成功入选2021年农业农村部重大引领性技术。在颜龙安院士成功选育出我国不育系"珍汕97A"后,又一次在菌根共生稻与抗旱、耐热水稻新品种培育方面取得了重要进展(水稻低镉1号、丛枝菌根真菌与水稻共生体系)。构建了最完善的中国地方猪种资源基因组DNA库,在生猪遗传育种研究领域处于世界领先水平(黄路生院士团队);成功创建了我国南方红壤丘陵综合开发利用的"千烟洲模式"、"猪-沼-果"生态农业模式、"优质晚稻早种+再生稻"模式。"十三五"期间,省农科院获得3项国家科技进步二等奖、省部级科技奖63项,审(认)定动植物新品种72个,一大批"赣科"系列的水稻、芦笋、油菜、芝麻、玉米、辣椒、苦瓜、食用菌等优良品种在赣鄱大地广泛推广种植。

(三) 农业科技贡献率持续攀升

农业新品种、新技术、新模式得到广泛应用,农业内涵式发展不断增强。在江西省所有的产业中,农业科技的支撑能力是最强的。至"十三五"末,农业科技进步贡献率为60.2%,略高于国家平均水平,比"十二五"末高4.2个百分点。主要农作物综合机械化率为74.35%,水稻综合机械化率为80.24%,均超全国平均水平。依托产业技术体系,共引进和培育优新品种500多个,研发新技术新工艺70余项、新产品新装备20余个,帮助解决产业发展和生产实际问题130多个,比2012年提高了

4.5 个百分点。"十三五"期间，江西省减肥增效工作取得了突破性成效，江西测土配方施肥技术年推广面积超 7 000 万亩，绿肥种植利用面积超 500 万亩，化肥用量和单位播面化肥施用强度连续四年实现负增长。

三、农业高质量发展的关键在于加快农业科技创新

破解江西省农业"大而不强"的矛盾，是农业科技创新的重点任务。《"十四五"全国农业农村科技发展规划》指出，我国农业基础还不稳固，粮食供求紧平衡的格局没有改变，结构性矛盾和总量不足问题并存，种业面临严峻形势、综合竞争力不强、与国外先进水平有明显差距，耕地总量少、质量总体不高、后备资源不足。保障粮食和重要农产品安全，关键在于落实"藏粮于地、藏粮于技"战略。城乡发展不平衡、农村发展不充分，乡村产业发展总体上还处于初级阶段，产业功能不够丰富、产业结构不够健全、产业布局不够合理，农村生态建设还存在明显短板。支撑乡村全面振兴，促进乡村产业转型升级和绿色发展，比任何时候都更加需要科学技术解决方案。

面对新形势新挑战新使命，农业科技还存在一些"卡脖子"技术和短板问题。农业基础研究和底盘共性技术的原始创新能力不足，生物育种、农机装备、智慧农业、绿色投入品等关键领域核心技术和产品与发达国家仍存在较大差距或受制于人，土地产出率、劳动生产率、资源利用率等有待提高。新型高效科研攻关组织模式有待构建，科技成果转移转化亟待提速，农业企业科技创新主体地位亟待提高，科研机构和创新人才布局与评价机制有待完善。

因此，要加快推进江西农业高质量发展，加快江西由传统农业大省向现代农业强省的转变，最关键的不是继续做"大"，而是加快做"强"，推动江西省农业生产力的整体提升和重点突破，加快推进江西省农业高质量发展，农业科技创新是关键一招。必须以农业科技创新为农业高质量发展的核心动力、实现路径和技术支撑，解决好农业科技"卡脖子"难题。

四、建设农业强省，坚持走科技兴农之路

2018 年 7 月 30 日，时任江西省委书记刘奇在省委十四届六次全体

（扩大）会议上强调：创新引领是江西发展的第一动力，江西省的差距，根本在科技水平、高端人才和创新能力的差距；绿色崛起是江西发展的最佳路径，是实现高质量、跨越式发展的潜力和希望所在。

（一）"十四五"农业科技创新的思路及目标

以习近平新时代中国特色社会主义思想为指导，深入贯彻党的十九大和十九届二中、三中、四中、五中全会以及中央经济工作会议、中央农村工作会议精神和省委十四届十二次全会精神，深入落实习近平总书记视察江西重要讲话精神，聚焦"做示范、勇争先"目标定位和"五个推进"重要要求，坚持稳中求进工作总基调，坚持"四个面向"的战略方向，坚持"一强省、一基地、走前列"的总要求①，贯彻新发展理念，立足"双循环"新发展格局，坚持系统观念，以农业农村高质量发展为主题，以支撑农业供给侧结构性改革为主线，保障粮食安全和重要农产品有效供给，把农业科技自立自强作为战略基点，把"突破、融合、重构、提升"②作为战略目标，把农业产业基础高级化和产业链供应链现代化作为战略重点，把农业科技体制机制改革作为根本动力，塑造高端化智能化绿色化农业发展新优势，为江西省乡村全面振兴、农业农村现代化提供强有力的科技支撑。

（二）实施一批重大农业科技创新工程

重点围绕江西省粮食安全、农业生态安全、农产品品质提升与质量安全等重大技术瓶颈，开展联合攻关。"十四五"期间，江西省农科院将实施种业、耕地质量提升与绿色农业、畜禽健康养殖、智慧农业与农业装备、农产品加工与农产品质量安全等五大创新工程，26 项重点创新任务，努力攻克一批"卡脖子"技术，力争形成一批标志性成果。通过在生物育

---

① "一强省、一基地、走前列"的总要求即建设农业强省、打造绿色有机农产品重要国家基地、在全面推进乡村振兴上走前列。

② "突破"：突破种源等农业"卡脖子"关键核心技术，突破农业产业高质高效绿色发展的技术瓶颈、产品装备和工程技术；"融合"：切实强化科企深度融合，强化科技与县域产业和村镇经济深度融合，强化科技创新要素与区域产业发展深度融合；"重构"：着力重构新时代中国特色农业农村科技创新体系，重构江西省农业战略科技力量布局，重构国内外农业科技合作发展格局；"提升"：实现农业质量效益竞争力大幅提升，打造提升绿色有机农产品重要国家基地，实现农业科技成果转化推广效能大幅度提升。

种、功能农业、绿色生产技术、农业环境治理等领域技术突破，充分挖掘江西本土特色农业资源，培育和发展"专""优""特"乡村产业，推动江西省农业产业转型和生态高值农业发展。

（三）畅通"政产学研用"协同创新通道

破解农业科技成果转化难题需要政府、企业、科研院所和金融机构共同努力，打通科技供给端和需求端瓶颈。政府部门要健全政府主导的农业科技成果转化机制，引导鼓励企业增加科技投入；企业需要重视新技术的应用，切实增加科技投入；科研机构要贯彻"四个面向"，改革内部评价机制，组织和引导科技人员将论文写在大地上；金融机构要鼓励对农业科技成果风投企业、农业科研机构新成果新技术进行评估和投资，开展对农业新成果新技术收储与转化试点。推进农业科技现代化建设，加快科研院所与各市县（区）共建步伐，率先将高安、婺源、资溪、信丰等四个试点县打造成国家农业科技现代化先行县，努力形成更多"江西经验"，奋力作出更多江西贡献。"十三五"期间，江西省农科院构建了"一核多点"的科技成果示范空间布局，组织了249名农业特派员，对企业开展"订单科研"和"点单服务"，建设了线上线下"农科成果超市"。

（四）培养一批"一懂两爱"的高水平农业科技人才队伍

农业是一个千家万户的产业，再好的品种、技术和模式都要靠广大农民去实现。因此，在高位打造农业专业技术人才队伍的同时，提高农业劳动者素质亦尤为重要，大力提倡以创新成果和科技服务成效"论英雄"，教育和引导农业科技人员不断增强"三农情怀"。打造现代农业科技人才高地，培训一大批高素质农民、基层农技推广骨干人才、农业科技社会化服务带头人，催生一批经济实力强、带动能力强的家庭农场、农民合作社、农业产业化龙头企业等新型农业经营服务主体或农业科技服务公司。

第四节　科技支撑农业高质量发展：
江西省农业科学院的实践

推动现代农业高质量发展，必须充分发挥科技创新的支撑作用。江西省农科院认真贯彻省委、省政府决策部署，聚焦农业大省向农业强省转变的重大科技需求，狠抓科技创新工作，努力发挥支撑作用。"十三五"时期，江西省农科院荣获国家科技进步二等奖 3 项、省科技进步一等奖 5 项、省部级二等奖 9 项。

一、攻克了一批农业产业关键新技术

围绕产业链，部署创新链，聚焦稳粮、优供、增效，研发"优质晚稻早种-连种"技术、芦笋高效栽培技术等产业关键技术 63 项，获得授权专利 132 项。

（一）创新水稻种养技术，促进水稻品质变优、效益增加

着力解决早稻品质差的问题，独创"优质晚稻早种-连种"技术，选择生育期较短的优质晚稻（或香稻）品种作早稻种植，在宜春市袁埠等地推广示范，实现双季双优质、双季产吨粮。着力解决种稻效益不高的问题，因地制宜，研发出"稻、鳖综合种养技术"，选择最适稻、鳖共生的长生育期优质稻品种"外引七号"（省农科院选育），在云山等地试验示范，实现稻、鳖品质提升，亩均产优质稻谷 450 公斤、优质甲鱼 100 公斤，亩收益 6 000 余元，已在江西省推广 7 200 亩，增效 4 384.7 万元。着力解决双季稻机械化配套水平不高的问题，研发了水稻机插秧、侧深施肥和机喷药"三合一"配套技术，在吉安市等多地推广，显著提高了双季稻生产效率。

（二）创新污染防治技术，促进生态环境变好、资源增效

加强重金属污染区修复利用，编制了《江西省受污染耕地利用和严格管控技术操作指南》，由江西省农业农村厅印发至江西省各地应用。与中科院南京土壤研究所合作，开展重金属污染耕地"控源、降活、减吸"安全利用技术研究，研发出土壤重金属原位钝化材料和水稻降镉关键技术，在鹰潭、新余等 5 地建立试验示范区，实现稻米镉含量降低 45%～70%。合作成果获得 2017 年度江西省科技进步一等奖。牵头与中科院广州能源所、江西正合集团等单位合作研发稀土矿区生态能源农场修复模式及配套技术，在定南县进行示范，种植能源植物"皇竹"600 亩进行修复，取得阶段性成果。加强农林废弃物利用，以稻草、茶籽壳、果树枝等农林废弃

物为处理对象，研发了莲子壳、茶籽壳栽培茶树菇，稻草、木屑、谷壳栽培大球盖菇，竹屑等原料栽培竹荪，桑枝条栽培灵芝，蜜橘枝等果树枝栽培香菇等配方与工艺，产量与品质接近或超过传统配方；集成创新了以"新型基质原料、高效栽培配方、生态栽培工艺、菌渣有机肥"为主要内容的农林废弃物菌业化生态、循环、高效利用模式。创制了粪污全量收储和高负荷发酵技术及配套装备，在新余等地实现了工程化应用，提升了沼气工程的容积产气率和废弃物的处理能力。加强减肥减药研究，形成了江西双季稻区化肥农药减施增效技术、双季稻绿色规模化丰产增效技术等模式，实现增产的同时可提高氮肥利用率 15.02％、减少化学农药用量 48.4％。

（三）创新质量检测技术，促进农产品安全检测快速便捷、准确高效

研发了畜禽产品风险因子快速可视化识别技术、210 种药物同步高通量筛查技术，以及覆盖全链条的典型药物定量确证关键技术；研制了一次自动处理 9 个样品的"平行研磨仪"，效率比传统装置提高 9 倍；首次开发了基于网络大数据的农产品质量安全风险因子排序系统。实现了对产前投入品、产中养殖活体动物和产后终端产品等全链条风险因子高效识别及重点防控，形成的国家（行业）标准、检测方法得到 10 多家国家、省、市级机构的采信和应用，2017—2019 年在江西、山东、内蒙古、山西等省份的畜禽产品监测工作中得到有效应用，产生直接经济效益 2 653.94 万元；相关成果被评为 2019 年度江西省科技进步一等奖。

（四）创新红壤高值利用技术，促进井冈山农高区品牌创建、链条延伸

省农科院认真落实省委主要领导指示精神，与吉安市政府联合共建了井冈山红壤研究所（江西省农业科学院井冈山分院）。已实施"南方红壤丘陵区双季稻绿色规模化丰产增效技术集成与示范""井冈山红壤区芦笋产业关键技术"等 8 个项目，正在对接落实"芦笋及其副产物加工技术"等 3 个项目。2018 年和 2019 年，"粮丰项目"投入项目经费 255 万元，在农高区创建区中心区及其周边区域开展技术示范 52.7 万亩，增产稻谷 2.91 万吨、增收 7 000 万元。实施的"井冈山红壤区芦笋产业关键技术"，推广种植"井冈 111"和"井冈 701"新品种 1 000 亩，增效近 2 000 万元。

二、研发了一批支撑农业高质量发展新品种

紧紧围绕打造优质稻米、蔬菜、果业、畜牧等千亿元产业，筹建江西省农作物种质资源库，建立江西省农作物种质资源研究中心，培育了优质稻、芦笋、辣椒等国家和省级审（认）定新品种 86 个，研发了一批果蔬加工品和农机新产品。

（一）部分育种基础研究取得重要突破

从江西东乡野生稻中发现并克隆出调控水稻与丛枝菌根高效共生的新基因（OsCERK1^{DY}），能促进水稻与丛枝菌根真菌高效共生，显著提高水稻肥料利用效率，提高单产，增强对稻瘟病的抗性，为选育"绿色超级稻"开辟了新途径。从东乡野生稻中克隆了 D 型胞质不育基因，并找到了配套的育性恢复基因，实现了 D 型杂交稻新三系配套。首创芦笋栽培品种与近缘野生种（兴安天门冬）种间杂交技术，构建芦笋全基因组 SSR 数据库并建立分子标记辅助育种技术，获得芦笋理想株型基因编辑突变体，大大提高了芦笋种质创新和育种效率，保持了江西芦笋基础研究的国内领先地位。

（二）培育了一批优势作物新品种

优质稻选育方面，选育的优质水稻恢复系"跃恢航 1573"，个子矮、把子大、兼容性强（易制种），米质达国标二级，配制的 6 个组合通过江西省审定。其中，"五优航 1573""吉优航 1573"被认定为超级稻品种，"徽两优航 1573"获评全国优良品种；"野香优航 1573"获评江西首届优质稻品种金奖，是宜春大米、鄱阳湖大米等江西省全部九个大米公用品牌主要品种。"跃恢航 1573"系列品种在湖南、安徽等 8 省累计推广 1 110.6 万亩。功能稻选育方面，选育出适合糖尿病人专用的低谷蛋白新品种"五谷丰 1 号"、"五谷丰 2 号"、巨胚功能稻"赣巨 1 号"、"莲塘巨胚红"等。巨胚稻的胚比平常水稻的胚大 2～3 倍，GABA（γ-氨基丁酸）含量比一般水稻多 5～8 倍，具有降低血压、活化肝肾功能、治疗癫病、预防肥胖、防止动脉硬化、调节心律失常等多种生理功能。多功能油菜选育方面，选育的"赣油杂 8 号"，高产、优质、菜薹可口营养好、花瓣大、花期长，是婺源景区主栽品种。蔬菜品种选育方面，选育的芦笋新品种"井冈

111""井冈翠"名扬省内外，含有丰富的 B 族维生素、维生素 A 以及叶酸、硒、铁、锰、锌等微量元素，具有人体所必需的各种氨基酸，具有抗癌作用；选育的辣椒新品种"赣椒 16 号""赣椒 18 号"等，具有早熟、优质、抗病、丰产、商品性强等多种特征，适合长江流域露地栽培；选育的"赣苦瓜 4 号""赣苦瓜 7 号""赣苦瓜 1525 号"等苦瓜新品种，涵盖早、中、晚熟期，果肉脆嫩，苦味适中，品种优良，抗病性强，稳产丰产，在江西、四川、湖南等地大面积推广。同时，还选育了食用菌"虎奶菇 0121"、甘薯"赣渝 3 号"、大豆"赣豆 10 号"、玉米"赣科甜 8 号"等一系列作物新品种，成为市场的"新角"。

（三）改良了一批水果新品系

从国外引种筛选的"温柑 A08""脐橙 A09""柚 A10"等 3 个优质晚熟柑橘新品系，具有果实外观艳丽、维生素 C 含量高、含酸量适中、含糖量适中、糖酸比较高等特点，适栽于我国大部分柑橘产区。培育的精品航天小西瓜新组合，具有高糖、易坐果、耐贮运等特性，2019 年，正在进行非主要农作物品种登记。

（四）研发了一批科技新产品

开发了薯类米粉、香菇脆、牛肉酱、芦笋奶茶、果蔬脆片、优质香糯纯酿等多个食品新产品，研发了日处理 60～120 吨谷物烘干机、山区小行距插秧机、稻田智能排灌信息化管理系统、果园智能喷药机等农机和农业智能化产品，正待走上市场。

三、建立了促进"产研用"融合机制

主动与市场主体对接，促进"产研用"融合，推动成果走上市场，解决科技与经济"两张皮"问题。

（一）构建协同创新体系

与中国农科院签订了科技创新战略合作框架协议，参与了国家农业科技创新联盟。与湖南等 8 个省（市）兄弟农科院开展科技合作，加盟了湘鄂赣农业科技创新联盟。牵头组建了江西省农业科技创新联盟，设立了江西省农科院萍乡、九江、赣州、井冈山等 4 个分院，深化与地方政府合作。

（二）创新成果转化模式

定期举办成果推介会，已举办蔬菜、农机装备、水稻、食用菌、瓜果茶等成果推介会 6 期，共发布作物新品种 86 个、专利和地方标准 61 个、物化产品 5 个、新技术新模式 25 项，与农业龙头企业、专业合作社签订合作协议 33 项，订单金额 675 万元。推进成果转让与合作开发，通过科技成果或科技成果经营权一次性出让以及共建园区、授权生产、合作经营等方式，提高成果转化效率。已转化苦瓜、芦笋、黄菊、功能水稻等技术成果 8 项，收入 208.08 万元。开展订单服务，2018—2020 年，共与 100 多家企业签订技术服务协议，技术服务收入 2 156.76 万元。

（三）搭建成果转化平台

搭建成果展示平台，2020 年 7 月，在"高安基地"举办首届科技成果"开放日"活动，发布近 3 年省农科院十大科技进展，编印百项成果手册，展示、宣传、推介最新科技成果。搭建国际合作平台，利用科技部授予江西省农科院《水稻及有机农业国家合作基地》的国际合作平台，服务"一带一路"，与菲律宾国家水稻所合作共建水稻技术联合实验室；与多哥、加纳、赞比亚、尼日利亚等国家农业部门合作开展优质稻等技术示范。搭建成果交易平台，成立江西省唯一一个农业科技成果竞争性交易平台——江西省农业知识产权交易中心，已通过平台成功转让品种、专利等 23 项。

四、培养了一支"一懂两爱"的农业科研队伍

深入落实中央和省委关于建设"一懂两爱"农业科研人才队伍的要求，引导科技人员热爱农业、专注农业、扎根农业。

（一）长期选派科技特派员队伍，深度参与脱贫攻坚和乡村振兴工作

精挑细选 219 名专家，组成省内派出人数最多、专业最全、服务区域最广的科技特派员队伍，形成 78 个省级科技特派团（59 名专家担任省级科技特派团团长），优先对接服务 25 个贫困县扶贫产业一线，开启"专家＋产业＋贫困户"的服务模式。2017—2019 年，共举办水稻、水果、畜禽等优势特色产业技术培训班 234 期，承办江西省农业农村厅 2019 年度江西省现代创业创新青年培训班 1 期，培训企业技术人员、高素质农民等

1.69 万余人次。初步建设乡村振兴特色产业科技引领示范村（镇）31 个，累计开展扶贫活动 5 000 余次，推动贫困区域发展特色产业带动贫困户脱贫。组织优秀博士与江西卫视五套合作开展 400 余期"农博士大讲堂"。

（二）坚持深入调查研究，发挥决策咨询作用

发挥江西省农科院国家产业技术体系、省级产业技术体系专家作用，围绕产业发展和减轻新冠肺炎疫情影响开展调查研究，上报《应对新冠病毒疫情对江西省农业发展影响的若干建议》等决策咨询建议 14 项，得到省领导肯定性批示 10 余次。

（三）加强应急服务队伍建设，快速深入一线防灾救灾

新冠肺炎疫情期间，与同方知网（北京）技术有限公司合作，开设"科技直通服务产业篇"，组织专家线上直播，累计培训超过 14 041 人次。2020 年洪灾期间，组织科技专家救灾小分队，制定《江西省农业科学院科技救灾服务活动方案》，深入灾情一线开展科技救灾工作，助力减少粮食生产损失、减少农民收益损失；组织 20 名产业专家配合江西省农业农村厅，深入灾情一线开展救灾工作。

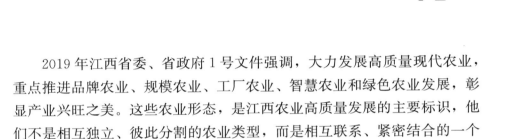

 江西农业高质量发展的主要形态

2019年江西省委、省政府1号文件强调，大力发展高质量现代农业，重点推进品牌农业、规模农业、工厂农业、智慧农业和绿色农业发展，彰显产业兴旺之美。这些农业形态，是江西农业高质量发展的主要标识，他们不是相互独立、彼此分割的农业类型，而是相互联系、紧密结合的一个整体。

第一节　江西省绿色农业发展的调查与对策

中国特色社会主义进入新时代，人民日益增长的美好生活需要对农业生产发展提出了更高的要求，绿色安全优质的农产品需求不断增长。2016年，习近平总书记视察江西时强调，绿色生态是江西最大财富、最大优势、最大品牌。在农业由增产导向转向提质导向的背景下，作为首批国家生态文明试验区之一，江西省绿色农业发展迎来了难得的机遇，正走出一条具有江西特色的绿色兴农、绿色富农、绿色强农之路。

一、江西省绿色农业发展现状分析

（一）绿色农产品总量扩增，产业规模持续扩大

2016年，江西省被列为唯一的"全国绿色有机农产品示范基地试点省"。围绕农业供给侧结构性改革，江西省全力打造"生态鄱阳湖·绿色农产品"品牌，绿色农业发展成效显著。截至2022年第一季度，江西省发展绿色有机地理标志农产品4 413个，其中绿色食品1 316个、净增252个；有机农产品2 996个、净增679个，总数居全国第3位；地理标志农

产品 101 个。经过 6 年的试点，江西绿色有机农产品日益成为生产规范、质量过硬、品牌知名、消费推崇的代名词，一批绿色有机农产品正在江西的好山好水中茁壮成长。

（二）绿色有机品牌创建不断深入，农产品地理标志示范样板获得突破

江西省深入推进绿色生态农业"十大行动"，围绕水稻、油菜、蔬菜、油茶、脐橙、蜜橘、早熟梨等优势特色农产品，大力发展"三品一标"农产品，绿色有机品牌逐年增加。拥有"四绿一红"茶叶、泰和乌鸡、崇仁麻鸡、宁都黄鸡、德兴红花茶油、万年贡米、鄱阳湖水产、赣南脐橙、井冈蜜柚、马家柚等一大批绿色有机品牌，"生态鄱阳湖·绿色农产品"品牌影响力不断提升。2020 年，创建了 38 个省级绿色有机农产品示范县，并给予每个示范县 100 万元的一次性奖励。2014 年，获批全国第一个油茶类有机农业示范基地——德兴红花茶油示范基地，种植面积 3.8 万亩。2017 年，崇仁麻鸡被农业部授予"国家级农产品地理标志示范样板"称号。

（三）绿色农业发展政策得力，政府扶持力度持续加大

江西省绿色农业发展起步较早，受到政府高度重视。2011 年印发《江西省绿色食品产业发展配套政策的通知》，提出安排财政专项资金、减免所得税、提供融资信贷、开辟绿色食品通道等，支持绿色食品产业发展；2013 年制定《江西省绿色农业发展规划（2013—2020 年)》，围绕绿色水稻、绿色生猪、绿色家禽、绿色水果、绿色水产、绿色蔬菜、绿色茶叶、绿色中药等八大优势特色产业，优化区域布局；2016—2018 年相继出台《关于推进绿色生态农业十大行动的意见》《江西省农业生态环境保护条例》《关于创新体制机制推进农业绿色发展的实施意见》等系列政策法规，构建以绿色生态为导向的政策支持体系；从 2016 年起，对当年"三品一标"获证企业，省本级每年安排"三品一标"补助资金 1 000 万元，同时，安排经费开展"三品一标"证后监管，确保通过"三品一标"的农产品质量安全可靠。

二、江西省农业绿色发展水平评价与障碍因素分析

持续推进农业绿色发展，是调优农业生产结构、实现农业高质量发展

的重要途径，也是实现人与生态环境协调发展、践行金山银山发展理念的最好体现。江西作为中国南方地区重要的生态安全屏障，生态资源位居全国前列。接下来，选取契合江西省农业发展的特色指标构建评价指标体系，运用熵权 TOPSIS 组合模型对江西省农业绿色发展水平进行综合评价分析。

（一）指标体系构建、研究方法与数据来源

1. 指标体系构建

依据构建评价指标体系的科学性、可操作性、可量化性以及体现区域特色等原则，参照现有文献研究，从资源利用、环境影响、生态保育以及经济效益 4 个角度，结合习近平总书记的"两山"理念，选取契合江西省农业发展特点的 26 个二级指标，结合熵权法得到江西省农业绿色发展水平的综合评价指标体系及权重，详见表 4 - 1。

2. 研究方法

（1）熵权法与加权 TOPSIS 法。采用熵权法和加权 TOPSIS 法进行分析，主要原理是先用客观评价方法熵权法确定指标权重，然后采用加权 TOPSIS 法对江西省农业绿色发展水平进行测算评价。运用熵权法和加权 TOPSIS 法对江西省农业绿色发展水平进行评价主要计算步骤如下：

第一步：指标无量纲化处理。采用归一化对初始矩阵进行无量纲化处理，得到无量纲化矩阵 X'。

表 4 - 1　江西省农业绿色发展评价指标体系及权重

一级指标（权重）	二级指标	指标属性	权重	二级指标计算公式（单位）
资源利用（28.23%）	农业用电强度 X_1	负	4.14%	耗电量/农业总产值（千瓦时/元）
	高标准农田覆盖率 X_2	正	4.30%	高标准农田面积/耕地面积（%）
	人均耕地面积 X_3	正	3.93%	耕地面积/农村人口数（亩/人）
	有效灌溉率 X_4	正	5.59%	有效灌溉面积/耕地面积（%）
	农机使用效率 X_5	负	3.15%	单位耕地面积机械动力（千瓦/公顷）
	成灾比例 X_6	负	2.35%	农作物成灾面积/农作物播种面积（%）
	农业用水效率 X_7	负	2.57%	耗水量/农业总产值（立方米/元）
	涉农财政支出比重 X_8	正	2.19%	涉农财政支出/全年财政预算支出（%）

（续）

一级指标 （权重）	二级指标	指标属性	权重	二级指标计算公式（单位）
环境影响 （26.60%）	单位耕地面积农药使用量 X_9	负	2.73%	农药使用量/耕地面积（公斤/公顷）
	单位耕地面积农膜使用量 X_{10}	负	4.89%	农膜使用量/耕地面积（公斤/公顷）
	单位耕地面积化肥施用量 X_{11}	负	6.77%	农用化肥施用量/耕地面积（公斤/公顷）
	单位产值 COD 排放强度 X_{12}	负	3.09%	农业 COD（化学需氧量）排放量/农业产值（公斤/元）
	单位产值氨氮排放强度 X_{13}	负	3.06%	农业氨氮排放量/农业产值（公斤/元）
	单位农机动力耗油量 X_{14}	负	6.07%	柴油使用量/农用总机械动力（吨/千瓦）
生态保育 （18.67%）	生态造林面积 X_{15}	正	2.51%	（公顷）
	除涝面积 X_{16}	正	5.35%	（公顷）
	水土流失治理面积 X_{17}	正	3.67%	（公顷）
	自然保护区面积 X_{18}	正	4.54%	（公顷）
	森林覆盖率 X_{19}	正	2.61%	森林覆盖面积/省域面积（%）
经济效益 （26.60%）	全员劳动生产效率 X_{20}	正	4.59%	农业总产值/农业从业人员（元/人）
	农业服务业贡献率 X_{21}	正	6.08%	农业服务业产值/第一产业总值（%）
	农民人均总收入 X_{22}	正	4.61%	总收入水平/农村人口数（元/人）
	粮食单产 X_{23}	正	2.67%	粮食总产量/耕地面积（吨/公顷）
	农业商品率 X_{24}	正	1.50%	农业商品产值/农业总产值（%）
	耕地复种指数 X_{25}	正	2.47%	年内耕地上农作物总播种面积与耕地面积之比
	土地产出率 X_{26}	正	4.58%	农业总产值/农作物播种面积（元/公顷）

对于正向指标：

$$x'_{ij} = \frac{x_{ij} - \min(X_j)}{\max(X_j) - \min(X_j)} \qquad (4-1)$$

对于负向指标：

$$x'_{ij} = \frac{\max(X_j) - x_{ij}}{\max(X_j) - \min(X_j)} \quad (4-2)$$

第二步：对原始矩阵进行标准化处理。

$$y_{ij} = Ax'_{ij} + B \quad (4-3)$$

对矩阵 X' 按照公式（4-3）进行标准化平移、归一化处理，其中 $A + B = 1$。为确保数据的有效性，取 $B = 0.01$，得到标准化矩阵 p_{ij}。

$$p_{ij} = y_{ij} / \sum_{i=1}^{m} y_{ij} \quad (4-4)$$

第三步：计算指标权重 w_{ij}。

先计算各指标 x_j 信息熵：

$$e_j = -K \sum_{i=1}^{m} p_{ij} \ln p_{ij} \,, \quad K = 1/\ln n \quad (4-5)$$

然后计算衡量各指标差异的冗余度 $d_j = 1 - e_j$，根据 $w_j = d_{ij} / \sum_{i=1}^{m} d_{ij}$ 计算各指标 X_j 的权重 w_j，最后可得农业绿色发展水平综合评分。

$$s_{ij} = \sum_{i=1}^{n} w_j p_{ij} \quad (4-6)$$

第四步：运用标准化矩阵，进行加权规范决策矩阵转换。

$$Z = (z_{ij}) = w_j p_{ij} \quad (4-7)$$

第五步：计算得到正理想解 Z_j^+ 与负理想解 Z_j^-。

$$Z_j^+ = \begin{cases} \max z_{ij}\,, & j \in J^+ \\ \min z_{ij}\,, & j \in J^- \end{cases} \quad (4-8)$$

$$Z_j^- = \begin{cases} \min z_{ij}\,, & j \in J^+ \\ \max z_{ij}\,, & j \in J^- \end{cases} \quad (4-9)$$

其中 J^+ 为正向指标，J^- 为负向指标，$i = 1, 2, 3, \cdots, m$，$j = 1, 2, 3, \cdots, n$。

第六步：计算评价指标与正负理想解的分离度。

$$D_i^+ = \sqrt{\sum_{j=1}^{n} (z_{ij} - Z_j^+)^2} \quad (4-10)$$

$$D_i^- = \sqrt{\sum_{j=1}^{n} (z_{ij} - Z_j^-)^2} \quad (4-11)$$

其中 $i = 1, 2, 3, \cdots, m$。

第七步：计算相对接近度。

$$N_i = D_i^- / (D_i^+ + D_i^-) , \quad 0 \leqslant N_i \leqslant 1 \qquad (4-12)$$

N_i 值越大表示该年份的某一指标越接近最理想值，说明该指标对农业绿色发展的优化程度越好。

（2）障碍度（Obstacle Degree）模型。障碍度模型有助于系统分析各指标，识别出江西省农业绿色发展的主要障碍因素，从而为提升江西省农业绿色发展水平提供依据。因此，引入障碍度模型对江西省农业绿色发展的影响因素进行障碍度分析，具体公式如下：

$$O_i = W_i P_i / \sum_{i=1}^{n} W_i P_i , \quad P = |X_i - D_n^+| \qquad (4-13)$$

其中，W_i 为第 i 个二级指标的权重，X_i 为第 i 个二级指标的标准化后值，P_i 为第 i 个指标的标准化后值与正理想解的绝对差距值；O_i 为第 i 个二级指标对农业绿色发展的障碍度，O_i 数值越大，说明该项指标对农业绿色发展水平提高的阻碍作用越大，根据 $TO_i = \sum O_i$，可以得出各一级指标对农业绿色发展水平的阻碍程度。

3. 数据来源

江西省农业绿色发展评价的各项指标原始数据均来源于 2008—2017 年的《江西统计年鉴》《中国农村统计年鉴》《中国环境统计年鉴》《中国环境统计年报》《江西省环境统计年报》以及江西省农业农村厅统计调查数据。

（二）江西省农业绿色发展实证分析

1. 江西农业绿色发展水平综合评价

根据熵权法可以测算出 2008—2017 年江西省农业绿色发展水平综合评分，江西省农业绿色发展总体上取得明显成效，农业绿色水平总体上呈现不断上升的态势，综合评分从 2008 年的 0.286 1 上升至 2017 年的 0.765 5，上升了 0.479 4，年均增长率达到 11.56%，详见表 4-2。从各一级指标来看，整体上也呈现出上升的趋势。就增长率而言，生态保育指标的年均增长率最大，为 27.39%，最小的是环境影响指标，仅为 2.5%。各一级指标年均增长率排序情况：生态保育＞资源利用＞经济效益＞环境影响。相比而言，江西省的环境质量并没有得到较为显著的改善，变化相对缓慢。

表 4 - 2　2008—2017 年江西省农业绿色发展一级指标得分情况

一级指标	资源利用	环境影响	生态保育	经济效益	综合评分
2008 年	0.052 0	0.137 9	0.017 9	0.078 4	0.286 1
2009 年	0.102 3	0.130 6	0.038 3	0.106 1	0.377 3
2010 年	0.089 2	0.130 1	0.040 2	0.097 8	0.357 2
2011 年	0.075 1	0.124 5	0.068 6	0.096 9	0.365 1
2012 年	0.121 6	0.131 7	0.091 7	0.111 4	0.456 4
2013 年	0.185 2	0.077 4	0.099 3	0.127 5	0.489 3
2014 年	0.212 4	0.074 5	0.116 2	0.160 1	0.563 2
2015 年	0.216 2	0.087 0	0.135 5	0.191 0	0.629 8
2016 年	0.202 3	0.135 5	0.143 9	0.176 4	0.658 2
2017 年	0.216 3	0.172 2	0.157 9	0.219 1	0.765 5
均值	0.147 2	0.120 1	0.090 9	0.136 5	0.494 8
标准差	0.052 0	0.137 9	0.017 9	0.078 4	0.286 1
增长率	17.17%	2.50%	27.39%	12.10%	11.56%

就各一级指标得分情况来看，具有一定的差异性。具体而言，一是资源利用指标呈现出先波动后稳定上升的趋势，在 2008—2011 年呈现出一定的波动性，之后开始稳步上升，2017 年比 2008 年提高了 0.164 3。这主要是因为 2008—2011 年，农业生产方式相对粗放，农业用电、农机投入、农业用水等农业生产资源消耗偏大，且有所波动；另外受自然灾害影响，成灾比例居高不下，维持在 10% 以上，对农业生产资源的需求较大。2012—2017 年，随着农业生产环境的改善以及农业生产技术水平的提升，农业用电、农机投入、农业用水等资源消耗逐渐走低，农业生产抗风险能力有所增强，成灾比例维持在 7% 左右，涉农投入增加至 608 亿元左右，比 2008 增长了 3.11 倍，且高标准农田建设工程有序推进，为适度规模经营奠定了坚实的基础。二是环境影响指标呈现先降后升的态势，在 2014 年降至最低点，随后反弹保持上升态势，表现出明显的倒"U"形变化趋势。这主要是由化肥、农药、农膜使用量及 COD 排放、氨氮排放与农机耗油量等因素变动所导致的，2008—2013 年各因素均保持着一定幅度的增长，随后集约型农业模式大范围推广，农业面源污染防治大范围推进，

从 2014 年开始，上述各因素呈现负增长。三是生态保育指标呈现快速上升的趋势，从 2008 年的 0.017 9 上升至 2017 年的 0.157 9，累计提高0.14。这是因为江西省生态环境底子较好，森林覆盖率常年稳定在 63% 左右，历年生态造林总面积达 53.61 万公顷，除涝与水土治理面积逐年增加，有效改善了生态环境。四是经济效益指标呈现稳步上升的趋势，从 2008 年 0.078 4 上升至 2017 年的 0.219 1，累计提高 0.140 7，年均增长率为 12.10%。这主要是因为江西省作为传统的农业大省，长期高度重视农业生产，不断优化农业产业结构，出台了许多促农、惠农政策，这在很大程度上提升了农户生产的积极性，且随着科技投入增加，农业生产的投入产出效应不断提升。

2. 制约江西省农业绿色发展的因素分析

（1）各影响因素对农业绿色发展的优化程度。2008—2017 年，江西省农业绿色发展的优化程度总体上是显著上升的，相对接近度由 2008 年的 0.280 9 上升至 2017 年的 0.635 7，年均增幅达 9.5%，详见表 4 - 3。从各一级指标来看，资源利用与经济效益指标的相对接近度呈现逐年递增的趋势，说明两者对江西省农业绿色发展的优化程度越来越好，在江西省农业发展中发挥着促进作用；而环境影响与生态保育指标整体上对江西省农业绿色发展产生波动性影响，从 2008 年至 2013 年（2014 年），环境影响（生态保育）指标距离最优路径越来越远，对江西省农业绿色发展的优化程度较差，但从 2014 年（2015 年）至 2017 年，环境影响（生态保育）指标的相对接近度快速回升，对江西省农业绿色发展的优化程度得到较大改善，这说明环境影响与生态保育指标对于改善江西省农业绿色发展状况具有一定的反复性，在农业生产方式改进以及生态环境保护方面，要保持持续性与稳定性。

表 4 - 3　2008—2017 年各一级指标的相对接近度 N

一级指标	资源利用	环境影响	生态保育	经济效益	综合水平
2008 年	0.130 1	0.396 0	0.538 9	0.118 4	0.280 9
2009 年	0.154 7	0.453 1	0.719 7	0.132 5	0.355 0
2010 年	0.152 6	0.563 1	0.467 5	0.156 7	0.353 1

（续）

一级指标	资源利用	环境影响	生态保育	经济效益	综合水平
2011 年	0.284 8	0.624 8	0.476 3	0.283 5	0.423 5
2012 年	0.387 4	0.703 0	0.310 7	0.396 3	0.489 4
2013 年	0.505 7	0.255 2	0.331 4	0.490 3	0.394 4
2014 年	0.621 5	0.297 7	0.238 9	0.619 4	0.449 8
2015 年	0.697 6	0.389 2	0.761 5	0.772 7	0.575 1
2016 年	0.798 6	0.392 9	0.711 0	0.865 8	0.614 4
2017 年	0.919 5	0.416 6	0.534 8	0.945 7	0.635 7
均值	0.465 3	0.449 2	0.509 1	0.478 1	0.457 1

为进一步研究各一级指标对江西省农业绿色发展的整体优化程度，在此运用标准差分级法对各一级指标的相对接近度进行分级，详见表 4 - 4。其中：令 E 为 N 的均值，S 为 N 的标准差。当 $N \in (0, E-S]$ 时，属于低水平；当 $N \in (E-S, E]$ 时，属于中水平；当 $N \in (E, E+S]$ 时，属于较高水平；当 $N \in (E+S, 1]$ 时，属于高水平。

表 4 - 4　江西省农业绿色发展水平一级指标分级

分级标准	$(0, E-S]$	$(E-S, E]$	$(E, E+S]$	$(E+S, 1]$
资源利用	(0, 0.178 0]	(0.178 0, 0.465 3]	(0.465 3, 0.752 5]	(0.752 5, 1]
水平等级	低水平	中水平	较高水平	高水平
环境影响	(0, 0.307 9]	(0.307 9, 0.449 2]	(0.449 2, 0.590 4]	(0.590 4, 1]
水平等级	低水平	中水平	较高水平	高水平
生态保育	(0, 0.327 4]	(0.327 4, 0.509 1]	(0.509 1, 0.690 7]	(0.690 7, 1]
水平等级	低水平	中水平	较高水平	高水平
经济效益	(0, 0.166 8]	(0.166 8, 0.478 1]	(0.478 1, 0.789 5]	(0.789 5, 1]
水平等级	低水平	中水平	较高水平	高水平
综合水平	(0, 0.337 4]	(0.337 4, 0.457 1]	(0.457 1, 0.576 9]	(0.576 9, 1]
水平等级	低水平	中水平	较高水平	高水平

2008—2017 年，资源利用、生态保育以及经济效益的相对接近度处于较高水平及以上的比例都为 50%，其中：资源利用与经济效益在趋势上都表现为持续性的上升态势，生态保育表现出波动性，这意味着资源利

用与经济效益等维度得到了较为充分的进步，而生态保育具有一定的反复性。环境影响的相对接近度处于较高水平及以上的比例仅为40%，整体水平较低，且趋势上亦具有波动性。但从整体上来看，江西省农业绿色发展相对接近度维持在中水平及以上的比例达到90%。可见，近些年江西省农业绿色发展整体上取得了较大进步，优化程度显著提高。

（2）各影响因素对农业绿色发展的阻碍程度。根据公式（4-13）计算得出资源利用、环境影响、生态保育以及经济效益的平均障碍度分别为0.268 5、0.291 5、0.175 9、0.264 0。从障碍度排名可以看出，各因素对农业绿色发展的影响程度从大到小依次为环境影响、资源利用、经济效益、生态保育。得出的结果与上述综合评价分析与相对接近度分析的结果具有一致性，详见表4-5。

表4-5　江西省农业绿色发展水平影响因素障碍度

一级指标	资源利用	环境影响	生态保育	经济效益
2008 年	0.108 0	0.485 4	0.116 2	0.290 4
2009 年	0.242 0	0.367 3	0.102 3	0.288 4
2010 年	0.238 2	0.443 6	0.069 3	0.249 0
2011 年	0.180 3	0.418 0	0.180 3	0.221 4
2012 年	0.259 9	0.308 1	0.202 7	0.229 3
2013 年	0.383 8	0.153 3	0.203 9	0.259 0
2014 年	0.379 4	0.132 0	0.224 4	0.264 2
2015 年	0.340 1	0.133 2	0.228 1	0.298 5
2016 年	0.295 0	0.215 7	0.225 3	0.264 1
2017 年	0.258 8	0.258 1	0.207 0	0.276 1
均值	0.268 5	0.291 5	0.175 9	0.264 0
排名	2	1	4	3

一是环境影响是制约农业绿色发展的关键因素。2008—2017年，江西省农业资源投入保持较高水平，资源利用效率低下，农业排放强度较高，其中江西省单位耕地农药投入水平整体高于湖北、安徽等地，耕地生态安全面临较大压力，农产品质量安全受到威胁；农膜用量年均增长达到2.8%，化肥投入量历年都远超国际组织设定的安全线（225公斤/公顷）；

随着畜禽生产规模的持续扩大，畜禽粪污显著增加，致使农业 COD 排放强度加剧，农业面源污染持续扩大；由于机械化的普及，单位农机耗油量年均增长率达到 5.26%，农村空气质量减退明显；加之农户环保意识较差，秸秆露天焚烧与堆放现象较为普遍，固化与造气等综合利用率不高，不及湖南的 4.2%、湖北的 3.35%；农户常年依赖化肥等要素培肥，绿色培肥不足，致使农田土壤肥力衰减，土质转劣，地下水以及周边河流污染严重。以上种种问题致使江西省发展绿色农业的压力相当沉重，甚至已演化成制约江西省农业绿色发展以及向集约化转型的重要壁垒。

二是江西省农业绿色发展面临较大的资源与经济效益制约。江西省属于经济欠发达省份，财政支农力度偏紧，粗放型农业发展模式导致资源利用不充分，农业绿色发展进程缓慢，与中部其他农业大省相比差距明显。据资料显示，江西省的稻田轮作面积平均只有 15%～20%，轮作模式单一且效益不高；农田有效灌溉维持在中低水平，且耕地碎片化严重，适度规模经营难度较大。根据江西省农业农村厅历年统计资料，江西省的复耕指数基本维持在 1.5 左右，土地利用效能不充分；年均土地产出水平仅为 1.94 万元/公顷，远低于全国平均水平 2.75 万元/公顷；而农林牧渔业商品转化后劲开发也表现不足，农林牧渔业商品率整体维持在 72.28% 左右；农业服务业平均贡献率仅为 3.82%，在推动农业绿色发展过程中，产业结构未得到有效优化。2017 年，江西省人均经济作物产量相较于湖南、湖北、安徽等邻省地区较低，如人均油料产量仅为 26.6 公斤/人，仅是湖北省的 47.3%，油菜籽单位面积产量分别为湖南省的 84.02%、湖北省的 63.04%、安徽省的 58.90%，蔬菜瓜果类单位面积产量分别为湖南省的 80.24%、湖北省的 74.74%、安徽省的 77.65%。可见，江西省内部资源的增长能力不足、利用不充分，农业的经济效益未能充分展现出优势。

三是生态保育对江西省农业绿色发展具有较大的支撑作用。农业绿色发展的核心在于"绿色"，关键在于资源利用、环境友好、经济效益与生态保育的平衡。从综合评价、相对接近度以及障碍度分析中可知，江西省的生态保育整体水平都较好，良好的生态环境为推动江西省农业绿色发展提供了较强的支撑作用。2008—2017 年，江西省生态治理与保育都保持着良好的态势，实施了大规模的生态修复工程，自然保护区面积年均增长1.18％，水土流失治理面积年均增长 3.8％，生态造林面积维持在年均5.361 1 万公顷，森林覆盖率维持在年均 63.1％，生态环境呈现多样性。另外，随着绿色生活与环保观念深入乡村，人们对生态环境的保护愈来愈重视，农业生态环境进一步改善，绿色成为江西省的生态底色。

3. 主要结论

2008—2017 年，江西省农业绿色发展水平总体呈现稳步上升的态势，优化程度属于中水平及以上。各一级指标整体上也呈现出上升趋势，但增幅略有差异，环境影响年均增幅仅为 2.50％，而资源利用、生态保育以及经济效益增加明显。就各一级指标相对接近度来看，资源利用与经济效益指标的相对接近度呈现逐年递增的趋势，对江西省农业绿色发展的优化作用明显，而生态保育与环境影响指标对江西省农业绿色发展的优化具有一定的反复性，但从整体上看，江西省农业绿色发展的优化程度属于中等以上水平。2008—2017 年，江西省农业绿色发展受资源利用、环境影响、生态保育、经济效益等 4 个方面的障碍因素影响，其中环境影响、资源利用与经济效益等 3 个因素的阻碍作用突出，而生态保育表现出较强的支撑作用。

三、江西省绿色农业发展存在的主要问题

（一）绿色农业发展观念较滞后，消费者对绿色农产品认可度不高

江西省绿色农业发展观念较滞后，究其缘由主要是：一方面，宣传力度不够，绿色生态氛围不浓厚；另一方面，农业生产者对发展绿色农业的认识不深刻，对农业提质增效、绿色发展的长期好处还缺乏理解。比如，现阶段"三品一标"产品尚未真正实现优质优价，一些通过认证的产品没有体现应有的价值，影响了农产品生产单位申报"三品一标"认证积极性。绿色消费的概念在我国居民的日常消费理念中尚未得到普及。尽管公众的绿色消费意识不断觉醒，越来越多的消费者对绿色消费持积极态度，但由于管理与监督不严，不少假冒伪劣的绿色食品出现在市场上，以次充好，导致消费者对市场上的绿色产品缺乏信心，大众的绿色消费意愿没有充分地转换为绿色消费行为，亟须探索建立有效的绿色行动引导促进机

制，以促进形成政府绿色引导、企业绿色生产、大众绿色消费的新格局，提高消费者对绿色农产品的认可度。

（二）绿色农业科技需求与科技创新不匹配，资金投入不足

江西省是传统农业大省，农业科技成果长期更多服务于产量提升目标，在绿色农业发展方面的科技创新和推广相对不足、较弱。"十三五"期间，支撑绿色农业发展的科技创新体系不完善，科技成果与绿色农业的科技需求匹配不够，农业科技的支撑作用不强。特别是在农业投入品减量高效利用、种业主要作物联合攻关、有害生物绿色防控、废弃物资源化利用、产地环境修复和农产品绿色加工贮藏等领域，还需要一批突破性科研成果作为支撑。资金投入不足是江西省绿色农业发展面临的突出问题，绿色农业是资金密集型产业，产前、产中、产后等各个环节的发展需要大量的资金投入，而对绿色农业发展投入力度不够、缺乏长效投入机制。加之，绿色农业的保险机制、农村金融体制不健全，农户、企业、农业合作社等绿色农业生产主体对绿色农业发展底气不足，使得绿色农业的资金投入更加匮乏。

（三）绿色农业发展缺乏行业领头羊，产业化程度较低

"十三五"期间，国内规模较大的绿色农业企业主要集中山东、江苏、湖南、福建、湖北、贵州、广东、安徽等省，其出口规模占全国绿色食品出口总量的80%。江西省通过"三品一标"认证的企业不少，绿色有机品牌也不少，但是真正在全国叫得响的品牌不多，缺乏具有引领带动作用的绿色食品企业。江西省绿色农业起步较早，但总体来看，绿色农业实力不强，且发展不均衡，产业化程度较低，农产品加工率低于全国平均水平，且绿色农产品初级简易加工居多，精深加工不足，产品附加值不高。

（四）绿色农业标准不健全，缺乏完善的监管机制

绿色农业标准体系的健全对于发展绿色农业来说必不可少。经过长期的努力，江西省在绿色农业标准化方面取得了一定程度的进步，但绿色农业标准化体系还不健全，阻碍了绿色农产品迈进国门，走向国际市场。另外，我国的绿色有机认证体系并不健全也是一大问题，从表面上看，有一套完整的从中央到地方的绿色食品认证体系，但由于缺乏有效的监管，相

关认证机构存在着多与杂的问题，同时由于没有规范的认证手段和方法，市场上形成了多家认证机构、多种认证标准。

四、加快江西省绿色农业发展的对策建议

（一）制定绿色农业发展战略规划

一是强化顶层设计。推动江西省农业绿色发展就是要树立绿色发展的理念，将现代农业与绿色发展有机结合，始终坚持科学发展、绿色发展，实现农民、农业与生态环境的协调发展，要将环境质量、生态保育、农业资源的修复问题摆在突出位置。立足资源禀赋和产业发展特色，对江西省绿色农业发展进行顶层设计，制定一个行之有效的绿色农业发展的规划图与路线图，因地制宜布局和谋划，逐步推行。

二是激发绿色农业主体的主观能动性。践行"绿水青山就是金山银山"的理念，大力宣传节约农业资源和保护环境的重要性，将农业技术投入、财政投入与政策支持有机结合，形成合力共同推动现代农业绿色产业体系、生产经营体系的建立，优化产业结构，实现三产融合发展，从而提高农业的质量效应、经济效益与品牌竞争力，激发农业生产内源动力，最终实现农业现代化、绿色化。引导绿色农业发展的主体（种植养殖大户、专业合作社等）从农业绿色发展的被动参与者向主动创造者转变。同时，帮助绿色农业发展主体解决转型发展中的各类难题，激发绿色农业生产者的主观能动性，形成多方共治共享的绿色农业发展新局面。

（二）构筑完善的绿色农业发展体系

一是构建绿色农业生产体系。加快绿色技术创新，通过采用绿色高效的生产模式、科学的施肥技术以及农业防控、生物防治、生态控污防污等技术措施，实现投入要素减量化、农产品供给质量提升与农业生态环境改善。转变农业生产经营方式，构建以绿色技术为基础的农业绿色生产体系。

二是培育绿色农业新型经营体系。多举措、多途径大力培育发展绿色农业新型经营主体，逐步形成以家庭承包经营为基础，以专业大户、家庭农场、农民合作社、农业产业化龙头企业为骨干，其他组织形式为补充的绿色农业新型经营体系，不断提升新型经营主体适应市场能力和带动农民

增收致富能力。

三是建立健全绿色农业生产的全过程质量监控体系。首先，建立健全农产品质量安全监管体系、绿色农产品市场准入标准。建设一批国家和省级农产品质量安全县，加快建设与国家层面互联互通的农产品质量安全追溯监管平台，推行食用农产品"身份证"管理制度，对生产、加工、销售等环节进行全面监管，对绿色农业生产实行全程质量监控。其次，建立绿色农业生产的监测评价体系，利用现代农业信息技术，建立农业资源环境生态监测预警体系，构建充分体现资源稀缺和损耗程度的生产成本核算机制，建设"天-空-地"数字农业管理系统，发挥市场机制对农业绿色发展的定价作用，更好地驱动绿色产业、发展绿色经济。

四是建立农业生态环境保护、修护和综合治理机制。一方面，统筹山水林田湖草系统治理，严格保护耕地，系统推进水土流失综合治理，构建生态廊道和生物多样性保护网络。重视农业生产空间建设与保护，着力打造生态良好的生产空间，突出产地环境改善，优化生产条件，力图将江西省绿色生态优势转化为发展优势，形成以生态促发展、以发展促生态改善的良性循环格局。另一方面，完善江西省农业生产、农户生活导致生态环境问题的治理机制；强化江西省山水林田渔的用途管控，确保生态系统稳态循环，提升生态资源承载力，杜绝生态上返贫；完善江西省秸秆和畜禽养殖废弃物等资源化利用制度，大力提升秸秆利用效率与畜禽养殖综合效率。建立江西省农业生态环境质量预警机制，细化监测覆盖区域，优化监测工具与方式，时刻监测农业生态环境变化，从源头上防控生态环境恶化。

五是构建多元化、专业化、市场化的绿色农业生产社会化服务体系。首先，建立健全江西省市县各级涵盖产前、产中、产后的绿色农业社会化服务体系，为农业生产经营主体提供产前的生产资料供应（种子、化肥、农药、薄膜等），产中的耕种技术、栽培技术、病虫害防治技术等技术服务以及产后的销售、运输、加工等服务。其次，引导种植养殖大户、专业合作社、小农户等绿色农业生产主体广泛接受农业生产托管等低成本、便利化、全方位服务，实现专项服务标准化、综合服务全程化，集中连片推广绿色高效现代农业生产方式。

六是构建畅通的绿色农产品流通体系。优化传统农产品物流体系，积极探索"互联网＋绿色农业"模式，开发绿色农产品的网上销售，缩短绿色农产品的流通时间和流通成本；促进绿色农产品营销主体多元化，鼓励相关企业、合作组织、经纪人等与农户建立有效的合作机制，使绿色农产品更好地进入市场。

（三）建立绿色农业发展的多元化投入机制

一是加大对绿色农业的资金支持力度。调整农业相关投资政策，把建设绿色农业作为农业投资的重点，加大公共财政的投资力度，保障绿色农业的健康快速发展；按照"重点产品、重点区域、重点技术"的原则，健全以绿色生态为导向的补贴机制，对实行绿色农业生产的农户和相关企业给予一定的补贴，引导农户、企业进行绿色农业生产；继续围绕发展基础好的绿色水稻、绿色生猪、绿色家禽、绿色水果、绿色水产、绿色蔬菜、绿色茶叶、绿色中药等优势特色产品，加大力度设立"三品一标"补助资金，实施绿色农产品品牌创建和农产品质量认证奖补政策。

二是完善绿色农业产业的资金进入渠道，建立多层次、广覆盖、可持续的绿色农业发展金融服务体系。加大对绿色农业的宣传力度，引导金融机构对绿色农业的融资支持，出台包括降低农民小额贷款的门槛以及贷款利息的补贴政策，为绿色农业生产农户及企业提供融资便利与优惠，解决绿色农业发展资金投入大的问题。

三是建立绿色农业保险机制。积极开发适应绿色农业经营主体需求的保险品种，建立农业绿色保险机制，减轻绿色农业生产活动担负的自然、市场风险，促进农业绿色健康发展。

（四）强化绿色农业发展的科技与人才支撑

一是加强农业绿色技术的研发和推广。首先，建立以农户需求为导向、政府公益性体系为基础，通过政策扶持、项目支持和财税优惠等举措，鼓励和扶持一批绿色农业技术企业和个人，多方共同参与的农业绿色技术研发、转化和推广模式；其次，充分发挥农民专业合作社、绿色科技示范户、互助性绿色技术服务组织等社会力量的作用，政府通过加大公益性农业服务购买力度、绿色农业科技奖励等手段，鼓励其参与农业绿色技术的应用和推广。

二是加快绿色农业发展人才的培育。首先，统筹利用好农业科研院所、农业广播电视学校、农业院校、农业技术推广机构等公益性培训资源，构建多元化、专业化的培训体系，依托农业科研、技术推广项目和人才培训工程，加强绿色农业发展和可持续发展领域人才队伍建设；其次，加强对高素质农民、种养大户、家庭农场、农民合作社等新型经营主体的培训，把节约利用农业资源、保护产地环境、提升生态服务功能等内容纳入农业人才培养课程，培养一批具有绿色发展理念、掌握绿色生产技术技能的农业人才和高素质农民。

第二节　江西省品牌农业发展的调查与对策

实施农业品牌战略是发展现代农业的必由之路，中央 1 号文件连续多年对农业品牌建设作出重要部署，其已经上升为我国农业参与全球农业竞争的国家战略。江西省高度重视农业品牌建设，2019 年江西省委 1 号文件明确提出，"大力发展品牌农业，深入实施'生态鄱阳湖·绿色农产品'品牌战略，做大做强一批产业优势品牌"。江西农业仍处于"大而不强"的困境，一个重要的原因就是缺乏有竞争力的品牌。因此，亟须加强农业品牌的培育和壮大，充分发挥农业品牌的溢价作用，走出一条具有江西特色的"赣字号"品牌强农之路。

一、江西省农业品牌的发展现状

（一）多措并举推动农业品牌建设

江西省先后出台了《关于加快推进农产品品牌建设的意见》《关于推进江西省茶叶品牌整合的实施意见》等政策文件，在江西省范围内启动农产品区域品牌建设工作，打造"四绿一红"五大茶叶品牌，创建"鄱阳湖水产""江西地方鸡""沿江环湖"水禽以及 9 个稻米区域公用品牌建设。2017—2020 年，江西省财政每年安排 1 亿元用于江西农产品在中央电视台进行广告宣传，先后组织 21 个区域公用品牌和 26 家企业积极参与，实现中央电视台一套新闻栏目广告全覆盖；利用农交会、绿博会、世博会等平台积极宣传推介赣企和赣品；依托江西智慧农业"123＋N"三大核心平台，建立了覆盖省市县和生产流通各环节的农产品质量安全追溯信息系统。

（二）农业品牌认证数量不断增多

截至 2022 年第一季度，江西省发展绿色有机地理标志农产品 4 413 个，其中绿色食品 1 316 个，有机农产品 2 996 个，总数居全国第 3 位；地理标志农产品 101 个，农业品牌价值持续上升。江西省农业农村厅统计数据显示，2020 年赣南脐橙品牌价值达 678.34 亿元，居中国地理标志产品区域品牌榜第 6 位、水果类第 1 位。2019 年，在中国茶叶区域公用品牌价值评估中，"四绿一红"品牌总价值 109.61 亿元，同比增长 14.1%。

（三）农业知名品牌市场占有率低

江西省农产品丰富且品牌数量有了很大发展，但多数品牌影响力还仅停留在局部地域，跨省跨区域的品牌不多，国际上的知名品牌更少，在市场上"有名无份"或"无名无份"。2019 年，第 17 届农交会公布了 300 个全国区域公用品牌，江西仅有 12 个品牌上榜。2019 年，在京东和淘宝两个电商平台的"双 11"销售排名前 1 000 名榜单中，淘宝上无一个江西品牌，京东只有一家江西企业排第 850 名。此外，茶叶一直是江西千百年来对外交流的主打名片，但江西茶叶品牌在全国的影响力和市场竞争力不足，品牌知名度不高，与全省茶资源禀赋优势不匹配。

（四）农业品牌溢价能力低

江西省农产品品牌"多而不优、优而不特、特而不名"问题突出，在国内外市场上真正具有竞争力的品牌较少，被列入区域公用品牌，并不能促使消费者数量增长，高溢价的名牌农产品寥寥无几。比如，江西省主推的茶叶和大米品牌，虽然在媒体广告宣传上有了很大进步，但其品牌竞争力没有很大提升，产品营销额增长也有限。据调查，2020 年，列入全国区域公用品牌的宁都黄鸡，在省会南昌市场上的每日销量只有 800 多羽，终端价格仅每斤 30 元左右，远未形成真正的品牌溢价。

二、决定江西省农产品品牌价值的主要因素

"十三五"期间，江西省农产品品牌价值不高问题突出，调研发现，主要原因在于以下几个方面。

（一）农业品牌意识和观念落后

1. 品牌意识不够强烈

江西省大部分农业企业、合作社等经营主体品牌竞争意识不强，普遍存在"重生产，轻品牌"的现象，在品牌宣传和推广上不愿持久投入，没有意识到品牌对于提升农产品档次、提高市场竞争力和市场价值的巨大作用，导致诸多"名、优、特"农产品尚无品牌。调研中，很大一部分企业认为，区域公用品牌就是自己的品牌，地理标识可以超过原产地。2018年，江西省农民专业合作社 66 968 家，其中注册了商标的只有 2 137 家，仅占 3.2%。

2. 品牌定位不够清晰

很多企业在创建农产品品牌时，忽视了对农产品品牌文化内涵的研究挖掘和建设深化，同质化现象突出，常常出现"一品多牌"和品牌内涵单薄等现象，缺乏对品牌内涵的认识、对品牌形象的塑造和对历史文化资源的挖掘。

3. 本土品牌研究策划机构相对缺乏

江西区域农业公用品牌主要有两类公司在做，其中一类是省外公司，主要是来自浙江的公司；还有一类是本地公司，大多数是规模较小的公司，有个别较大公司，也只是以销售公司的身份，直接扮演终端销售角色，而不涉及品牌策划。这些公司做品牌很难沉下去，尤其是省外公司不了解江西农产品发展历史和文化特点，更不愿为做好营销策划长期"劳师远征"。真正具备宏观农业把握优势、扎根江西，老老实实深耕江西农业品牌的公司极少。客观上助长了一些省内外品牌公司的"薅羊毛"心态，其品牌策划精准性、拉动销售成效等不理想。

（二）政策扶持和监管有待加强

1. 扶持政策落实深度不够

许多地方政府对农产品品牌建设给予了高度关注，制定了一些地方性的政策和指导性意见，但真正落到实处的不多，真正能解决地方农产品品牌建设过程中实际问题的措施不多。农产品品牌从开发设计、培育成长到最后形成品牌资源优势，需要投入大量资金，然而江西省地方政府农业品牌建设长期投入严重不足，制约了农业品牌发展。

2. 区域公用品牌重申报轻监管

各地对申报、推广区域公用品牌，打造地方特色产业、提升地方形象产业比较重视，但对于区域公用品牌的授权、监督、管理滞后，相应的监管制度和授权与退出机制还没有普遍建立起来，品牌主体（政府或协会）与品牌载体脱节，出现了区域公用品牌"泛用"和未授权生产经营单位"滥用"等问题，存在"劣币驱逐良币"的不利倾向，严重影响江西省区域公用品牌的发展，真正有实力、高品质的产品，反而不愿意去打造区域公用品牌，如"17.6°橙"。因此，对假冒伪劣品牌产品、盗用滥用品牌商标等违法行为打击力度需要进一步加强。

（三）农业品牌质量体系支撑不足

一方面，农业龙头企业不多且实力偏弱。龙头企业是品牌创建和推广落地的主体。尽管江西省内已有一些知名度高、产业效益好的大型龙头企业，如正邦集团、双胞胎集团、煌上煌等，对江西省农业产业化起到了龙头带动作用。但总体而言，农业龙头企业尤其是加工类的龙头企业数量偏少，大部分农业企业规模小、实力弱、产业链短，其生产的农产品多为初级加工品，增值能力较弱，难以支撑农产品品牌建设。另一方面，农业标准化生产程度较低。江西省稻谷产量位居全国前列，但米质优、口感好的品种较少，万年贡米、奉新大米等质量优、具有历史传统的名品，由于生产标准化程度低、品质不稳定等，产量难以扩大，市场占有率不高，江西大米在广东、上海等传统销售市场份额日渐缩小；赣南脐橙、南丰蜜橘等农产品标准化生产覆盖面窄，品质退化比较严重，部分果农为了早上市卖高价，未成熟就采摘，对市场销售影响较大。

（四）农业品牌经营管理不力

1. 重粗放推广轻精细品牌耕耘的现象普遍

江西省在品牌打造资源分配上，重视觉包装，轻品牌策划，重会展和线下活动，轻线上传播，大量资金投入"品牌广告语""品牌视觉形象""品牌广告发布""品牌展示"。使用这些方式不仅没有仔细分析目标消费者的信息接收习惯和变化趋势，而且内容也缺乏创新，不足以吸引消费者眼球，导致宣传效果不理想。比如，江西省投入大量资金打造"赣茶"品牌，宣传的"四绿一红"，把区域业态的宏观战略规划简单等同于市场推广策划，有违营销策划规律，使有限资源分散，也直接导致江西省茶叶的名气和销量并未得到明显增长；江西大米"7＋2"品牌宣传，差异化不足，资源分散，形成品牌内耗。

2. 农业品牌营销策划重视不够

电商时代背景下，"赣字号"品牌在全国市场处最后阵营。江西省大部分农产品的销售仍然保持"生产者—批发商—零售商—消费者"的传统模式，品牌传播渠道单一，品牌空间狭小，直接导致品牌投入未带来产品销售量的增长。农产品区域性品牌由于具有外部性特点，完全可以实现区域内共享，但江西一些区域性品牌却处于各自为政的状态，品牌难以整合。

三、推进江西省品牌强农的对策建议

(一)强化顶层设计，完善农业品牌的政府规划机制

1. 高位制定农业品牌发展规划

以农产品品牌强省为目标，加快实施农业品牌化战略，制定《江西省农业品牌发展规划》，并列入江西省农业"十四五"规划的重点。建立和完善江西品牌农业的产业链、价值链、供给链，统筹区域布局，将不同的产业带作为一个整体，进行产业规划布局，对同类产品品牌进行整合形成更大区域的公用品牌，降低区域内品牌内耗；统筹产地环境、生产技术、生产方式、种植技术、采收技术、库存运输、包装销售等的主体和资源，理顺品牌培育、品牌竞争、品牌保护、品牌淘汰及品牌推广等环节，系统性推进农业品牌战略。

2. 系统构建农业品牌目录制度

农业农村部门要研究建立农业品牌、区域品牌的征集制度、审核推荐制度、价值评价制度以及品牌培育和保护制度。将农产品按照品牌种类、品种种类进行分类，按照影响层级和影响力范围进行分类，对产品的品种、品牌的种类进行系统梳理，形成目录，将最有影响力、最有价值的品牌纳入国家品牌的目录，实施定期发布、动态管理。

3. 加大精准农业品牌专项资金投入力度

在省级层面整合相关项目资金，设立农业品牌建设专项资金，主要用

于支持江西省主推的特色农产品区域品牌建设，推进保护优势品种资源和环境，传承地方传统生产、加工工艺，开发历史文化民俗资源，扩大传统产地声誉，重振"赣字号"农产品品牌雄风；强化对获得农产品地理标志产品的管理和保护。

（二）优化农业品牌标准化建设，唱响绿色"赣字号"品牌

1. 打造一批全国知名的绿色有机农产品标准化生产基地

要充分发挥和宣传江西得天独厚的生态环境优势，以粮食生产功能区、重要农产品生产保护区和特色农产品优势区为依托，大力开展绿色标准化农产品生产基地建设。特别是突出江西特色农业资源丰富的优势，规划建设一批能够支撑区域大品牌发展的省级特色农产品优势区，主打"绿色有机"牌，并加大力度向国家推荐，使之成为赣产农产品在国内外市场上的响亮名片。

2. 完善主导产品、特色优势产品的标准体系

不断提升江西省在大米、脐橙、茶叶等优势产品标准制定中的话语权，积极参与标准的制定与完善，出台奖励政策，鼓励龙头企业等新型农业经营主体、行业协会参与标准制定。

3. 健全农产品品牌质量安全体系

以全国绿色有机农产品示范基地试点省的实施为抓手，努力建设从田头到餐桌的全产业链的农产品质量安全监管体系和标准化的生产消费体系；充分依托"区块链"技术和"智慧农业"平台，大力推进农业品牌创建中的大数据应用，整合现有"三品一标"、江西农业名牌产品、农产品质量安全追溯等数据信息，搭建互联互通、共建共享的综合信息服务平台，把品牌日常监管、市场分析预警等"一网打尽"，实现江西农产品质量全产业链追溯。

（三）突出重点，培育和壮大农业品牌建设主体

1. 扶持重点企业，做大做强农业品牌"企业赣军"

江西省农业品牌化发展应结合现有基础、资源优势和市场需求，发挥比较优势，突出地方特色，实行错位发展和差异化发展，加快培育能带动、有辐射能力、市场影响力大的特色企业、特色产品，实现农业发展的效益化、品牌化。重点加强对国家和省级农业产业化龙头企业的培育，围

绕江西省特色农产品全产业链，发挥品牌建设主体引领作用，打造江西省优势农产品的产业联合体，实现品牌共创共享，打造品牌联盟。重点抓好江西省粮油、茶叶、优质水果、蔬菜、水产、食用菌等重点特色农产品的区域优化布局，使每个产区都能明确 1～2 个拳头产品，营造有利于企业发展的环境，支持企业把"多"的做"特"，培育特色明显、风味独特、质量安全的特色农产品，把"特"的做"强"，充分挖掘整理和开发传统产品，打响"名、优、特"农产品品牌，提升品牌价值。

2. 整合农业科教资源，打造一支农业品牌"智库赣军"

农业品牌研究是一个系统工程，牵涉宏观农业经济、品牌学、市场营销、广告创意传播等多学科。要积极整合江西农业大学、江西省农业科学院、江西财经大学等专注农业市场与技术研发推广的高校、科研单位和相关企业资源，构建农业品牌协同研究体系，打造一支服务江西本土农业的农业品牌"智库赣军"，为江西品牌农业发展提供精准理论支持和顶层设计，为江西农业企业和地方政府提供量身设计的包括战略规划、品牌定位、产品策划、创意设计、教育培训等在内的全方面的系统服务。

（四）精准宣传策划，强化农业品牌传播和保护

1. 挖掘品牌文化内涵

一是提升区域公用品牌运营能力。整合区域农业产业链，将江西省优秀绿色、红色、古色、金色等文化恰如其分地融入产品品牌价值之中，打造全品类区域公用品牌。二是提高企业品牌运营水平。指导农业品牌建设企业制定品牌建设方案，对主营产品注册商标，进行专业的品牌设计、策划、包装、宣传，打造良好的品牌形象。

2. 重视农业品牌营销运营

互联网时代，农业品牌的营销策划除了传统的参加线下的农博会、绿博会、农业会展以及使用电视、报纸、广告等媒介进行农产品的宣传推广之外，还要花大力气积极运用农产品互联网线上营销方式，构建"互联网＋农业品牌"营销模式。利用互联网农业大数据营销平台，对农产品品牌营销做出相关分析，从而不断调整营销推广策略。

3. 加强农业品牌保护

构建品牌生产者与销售者征信体系，提高主体行为的透明度及违规惩罚力度。积极开展行政执法活动和农业品牌维权活动，严厉打击侵权和制假等违法行为。加强区域公用品牌专用权宣传及侵权执法救济，促进行业自律，对那些利用区域品牌进行恶意竞争和损害区域形象的企业要严加约束和惩罚。

第三节　江西省工厂农业发展的调查与对策

工厂农业是农业高质量发展的重要路径，也是农业现代化的重要选择。江西有必要围绕现代农业标准、技术、设施、方式以及现代农民等要素，大力发展工厂农业，推动江西现代农业提速发展。

一、工厂农业是农业现代化的重要选择

工厂化农业的迅速崛起，是我国改革开放以来农业产业变革与发展的突出成果之一。新时期，我国农业农村发生了深刻变化，逐步由高速发展进入高质量跨越式发展阶段，农业科技的地位和作用被摆在了前所未有的高度。工厂农业成为农业现代化的重要选择，主要表现在以下四个方面。

（一）应对农业劳动力短缺和技术进步的需要

传统农业生产方式对劳动力数量依赖严重。随着农民外出就业规模扩大，农村特别是传统农区农业劳动力数量减少、质量弱化，农村"空心化""老龄化"问题凸显，传统农业难以为继。种粮大户信息员反馈："农忙时节人工费过高，而且碰上高峰期还容易请不到人工。"工厂农业采用机械化自动化操作方式，劳动强度低，劳动收益增加，能有效应对农业劳动力短缺与老龄化问题。

（二）应对土地水资源约束与土壤退化问题的需要

江西省地形地貌大致为"六山一水二分田，一分道路和庄园"，且以山地丘陵为主，人多地少是基本省情。其中，土地水资源约束已经严重限制露地种植发展，农业污染的形势仍然不容乐观，工业"三废"（废气、废水、废渣）以及城市生活污染逐渐向农业农村扩散。因长期大量使用农药化肥，已经造成温室大棚土壤板结、酸化、盐渍化、营养失调，土壤污染和病虫害频繁发生，城市扩展和工程建设大量占用农用土地，造成优质

耕地资源减少。在一定程度上，发展工厂农业能有效破解水土资源束缚难题，提高水土利用效率；摆脱土地质量限制，充分利用劣等耕地与非耕地资源。

（三）逐步摆脱农业"靠天吃饭"困扰的需要

一方面，由于农田水利遗留问题突出，尽管"十三五"期间全省大力推进高标准农田建设，但一些地区正常灌溉仍存在问题，尤其是丘陵山区农田排灌"最后一公里"没有得到有效保障。另一方面，气象灾害频繁发生，使畜牧、水产以及种植业产生严重损失。工厂农业可以实现人工控制生产环境，对摆脱农业"靠天吃饭"困扰具有重要作用。

（四）满足食品安全和绿色发展的需要

耕地重金属污染、农业面源污染，对农产品产地环境带来直接影响，危及食品安全。江西省耕地面积 4 391 万亩，总体状况较为清洁，但受高背景值土壤及人类活动的双重影响，局部地区存在重金属（镉、汞、砷）超标，影响畜禽、水稻和蔬菜产业健康发展。随着人们生活和教育水平提升，社会公众的食品安全意识不断提高，农业绿色发展需求迫切。工厂农业可以通过人工控制或制造环境条件，大大提高农产品质量，更好地满足社会公众对优质、安全农产品的需求。

二、江西省工厂农业发展现状与问题

随着大量工商资本投资现代农业，江西省设施农业发展较快，涌现了一批自动化、信息化程度较高的新型农业产业，为发展工厂农业打下了基础、积累了经验。然而，江西省在推进工厂农业发展的过程中也暴露出诸多问题。主要表现在以下四个方面。

（一）设施农业体量小且机械化程度较低

科技是第一生产力。改革开放 40 余年来，江西省发挥农业科技力量，不断探索发展设施农业。据江西省统计局农业统计处统计，2018 年江西省设施蔬菜面积为 3.19 万公顷，占江西省蔬菜面积的 5%；设施蔬菜产量达到 88.66 万吨，占江西省蔬菜总产量的 5.8%；设施瓜果面积和产量分别为 5 633.3 公顷和 13.61 万吨，分别占江西省瓜果面积和产量的 6.8% 和 6.4%；设施花卉面积和设施食用菌产量分别占江西省花卉面积、食用菌产量的 49.8% 和 58.7%。总体来看,"十三五"期间,江西省设施农业占比不高,尤其是设施蔬菜、设施瓜果占比偏低。据调查,江西省发展设施农业缺乏适合设施大棚的作业机械,设施栽培的机械化程度较低,土地翻犁、播种、育苗和灌溉等还是以人工为主,人工劳动成本较高。

(二)工厂农业领域窄且集群化水平不高

"十三五"期间,江西省工厂农业主要集中在工厂化育秧、工厂化蔬菜、工厂化食用菌和工厂化水产等方面。总体来看,各地区只有零星企业涉足某类工厂农业,存在应用领域不宽、示范推广不足、产业集群化水平低等问题。例如,江西成新农场建成了先进的工厂化育秧中心,实现育秧过程全程智能化作业,育秧过程中技术要求最高、最难掌握的催芽环节以及最易受天气影响的育秧环节进行工厂化生产。赣州、永丰等地建立工厂化蔬菜育苗中心,采用大棚温室、喷灌、滴灌、机械生产等先进生产手段,实施蔬菜标准化生产。2018 年,南昌市开展工厂化循环水养殖鲟鱼苗种孵化及养殖技术推广,实现生态效益与经济效益的统一,对周边环境基本没有影响。江西中田现代农业科技有限公司以农业秸秆及畜禽粪便作原料,利用国外技术自制有机肥栽培有机无公害双孢菇,采用工厂化仿生车间栽培技术,反季节生产,实现生产操作机械化、生长环境智能化、鲜菇生产全年化、产品质量标准化。会昌县工厂化鱼菜共生项目,将名贵鱼种和高附加值蔬菜有机搭配,实现了动物、植物与微生物的生态和谐与平衡,鱼类养殖密度能达到传统方式的 100 倍,一年能出三次鱼。

(三)缺乏技能人员和高水平专业人才

作为高技术密集型产业,工厂农业不仅涵盖栽培、园艺等先进技术,而且还包括管理手段、机械化和自动化技术等,是现代农业的高级层次和系统工程。工厂农业要求从业人员不仅要掌握作物栽培技术和自动化操作技术,还需要具备一定的管理能力。据调查,江西省农业劳动力老龄化、女性化、低学历化问题突出,2016 年全省农业从业者平均年龄在 55 岁左右,学历相对偏低,绝大多数为初中及以下,这使得农业从业者仅具备一定的栽培技术,缺乏相应的管理知识,难以掌握现代化的生产技术和管理技术并高效地应用到工厂农业上来。

（四）缺少带动工厂农业发展的大型重点龙头企业

2019 年，江西省级农业龙头企业 871 家，其中农业产业化国家重点龙头企业仅有 52 家，销售收入超百亿元的不足 10 家。可见，江西省大型农业龙头企业数量不多规模不大，缺少带动工厂农业发展的大型重点龙头企业。江西省农业产业化水平整体不高，竞争力弱，对工厂农业的带动作用有限。此外，工厂化农业品牌建设力度不足，管理水平不高，品牌优势较弱，工厂化农业经营主体创建的名优品牌、农产品地理标志、驰名商标和名牌农产品非常少，工厂农业生产出来的产品优质优价不明显。

三、加快推进江西省工厂农业发展的对策建议

（一）科学谋划工厂农业发展目标和定位

江西农业与发达省份存在较大差距，为加快推进江西现代农业强省建设，建议科学谋划工厂农业发展目标和定位，始终坚持新发展理念，紧紧围绕乡村振兴战略和农业供给侧结构性改革目标，立足江西工厂农业生产和特点，加快优势产业基地建设，将工厂农业生产模式融入优势产业，将优势产业建成工厂农业示范样板，发挥带头示范作用。充分发挥工厂农业在科技创新等方面的优势，不断创新发展理念和技术，加大科研投入力度，学习先进管理经验，加快农业转型升级，以此提升江西省现代农业发展的效益和竞争力，实现江西省农业高质量跨越式发展。

（二）超前选准工厂农业发展重点项目

破解农业"大而不强"的矛盾，支撑全省农业结构调整九大产业发展工程，是江西省工厂农业发展的重点任务。"十三五"期间，江西省工厂农业在育秧、园艺、养殖和食用菌方面具有较好的实践基础和成功经验。鉴于此，建议在项目选择上突出重点，集中投入，重点选择育秧、园艺、养殖、食用菌等领域，先易后难，循序渐进。具体包括以下四个方面。

1. 工厂化育苗和育种

水稻育苗重点是引进和选育优质品种，推广集约化育秧技术；蔬菜育苗重点是引进、示范和推广设施专用品种；花卉育苗重点是采取组培育苗等技术，提升品种品质；果树育苗重点是发展脱毒苗工厂化生产技术；畜牧育种重点是发展主导养殖品种的良种繁育；水产育苗重点是开展良种引

进、提纯复壮和更新换代工作。

2. 工厂化园艺蔬菜

重点加快江西芦笋、余干辣椒等地方特色有机蔬菜和反季节蔬菜设施更新改造,提高机械化作业水平和环境调控能力,发展精深加工;林果重点发展赣南脐橙、南丰蜜橘、靖安椪柑、广丰马家柚、赣北早熟梨、奉新和宜丰猕猴桃等适宜工厂化种植的优良品种;茶叶重点发展庐山云雾、狗牯脑、婺源绿茶、浮梁茶、宁红等江西名茶;花卉重点发展高档盆花、观赏苗木以及小盆栽、切花切叶、食药用等功能性花卉;药草重点发展适合工厂化的高端、名贵中药材。

3. 工厂化养殖

重点推动广丰山羊、赣西山羊、玉山黑猪、乐平花猪等及泰和乌鸡、崇仁麻鸡、宁都黄鸡、瓦灰鸡、兴国灰鹅、吉安红毛鸭、大余麻鸭等江西特色畜禽产业工厂化发展,特别是高端乳制品加工和畜禽屠宰加工;水产养殖重点发展江西"四野"(鲟鱼、娃娃鱼、胭脂鱼、棘胸鱼)、南丰甲鱼、鄱阳湖银鱼、余干黄鳝、青虾、中华草龟、种龟等优势品种工厂化养殖及加工。

4. 工厂化食用菌

立足江西省食用菌资源禀赋和比较优势,重点围绕香菇、茶树菇、草菇等主栽品种,大力推进工厂化发展,突破发展优良珍稀菌种选育、野生菌驯化以及新品种栽培技术研究,推进食用菌品种更新换代,大力发展精深加工。

(三)合理规划现代农业产业区划布局

1. 合理规划工厂农业发展布局

围绕打造江西省农业结构调整九大产业发展工程,结合地区资源禀赋和区域地理位置优势,合理规划产业布局,逐步实现工厂农业与江西重点产业功能片区协调发展的格局。一是在"三区一片水稻生产基地"重点发展以水稻育秧为主的工厂农业;二是在"一片两线生猪生产基地""沿江环湖水禽生产基地"和"环鄱阳湖渔业生产基地"重点发展工厂化养殖;三是在"一环两带蔬菜生产基地""南橘北梨中柚果业生产基地"和"四大茶叶生产基地"重点发展工厂化园艺;四是在江西食用菌产业五大优势区重点发展工厂化食用菌。

2. 充分发挥现代农业产业园区载体优势

截至 2020 年，江西省共创建了 4 个国家现代农业产业园、291 个省级现代农业示范园和 55 个省级田园综合体。建议充分发挥现代农业产业园区载体优势，加快发展江西省工厂农业。一方面，在现代农业产业园区建设过程中重点突出工厂农业建设，整合工厂农业生产要素，集聚政策资金、基础设施等方面的资源，规划建设一批工厂农业示范园区。另一方面，创建标准化生产示范园，经营主体应严格按照国家标准，重点发展和推行农产品标准化生产及认证评价体系，创建一批工厂农业标准化生产示范园，以此健全工厂农业标准体系及农产品质量安全监管追溯体系。

（四）提升工厂农业智能化装备水平

2022 年，全省大力推进数字经济"一号发展工程"建设，建议优先支持工厂农业发展，加快推进物联网、远程控制等信息技术和智能装备在工厂农业领域的应用。一是加强工厂化园艺设施工程化建设，发展智能型玻璃温室大棚，引进推广水肥一体化智能控制系统，提高机械化作业及环境控制装备水平。二是工厂化畜牧养殖重点推动饲料精准投放、疾病远程诊断、废弃物资源化利用及无害化处理等装备的应用。三是工厂化水产养殖重点提升养殖设施建设标准，完善自动化供排水、供氧、投饵及温控等系统，探索发展不同类型的工厂化循环水养殖模式。四是加强工厂农业产品初加工、精深加工、仓储物流、包装标识、市场营销等环节的智能化设施建设，降低产品生产成本，提高产品附加值。

（五）健全扶持龙头企业和人才体制

农业龙头企业是通过各种利益联结机制与农户相联系的重要载体，带动农户进入市场，使农产品生产、加工、销售有机结合、相互促进。应充分发挥财政资金引导作用，调整财政支农结构，加大金融机构的扶持力度，建立多元化投资制度，加快培育农业龙头企业。完善激励机制，运用"后补助"等方式，促进现有工厂农业龙头企业做大做强，优先支持带动能力强的龙头企业。建议对固定资产投资规模在 1 000 万元以上的工厂农业项目，财政给予投资主体 3～5 年的贷款贴息支持。鼓励农业龙头企业、合作社、家庭农场等新型农业经营主体建立联盟等专业化组织，根据不同地区龙头企业的实际发展情况，选择并发展更合理的合作经营模式，借助专业化组织的优势，促进工厂农业发展。与此同时，加强人才队伍建设。建立科学、完善的人才体制与人员培养培训机制，重点培育一批"一懂两爱"的高层次工厂化农业专门人才，深化农业系列职称制度改革，让高层次工厂化农业专门人才"留得下、留得住"。优化人才培养和发展环境，全面贯彻和落实人才政策，建立健全科研人员校企、院企共建双聘机制，支持专业技术人员深入乡村创新创业。不断加强人才储备，支持多种形式的人才培养途径，如职业院校设置农村定向招生名额、根据文化水平高低发展农业职业教育、加强与高校院所高层次人才培养的对接工作。

（六）实施产业化经营和品牌化销售

一方面，鼓励农业龙头企业实施一体化经营。延长和完善农业产业链，优化要素资源配置，提升产品专业化程度，发展农产品生产、加工流通和销售服务。加强企业间协调配合，实行股份制联盟，积极与其他企业对接，形成互补机制，推进原料生产、加工、仓储物流、市场营销等环节融合发展，增强抵御市场风险的能力，打造更加完整的工厂化农业产业链条。另一方面，政府健全农产品品牌化政策体系，制定出台方针政策，加大扶持引导力度，形成良好的政策环境。工厂农业经营主体要将品牌建设纳入发展战略，创建和壮大名优品牌，通过提高生产技术、提升产品质量、加大品牌宣传力度，积极推介工厂化农业产品，提高品牌知名度。

第四节　江西省规模农业发展的调查与对策

规模农业是推进农业现代化的重要方式。中央 1 号文件多次强调，要发展多种形式的适度规模经营，推动农业发展方式转变。江西省规模农业已形成多种类型，并取得了良好效果，但与此同时，也面临诸多问题。唯有正视问题，找到有效路径，才能更好地推进规模农业发展。

一、江西省规模农业发展的主要类型

伴随土地流转的快速推进，家庭农场、专业合作社和农业产业化企业

等农业规模经营主体以及农业社会化服务组织不断调整壮大,推动着江西省规模农业发展。据统计,截至 2017 年,江西省农村土地承包经营权流转面积约 1 301.3 万亩,流转率为 40.5%;家庭农场 3.82 万个,加入农民专业合作社农户 6.42 万户,规模(销售收入 500 万元)以上农业产业化龙头企业数量 5 223 个,各类经营性社会化服务组织超过 10 万个,托管服务总面积 1 006 万亩,综合托管率达 18.4%。依据农户、土地流转组织、企业参与程度,江西省规模农业大致可分为土地集中型、服务协作型、共享经营权型等三大类,具体如下。

(一)土地集中型

土地集中型的主要特点是把土地集中起来,由一个独立的主体进行生产和经营决策。根据土地流转组织不同,主要分为三种形式。一是通过个人流转土地。主要表现为专业大户、家庭农场获取土地扩大经营规模。二是通过村集体流转土地。2015 年江西省被列入土地确权登记颁证试点省份后,大力推进"确权确股不确地"的"三权分置"土地模式,实现了耕地承包权与经营权的分离,为耕地流转提供了产权基础。业主直接与村委商谈,签订流转合同,可以确保相对稳定的流转期限,更易形成规模经营,并激励企业增加投入。据调查,江西欣宁蚕种科技有限公司选择落户于区位优势并不明显的修水县黄溪村,正是因为公司仅需与村委签订土地流转合同,且流转期限长,省去了与各家各户谈判的成本。这种方式更易实现土地连片流转、机械化操作和规模经营,在江西省多地广泛使用。三是通过土地流转合作社流转土地。不管是土地流转还是续租土地,只要跟土地流转合作社联系即可,由合作社代替分散的农民寻找土地需求者,提高了土地流转效率,降低了土地流转交易费用。例如,安义县构建了江西第一家土地流转合作社,建立了土地流转信息化网络交易平台以及土地流转价格评估、政策保障、监督服务三个体系。

(二)服务协作型

服务协作型又被称为农业生产托管或土地托管,即在确保拥有土地承包经营权的前提下,农户将耕、种、管、防、收等全部或部分农田作业交由农业生产性服务组织统一管理。这种类型的特点在于:一是服务组织不需支付土地租金，反而可以向农户收取作业服务费，规模经营的资金压力更小；二是规模经营的风险仍由众多农户分散承担，可以避免农业风险过度集中；三是农户保有承包经营权，迎合了部分农民的"恋土情结"，更容易被农户接受。这种类型在农业社会化服务程度高的区域发展较快，基本上实现了从种到收的服务一体化。例如，江西绿能公司采取"全托管""半托管"方式，为农民量身定制"种粮套餐"。公司可为农户提供种子、农药、化肥、农机、烘干和销售一条龙的产前、产中、产后全程托管服务，农户则向公司支付 600～800 元服务费。农户也可"点单"，公司则"照单"提供技术指导、机械化耕种与收割、测土配方、科学施肥、稻谷烘干、储存和销售等半托管服务，农户需每亩每年支付公司 60～80 元的服务费。2018 年，江西绿能公司托管耕地 5.5 万亩，与 300 多名种粮大户签订土地托管服务协议。再如，江西崇仁县新绿洲农技服务有限公司，从事集中育秧的半托管服务和涉及机耕、机防、机收、烘干全程的全托管服务。公司统一采购杂交水稻品种，早晚稻用种量 3.6 斤/亩，比一般农户节约用种量 15%～20%；批量采购价格优惠 10%，且能保证种子质量；机插服务收费每亩 120 元，只有人工栽插费用的 50%；与抛秧相比，秧棚育秧还可节约秧田 50%。2017 年，公司育秧托管服务拓展到万亩，涉及 10 个乡镇。

（三）共享经营权型

共享经营权型实质是农户自愿把分散的土地集中起来，把分散的经营整合起来，通过众多小农户联合与合作促进规模化发展。可分为专业合作社带动、产业化经营带动两种具体模式。专业合作社带动模式表现为由农民专业合作社为入社农户提供产前、产中和产后服务，实现农业生产。例如，高安市久洋农机专业合作社、安义县绿能机械服务合作社、安义县金果农机服务专业合作。产业化经营带动模式，以产业化龙头企业为依托，龙头带基地，基地联农户，使各具特色的优势农产品形成区域性的主导产业。订单农业即属于此种模式。江西省农业农村厅依托优质稻产业发展工程、绿色高质高效创建、稻米区域品牌创建等项目，促进种子企业、种粮大户、加工企业之间相互对接，引导农户与企业签订种植收购优质稻订单，提高产销对接精准性，帮助农户实现"优粮优价"。

二、江西省规模农业发展面临的主要问题

(一) 农业龙头企业的带动能力还比较弱

江西省产值超千亿元的农业龙头企业稀少，农产品精深加工的企业占比低、规模小、加工能力弱，与农户间的利益联结机制不畅，政府的支持力度不够，有效资金投入少，技术落后，整体实力不强，对规模农业的带动作用还比较弱。2017 年，省级农业龙头企业 865 家，规模以上农产品加工企业主营业务收入 5 979 亿元，列全国第 12 位，与全国排名第一的山东 33 791 亿元相比，差距明显。

(二) 农业社会化服务组织引领小农能力不足

随着规模农业的快速发展和非农就业率的持续上升，"统分结合"的中国特色社会主义小农经济受到了诸多约束。农业社会化服务组织的发展在一定程度上破解了束缚小农经济发展的约束条件。然而，"十三五"期间，诸多农业社会化服务组织多为自发生长、粗放发展，缺乏规范的管理制度，多数服务组织尚未形成规模，在机械化服务、农业科技服务、合作金融服务和市场购销服务等方面难以引领小农发展现代农业。

(三) 发展传统规模农业的利益驱动不够强

农业不同于其他行业，属长线投资。投资人作为理性经济人，力求资本投入利益最大化。因此，更多的投资人将资本集中投入在"小农业"范畴，即短平快产业，如蔬菜、花卉、水果等领域。而对"大农业"，即传统产业，如粮棉油的资本投入少，主因在于市场化进程加速背景下，其投入产出比持续走低，无法与"小农业"或其他行业相比。从实际情况来看，江西棉油播面快速缩减，棉花播面从 2009 年的 7.55 万公顷缩减到 2017 年的 6.9 万公顷，油菜籽播面由 2009 年的 53.85 万公顷调整到 2018 年的 48.53 万公顷；稻谷面积基本保持稳定，但种植结构逐年调整，表现明显的是早稻播面由 2009 年的 140.08 万公顷缩减到 2018 年的 120.76 万公顷。

(四) 土地的流转与适度集中还不够通畅

一是小农家庭经营仍是江西省农业经营主体。据统计，2016 年，江西省农业户数约 864 万户，其中，普通农户 853.8 万户，占比高达

98.82％。二是土地流转费用过高。江西省平均地租 400 元/亩，部分种植效益较好的区域，地租高达 1 000 元/亩。过高的流转费用拉低了农业经营利润，限制了规模经营。三是退租或"跑路"现象突出。"十三五"期间，粮食价格整体走低，导致种粮大户面临严重亏损，减小经营规模的"退地"现象和拖欠流转费用甚至"跑路"的问题比较突出。四是土地的细碎化格局限制了田块集中。据第二次全国土地调查数据显示，江西省人均耕地 1.04 亩，比全国人均 1.52 亩少 0.48 亩。由于农村承包地分配时追求绝对公平，导致承包地的分布非常零散。"十三五"期间，尤其是未推进高标准农田建设工程区域，江西省不少农户家庭存在 1 亩承包地分为 3～5 块的现象。由于存在较高的交易费用，从实践角度来看，通过农户之间调换田块使细碎化的田块达到集中连片存在一定困难。

（五）面向规模农业的金融扶持及服务乏力

一是经营权抵押存在抵押物有效性和处置难题。2019 年，江西省农业农村厅在 10 个试点县（市、区）开展农村综合产权交易市场建设，设立县乡两级农村承包土地经营权抵押贷款服务，允许业主以流转而来的土地经营权抵押贷款，在其违约时，金融机构有权将土地经营权流转出去，用流转收益偿还贷款本息，期满后再把经营权返还给农户。但实际上，业主违约后抵押物处置困难，将坏账风险集中在了金融机构。因此，金融机构开展经营权抵押贷款业务的积极性不高。二是金融扶持及服务乏力导致农业规模经济发展缓慢。尽管财政和银行信贷部门逐年加大对农业规模经营主体的投入和支持力度，但相比工业、服务业来说十分有限，农业投入主要还是依靠经营业主的自身积累，使得规模农业发展后劲不足。

（六）农业科技支撑服务作用发挥不够

农业科技推广与农业科研衔接不紧密。江西省农业科研、教育、推广工作分属于不同的政府部门，导致这些不同部门间合作难度增大，无法将科研部门的成果技术传递给推广部门，农技推广部门也无法将在推广中遇到的相关技术和专业性的难题及时反馈到科研、教育部门。农业科技推广人员队伍不稳定，农业人才十分紧缺。据国家统计局数据显示，2011 年江西省公有经济企事业单位农业技术人员占江西省专业技术人员总数的

3.13％，2007 年占比为 3.33％，这也反映了大中专农业院校人才不愿真正投入农业行业。

三、推进江西省规模农业发展的对策建议

（一）正确认识和处理规模农业与小农户经营的关系

规模农业的实现并不完全依赖土地规模经营，也可以是生产环节的农业服务规模经营，或通过农民之间、农民与新型经营主体之间、各种新型经营主体之间的入股、入社等联合与合作来实现。因此，必须正确认识和处理规模农业与小农户经营的关系，从两者此消彼长的错误认识中摆脱出来，在尊重小农户经营仍然是我国农业经营的主要形式的前提下，通过合作社、社会服务组织等方式推进规模农业发展。

（二）强化农业龙头企业产业链的带动效应

以市场为导向，立足本地农业资源优势和特色，鼓励有竞争优势和带动力强的龙头企业科学确定主导产业和产品，加快形成区域性产业优势和产品优势。发挥农业龙头企业技术研发、投入品生产与优化、技术支持、生产性服务、标准化管理、产品储运、市场开发、品牌营销等形成的产业链的带动效应，将小农户经营的相关环节循序渐进地集中起来，形成专业化、规模化经营。

（三）发挥现代农业社会化服务组织的聚合效应

大力扶持现代农业社会化服务组织，创新农业服务体系，通过多元化、多层次农业生产性服务，在降低小农户生产成本和交易成本的同时，改变小农户独立封闭的生产经营模式，将分散的小农户汇聚起来，与现代农业有效衔接，既将小农户纳入现代农业的轨道，又通过农业生产性服务实现农业规模经营。

（四）因地制宜推行差异化、高效规模农业经营模式

综合考虑省内不同地区的生产力发展水平、劳动力转移程度及自然环境条件、人地比例、产业特色和产品特点，确定差异化的规模农业大小及其经营模式，在注重生态安全的基础上，采用高效种植模式，提高土地回报率。

（五）完善农村土地"三权分置"

2017 年中央 1 号文件指出，规模经营可以通过流转经营权、代耕、代种等方式实现。因此，应借鉴全国各地推进农村土地"三权分置"改革成功案例，从法律角度明确并细化土地改革内容，保障经营权和承包权主体利益平衡，在土地所有权不变基础上，加强对经营权流转监督管理，创新土地经营方式，采取土地入股、土地托管、代耕代种、整体流转等方式，总结形成适合不同地区的"三权分置"具体路径和办法，探索更多放活土地经营权的有效途径。

（六）创新财政支农方式

不断完善农村金融体系，创新"一户多保"、"土地反担保"、抵押、质押等担保方式，健全抵押担保制度；建立专项风险保障资金，完善风险分担、补偿机制，并规范土地流转中介市场体系，提高抵押品处置有效性。完善投融资制度，通过新型农业经营主体中长期大额贷款贴息，建立新型农业经营主体发展财政专项、农户规范发展资金互助和信用合作等方式，解决规模农业融资难问题。总结推广财政支农方式创新的成功经验，推广"银行＋保险＋期货"金融联合创新模式等改革经验。

（七）加大科技创新研发推广力度

加强农业科技创新研发，明确现代农业科技的发展目标与重点，鼓励支持规模化企业加强与科研院校的技术合作，通过共同设立研发基金、实验室、成果推广站等产学研平台，引导企业有意识且主动增加对重大农业技术攻关、技术改造、技术推广的投入，不断提高农业竞争力。鼓励农业技术推广机构和农技人员，通过技术服务、技术承包、技术转让、技术入股等形式与龙头企业和农户开展多种形式的联合。推进科研成果权益分配改革，完善科研成果权益转化分配链条，吸引科研院校专家通过兼职、挂职、签订合同等方式与企业开展人才合作，充实企业科研人才队伍建设。

第五节 江西省智慧农业发展的调查与
对策——以生猪为例

2021 年 11 月，江西省第十五次党代会提出，大力实施数字经济"一号发展工程"。依靠科技创新促进生猪产业高质量发展，重视运用数字化手段进行智慧赋能，全产业链开展数字化改造，创设适应生猪行业智慧养殖发展新形势的措施，是数字赋能农业转型升级的重点领域。2021年5月至2022年1月，为准确把握江西省生猪智慧养殖发展实践，江西农业大学与江西省农科院组成联合调研组，借助省农技推广中心平台，对476家生猪养殖主体进行了问卷调查，对赣州、吉安等5个设区市近60家不同规模养殖主体进行典型调研，走访了中国农业科学院农业信息研究所、农信互联、增鑫牧业科技股份有限责任公司等7家智慧养殖信息服务或设施制造企业，综合分析研究，提出了加快推动江西省生猪智慧养殖发展的政策建议。

一、江西省生猪生产及智慧养殖发展状况

（一）生猪生产保持良好势头

江西省着力克服非洲猪瘟等不利因素影响，生猪产能实现快速恢复，产业链条融合完善，坚决扛起"为全国生猪供应作贡献"的政治责任，巩固提升了畜牧业大省和生猪调出大省地位。2021年全省生猪出栏2 289.9万头、存栏1 646.9万头，赣州市、宜春市、吉安市等地生猪产能位居前列；年出栏量大于50万头的20余个县（区、市）主要集中于赣抚平原、吉泰盆地和赣南山区等区域；截至2021年10月，江西注册登记年出栏万头以上猪场621家，数量超过10家的县区有17个。

（二）智慧农业建设为生猪智慧养殖发展奠定基础

江西省生猪智慧养殖作为全省智慧农业"123＋N"建设系统组成，起步于2015年，主要体现为畜禽规模养殖管理、畜禽屠宰管理、畜牧业生产监测预警、动物防疫监督管理、饲料工业管理、兽药生产经营管理、江西动物检疫电子出证等13个系统建设，省域智慧养殖管控体系框架构设基本完成，生猪产业数字化转型基础进一步夯实。

（三）生猪养殖主体信息技术应用场景丰富

2021年调查发现，江西省生猪产业信息技术应用场景多样，主要体现在养殖环境自动控制、现代身份标识、生产数据自动采集、视频监控、自动饲喂等领域。如，87.8％的规模养殖主体采用了控制器等环境监测与

控制设备，73.5％的繁育养殖主体采用了 B 超仪、精子检测仪等生理监测设备，65.3％的规模养殖主体采用了生产控制、物流采购等信息管理系统等。生猪养殖信息化、智慧化水平持续提升。

（四）中大型生猪养殖主体向智慧化跨越发展特征明显

中大型生猪养殖主体是江西省生猪智慧养殖的主力军，且数量呈梯级跃升态势。一是约有 93.9％的中大型养殖主体借助数字化平台，实现不同程度的数字营销、数字管理、数字生产，以发挥组织内外部数据价值的最大化；二是约有 6.1％头部大型猪企借助云计算、物联网、人工智能等技术，逐步实现生猪企业内部万物互联，让猪场数据可视化展示并智能化分析，从而为生猪养殖提供更加精准的经营决策与解决方案，实现数字赋能。

二、江西省生猪智慧养殖技术采纳存在的问题

调研发现，推进生猪智慧养殖技术采纳的短板具体表现为以下 7 个方面。

（一）智慧养殖技术认知模糊

基于生猪养殖主体的 440 份有效问卷数据，65.6％的养殖主体对智慧养殖内容表示"不了解"或"一般了解"，34.4％的养殖主体表示"了解"智慧养殖。且"不了解"的群体主要集中于年出栏 5 000 头以下养殖主体，认为自己"比较了解"的群体主要来自大规模养殖主体。2021 年多样本深度访谈信息显示，生猪养殖主体对于智慧养殖的共识理解更多是"自动化与信息化结合基础上的智能化"，与智慧养殖"利用现代化设施设备高效化、便利化、智慧化地完成完整任务，促进产业多维效益精准实现"的准确理解之间还有差距。

（二）设备可选范围较窄且功能受限

经营主体对于涉农信息产品的使用，在功能的全面性和设备操作的便利性上有着较多的考量，普遍认为涉农信息技术尚且不能较好对接现实需求，如认为质量追溯系统不易操作或易出故障的占比为 26.9％、涉农智慧技术信息共享面不够的占比 15.6％、后期维护成本较高的占比 9.1％等。通过访谈得知，养殖主体购买的相关设备主要来自广东、山东、湖南

等地，且呈现设施成套化、系统化管控趋势，占有较大市场份额的本省企业主要为增鑫牧业科技股份有限公司、奥斯盾农牧设备有限公司等。智慧设备信息获取主要通过同行推荐、设备厂家推介宣传；调研也发现，中大规模养殖主体已经表现出主动与科技服务公司对接，研发适合自身条件的智慧养殖技术的倾向。

（三）智慧养殖技术收益存疑

技术采纳主体对于智慧养殖技术收益存在不同看法。44.4%的受访对象认为没有节省人工；20.0%的受访对象认为比原来节省人工，幅度为10%以内。在产量提升方面，22.2%的养殖主体认为采用了相应技术后产量增加幅度在10%以内；6.7%的养殖主体认为采用了相应技术后产量增加幅度在40%以上（图4-1）。

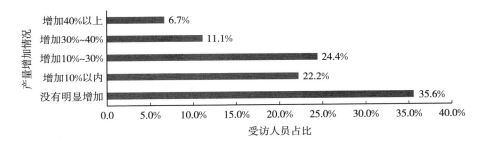

图4-1 智慧养殖技术采纳带来的产量增加情况

访谈信息显示，设施设备的投入有助于提高生产效率，但成本投入也是需要考虑的一个重要因素，显性的收益主要体现在降低人工成本方面，共识性的判断是使用智慧设备可降低5%左右的人工成本，至于利用智慧设备导致的饲料成本下降（如采用精准饲喂系统）、市场效益提升等，样本养殖主体则表示很难精准测算。

（四）智慧养殖服务供应水平不高

2021年调查发现，主要有三类智慧养殖服务模式：一是大规模养殖集团自行开发，如正邦集团、傲农集团、加大集团等；二是专门的数字服务供应商，如为中大型规模养殖企业提供服务的农信互联，截至调研时日，该企业已在地区服务了近770个猪场，覆盖8万头基础母猪；三是上游公司嵌入式服务，如上游饲料公司开发智能App，在方便客户查询市场信息、进行生产管理的同时，亦有助于自己商品的推介和营销，在生猪智慧养殖服务供应尤其是多元服务主体培育、服务内容增加、服务方式创新等领域仍有较大提升空间。

（五）技术采纳应用场景不清

90.9%的受访对象表示"愿意"接受智慧养殖技术，即便此前选择"不了解"的养殖主体也朴素地认为"如果设备价格合理，还能降低成本，就会采用""利用网络养殖应该是以后的方向"。仍有81.6%的受访对象表示："感觉智慧养殖技术好像有很多好处，可我们用在那个地方（环节）呢?"对于智慧养殖技术的应用场景理解不清。

（六）技术采纳影响因素发散

在技术采纳影响因素问题上，选择"政策支持""配套基础设施"的占比均为100%，选择"成本投入"的占比93.9%，选择"操作技能"的占比52.9%，选择"经营规模"的占比91.8%，选择"环境支持"的占比98.0%，选择"设备的实用性、操作的便利性等其他因素"的有83.7%。其中选择"操作技能"因素的主要为规模较大养殖企业，他们认为"培养拥有相关技能的人才"更具长远意义。

在可接受的投资范围上，72.7%的养殖主体接受50万元以内的投资，18.3%的养殖主体接受50万～500万元范围内的投资。访谈信息反映，年出栏生猪5万头以上养殖主体均表示："如果能够有助于提高效率，资金投入不是问题。"

（七）智慧养殖的要素保障仍需强化

一是农村新基建仍需进一步完善，农业信息化、智慧化投入仍需加大；二是专业技术人才缺乏，新技术和新方法无法得到很好的引进和应用；三是农业信息化技术支撑不足，相关产品开发不够，产品质量参差不齐，缺乏统一的技术标准，相关产品及技术需要经过市场的验证；四是信息化设施设备制造水平不高，养殖主体偏好"功能多样但操作起来不复杂的智能设施设备"，而这方面的产业制造能力有待进一步提升；五是智慧农业发展的实践探索仍需加强，典型模式总结和典型经验推广的工作力度不够。

三、推进江西省生猪智慧养殖发展的政策建议

结合生猪养殖发展实际，学习浙江、重庆、江苏等省份生猪智慧养殖发展经验，未来江西省生猪智慧养殖应深度融入江西数字经济"一号发展工程"建设，优化布局生猪产业"制造业延链、科技强链、服务稳链"工作，高质量推进赣鄱特色鲜明的生猪智慧养殖业发展。

（一）着力实施"三基一精"战略

作为系统工程，推进生猪智慧养殖发展应结合区域资源禀赋，依循"夯实基础、抓住重点、梯次推进"发展思路，实施"三基一精"战略：做强适合中大规模企业养殖所需的智慧设施设备制造业，做好智慧养殖设施设备相关的技能人才培训培育工作，做优推进智慧养殖的政策、基础设施等环境服务，力争走出一条符合南方丘陵山区环境特征的精致型智慧农业发展之路。

（二）突出做好"三大工程"

1. 实施生猪智慧养殖环境提升工程

提升网络基础设施水平，协同数字乡村建设，加大新基建建设力度，实现信息通信服务按需供给，信息网络应用实现个性定制、供应链精准协同；推动算力资源服务化，依托现有省级智慧农业建设 PPP（政府和社会资本合作）项目，优先支持赣州市、吉安市、抚州市等地区做大做强数据中心，筹建省级生猪大数据中心，开发和推广相关数据应用产品。制定智慧养殖标准，率先开展"生猪产业信息采集系列性代码编制规则"智慧养殖相关标准规范研究制定工作，完善设施设备、智能化技术和接口标准，推动数据跨系统共享。

2. 实施生猪智慧养殖应用融合工程

推进生猪智慧养殖企业（基地）建设，支持生猪规模养殖企业、现代农业示范区开展生猪智慧养殖技术集成创新与成果推广，建设一批有特色、产值高的生猪智慧养殖示范基地，加强典型示范带动；加快生猪智慧养殖装备研发，促进信息化技术与生猪养殖设施设备、生产作业、管理服务全链条有机融合，围绕环境智能监测与控制、自动精准饲喂、质量追溯等需求，打造 3～5 个整机龙头企业引领、中小企业集聚、差异互补发展

的"专精特新"农业装备产业集群，在重点主机产品、关键零部件领域分别形成 2～3 个知名品牌，让养殖主体"用得上、用得起、用得好"；加快生猪养殖装备数字化改造，推广农业机器人等新型设施装备，实现生猪养殖设施设备智能化、作业精准化、管理数据化、服务在线化；积极对接大型农业信息化服务商，制定科学有效的生猪智慧养殖解决方案，研发并优化界面友好、功能多样的 App、小程序、智慧管理等程序及操作平台，促进信息技术与生猪养殖深度融合。

3. 实施生猪智慧资源共享工程

提高智慧服务生猪产业高质量发展水平，深化数据资源交换共享，组建数据分析专家协同作业队伍，强化区域全产业链监测预警，合理引导市场预期，深入推进生猪产业智慧管理和智慧决策；加强生猪智慧养殖益农模式探索，推广普及智慧养殖相关知识，积极探索"保险＋科技＋银行＋养殖户""企业＋农户＋集体经济＋科技"等智慧养殖模式，紧密生猪产业联农带农强农利益联结机制。

（三）强化生猪智慧养殖"三项保障"

1. 建立健全生猪智慧养殖推进机制

智慧农业是推进农业新旧动能转换的重点内容，应加强组织领导，共同构建"政府引导—平台赋能—龙头引领—机构支撑—多元服务"的"生猪智慧养殖"项目联合推进机制，加强与乡村振兴战略、国家大数据战略等国家重大战略和规划相衔接，明确发展思路、工作重点和目标任务，强化考核监督，统筹推进生猪智慧养殖高质量发展工作。

2. 完善生猪智慧养殖政策支持

设立生猪智慧养殖推进项目专项工作经费，建立政府引导、社会参与的多元投入机制；建立支持不同规模生猪养殖主体应用数字技术的精准补贴机制，鼓励采取以奖代补、政府购买服务、贷款贴息等方式，吸引金融和社会资本投入生猪智慧养殖项目建设，引导金融机构加大对生猪智慧养殖企业和农机企业的信贷投放力度，完善生猪智慧养殖新型设施设备享受农机购置补贴的相关规定；探索发展农机保险，选择重点智慧养殖类农机品种开展农机保险业务；加强生猪智慧养殖技术、产品和模式等的知识产权管理与保护，加强生猪智慧养殖信息安全政策法规及标准体系建设。各地在编制国土空间规划时要与农业发展规划对接，给予规模性生猪智慧养殖示范企业（基地）用地优先考虑，大力支持养殖主体宜机化改造，为推进生猪智慧养殖创造良好条件。

3. 加强生猪智慧养殖人才培养

依托涉农高校、职业学院、科研机构和大型农企，创建生猪智慧养殖专业技术人才继续教育培训基地；瞄准中大型生猪养殖主体，开展新型智能化设施设备应用技能培训，大力培养复合型智慧农业技能人才；推动高校、科研院所面向农机装备产业转型升级开展研究与实践，协同推进生猪智慧养殖专业技术人员培养。

第五章 ▶ 江西农业高质量发展的耕地保障

保障粮食安全和重要农产品供给，关键在于落实"藏粮于地、藏粮于技"战略，而种子和耕地就是其中的两个要害。落实最严格的制度，加强耕地资源的保护和利用管理，对于江西农业高质量发展具有重要意义。

第一节 江西省农村耕地劳动力承载量适度性与转移潜力分析

耕地长期承担着保障粮食供给的功能，也肩负着提供农村人口就业机会的使命。科学估算农业耕地劳动力承载量，是预判耕地劳动力需求量和农村劳动力转移潜力的重要基础，对制定农村人口转移政策、探索城镇化水平边界以及推动农业适度规模经营，具有重要指导意义。

一、问题的提出

农业大省耕地长期承担着保障粮食供给的功能，也肩负着提供农村人口就业机会的使命。改革开放 40 余年来，随着我国城镇化、工业化、户籍制度改革的快速推进，农业生产技术和机械化水平大幅提升，大量农业劳动力尤其是青壮年农业劳动力持续非农化转移。据国家统计局统计，2017 年，我国农作物耕种收综合机械化率提高到 66% 以上，农业科技进步贡献率提高到 57.5%，较 5 年前提高 3 个百分点；2017 年，全国农民工总量达到 2.87 亿人，比 2012 年增加 2 391 万人，年均增长率达到 1.8%；全国户籍人口城镇化率从 2012 年的 35.3% 增长到 2017 年的 42.4%，8 000 多万农业转移人口成为城镇居民。习近平总书记在 2013 年中央城镇化工作会议上已明确提出："城镇化是现代化的必由之路。推进城镇化是解决农业、农村、农民问题的重要途径。"因此，科学估算农业耕地劳动力承载量，是预判耕地劳动力需求量和农村劳动力转移潜力的重要基础，对制定农村人口转移政策、探索城镇化水平边界以及农业适度规模经营等问题具有重要指导意义。

农业机械、生产技术与农业劳动力存在替代关系，国内学者采用定性和定量的方法，探讨了农业生产技术、机械化对农业劳动力的替代问题。一方面，农业机械化弥补了农业劳动力转移后有效农业劳动力的空缺，是决定单位面积耕地农业劳动力需求量的重要影响因素。周振、孔祥智（2016）通过测算 1998—2012 年农业机械化对劳动力转移的贡献度发现，以农作物耕种收综合机械化率为机械化衡量指标时贡献度为 21.6%，以机耕、机播、机收三者乘积为机械化衡量指标时贡献度达 72.50%。另一方面，农业劳动力大量转移倒逼农业技术进步，诱导农业生产更多使用新技术，降低了农业耕地对劳动力的需求。科技进步和现代农业要素投入是保障耕地粮食增长的主要动力，也是未来农业增长的持续动力。此外，国内学者杨馨越、魏朝富等（2012），李洁、林鸿（2010），封志明（1992）等基于生态环境承载力等视角，利用灰色预测模型以及时间序列模型，从人均耕地和粮食需求等尺度，测算分析了耕地资源承载力、人口生态转移潜力等问题。

总体而言，国内学者就农业机械、农业技术对农业劳动力替代问题开展了较多研究。然而，少有文献基于收入和要素替代视角，测算分析农业大省耕地劳动力承载量适度性和农业劳动力转移潜力问题。从已有文献来看，唐莹、穆怀中（2016）在耕地劳动力承载量适度性问题研究方面做了有益探索，利用《中国统计年鉴》数据，检验了中国耕地劳动力承载量和劳动力承载量的适度性。但也存在一些不足之处，一是在分析耕地农业机械承载量的适度性时，用农业机械投入数量指标测算会导致结果不准确。原因在于，农业机械种类众多、差异很大，简单进行数量加总不一定科学。本研究中测算模型改用机械总动力指标来替代，相对更精确。二是耕地劳动力承载量稳定模型设定中，运用务农收入与城镇职工收入标准测算耕地劳动力承载量，实际中，基于收入视角，更多农民选择留农还是离农更多参照的是农民进城务工收入标准。三是测算单位面积耕地劳动力承载量后，没有与农业耕地实际承载劳动力情况进行对比，未能反映出农业劳动力的转移潜力。

鉴于此，笔者在理论分析的基础上，基于收入和要素替代视角，利用《江西统计年鉴 2016》数据，测算江西省耕地劳动力承载量的上限和下限水平，从满足家庭基本生活需要的收入标准、农民工务工收入和城镇职工收入等三个层面，测算江西省耕地劳动力承载量的保障规模和稳定规模。进一步，将其与农业耕地实际承载劳动力数量进行对比，估算出农业劳动力富余程度，从而探究江西作为农业大省的农业劳动力转移潜力问题。

二、理论分析与模型设定

(一) 理论分析

农业劳动力非农化转移，实质上是农村家庭劳动力资源优化配置问题。伴随我国农业整体比较收益逐步下降，进城务工收入明显高于留农收入。此外，农业农村在发展机会、教育和社会保障等方面明显不足且劣于城镇，有限的农村人力资本由于在农村得不到合理利用，基于理性选择非农化转移。有关农业劳动力转移问题的研究可追溯到 17 世纪，英国经济学家配第和克拉克最早提出了著名的"配第-克拉克"定理，揭示了随着一国经济的发展，收入水平的比较差异促使农业劳动力转移至非农部门，劳动力由第一产业转移到第二产业，再由第二产业转移到第三产业。在此之后，西方经济学家从不同视角对农业劳动力转移问题进行了大量的理论研究。其中，最具代表性的有刘易斯的"二元部门模型"、托达罗的"劳动力转移模型"、费景汉和拉尼斯的"费-拉模型"、唐纳德·博格的"推拉理论"等。

从劳动力转移理论和一般均衡理论来看，农业劳动力非农转移类似于商品在市场上的流通过程，在不考虑农业情结和情怀等其他因素影响时，一般均衡条件为农业劳动力在两部门能获得同等收入，此时农业劳动力非农化转移将停止，耕地劳动力承载量达到适度性规模。即：农业劳动力在农业部门所获得的边际收入等于在非农业部门获得的边际收入，本研究用务农平均收入等于进城务工平均收入或城镇职工平均收入来衡量。

基于要素替代和引致创新理论，当劳动力要素变得相对稀缺时，劳动力的相对价格会上涨，农业经营主体将被诱导去使用劳动力的替代要素，倒逼农业技术进步和机械化水平提升。如图5-1所示，MC 表示农业劳动力外出务工的边际收入曲线，满足边际收入递减规律。Q_0 表示当农业部门就业的平均收入为 R_0 时，农业耕地实际承载的农业劳动力数量。其中，农业耕地劳动力承载量保障规模是指当务农平均收入等于满足其负担人口（含本人）基本生活需要的支出时，农业耕地所能承载的农业劳动力数量，即图5-1中点 (R_1, Q_1)。农业耕地劳动力承载量稳定规模可界定为：一是当务农平均收入等于农民工进城务工平均收入时，农业耕地所承载的劳动力数量，即点 (R_2, Q_2)；二是当务农平均收入等于城镇职工平均收入水平时，农业耕地所承载的劳动力数量，即点 (R_3, Q_3)。此时，农业劳动力不会因为比较利益驱动向非农业转移，为耕地劳动力承载量适度性规模水平。农业耕地实际承载的劳动力数量 Q_0 与耕地劳动力承载量适度性规模 Q_2、Q_3 的差额为农业劳动力转移潜力。

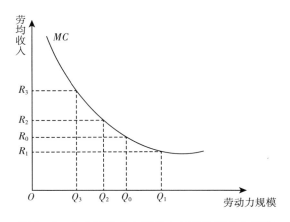

图5-1 农业劳动力人均收入与农业劳动力规模

（二）模型设定

为便于计算，假定农业劳动力是同质的，城乡人口可以自由流动，不考虑耕地的规模经济效应和地区耕地条件差异。借鉴唐莹（2016）模型，本研究测算模型做了实质性的改进：一是耕地劳动力承载量稳定模型设定中在城镇职工收入标准的基础上，增加了农民进城务工平均收入标准。一定程度上，在城乡人口流动不充分、不完全自由的情况下，更精准地衡量了农民留农与离农选择的临界点问题。二是将模型中第一产业国内生产总值替换为农业生产总值，能更精准衡量农业耕地效应。三是测算耕地农业机械承载量的适度性时，用机械总动力指标替代农业机械投入数量指标，一定程度上避免了农业机械种类众多、差异大导致的简单数量加总误差。

1. 耕地劳动力承载量保障规模的测算模型设定

$$Q_1 = \frac{S_T}{S_i} \qquad (5-1)$$

$$S_i = \lambda P_{survival} \times \frac{S_T}{AgrGDP} \qquad (5-2)$$

其中，Q_1 表示耕地农业劳动力承载量保障规模，S_T 表示耕地总面积，S_i 表示满足基本生活需要的劳均耕地面积（包括本人和劳均负担人口），λ 为劳均负担人口，$P_{survival}$ 表示维持基本生活需要的支出（包括本人和劳均负担人口），$AgrGDP$ 表示农业生产总值。

2. 农业耕地劳动力承载量稳定规模的测算模型设定

$$Q_2 = \frac{S_T}{S_{j(i)}} \qquad (5-3)$$

$$S_{j(1)} = P_{migrantfm} \times \frac{S_T}{AgrGDP} \qquad (5-4)$$

$$S_{j(2)} = P_{urban} \times \frac{S_T}{AgrGDP} \qquad (5-5)$$

其中，Q_2 表示农业耕地劳动力承载量稳定规模，S_T 为耕地总面积，$P_{migrantfm}$ 为农民工进城务工平均收入水平，P_{urban} 表示城镇职工平均收入水平，$AgrGDP$ 表示农业生产总值，$S_{j(1)}$ 表示农民务农收入与进城务工平均收入水平相等时，维持劳动力在农业部门就业的稳定状态所需的劳均耕地面积，$S_{j(2)}$ 表示农民务农收入与城镇职工平均收入水平相等时，维持劳动力在农业部门就业的稳定状态所需的劳均耕地面积。

三、数据来源与结果分析

（一）数据来源说明

江西是传统的农业大省，自古以来就是鱼米之乡，是重要产粮区和水果等经济林木种植区。其中，粮食生产在全国具有举足轻重的地位，水稻产量长期排名全国前3位，是新中国成立后两个从未间断调出商品粮的省份之一，至今每年调出稻谷100亿斤以上。江西地形以丘陵、山地为主，可概括为"六山一水二分田，一分道路和庄园"。人多地少是江西的基本省情，据江西省统计局数据显示：2016年江西省耕地面积4 623.3万亩，人均耕地1.0亩，全国排名第23位，较1996年第一次全国土地调查时人均耕地1.09亩有所下降，说明江西耕地规模化水平不高。伴随农业劳动力转移，农业劳动力老龄化现象日趋严重，农业机械化水平呈稳步提升态势。据江西省农机局统计数据显示，江西省农作物耕种收综合机械化率从2003年的32.5%上涨至2016年的65%。

本节研究所使用的数据来源于各年份《中国统计年鉴》和《江西统计年鉴2016》，有少部分数据来源于江西省农机局统计资料以及查找相关网站获得。

（二）江西农业耕地劳动力承载量上限和下限的理论阈值测算

1. 劳动力与农业机械的替代标准

（1）完全机械化时农业耕地劳动力承载量的下限水平。当完全机械化耕作时，农机装备最大限度地取代了农业劳动力，此时耕地所能承载的劳动力数量最少，即为农业耕地劳动力承载下限水平。任丽萍、张国臣（2015）研究认为，现阶段我国农垦系统下属的国有农场代表了现有技术条件下农业机械化程度可以达到的最高水平，部分国有农场的农业机械化程度已达到98%以上。因此，本研究假设我国农垦系统下属的国有农场近似为完全机械化情形，以国有农场的农业劳动力投入量和农业机械投入量标准为参照，测算完全机械化耕作情形下农业耕地劳动力承载量的下限水平。

据国家统计局数据显示，2015年我国农垦系统下属的国有农场的农业机械总动力为28.38亿千瓦，耕地面积为632.5万公顷，农业劳动力为287.7万人。通过测算可得：人地比为1∶2.20，人机械动力比为1∶9 864.44。即在完全机械化耕作情形下，耕地可承载劳动力为0.46人/公顷、可承载机械总动力为4 483.84瓦/公顷，详见表5-1。

（2）完全人工时农业耕地劳动力承载量的上限水平。当完全人工耕作时，耕地劳动力承载量最大，即为农业耕地劳动力承载的上限水平。胡鞍钢（1997）等学者研究发现，新中国成立初期，我国处于传统农业时期，农业机械尚未在农业生产中发挥作用，基本不存在剩余农业劳动力。鉴于此，本研究将1957年的农业生产近似为完全人工耕作情形。通过测算可得，1957年我国农业劳动力为1.93亿人，耕地面积为1.1亿公顷，农业劳动力与耕地的比值为1：0.57。由此可得，在完全人工耕作情形下，耕地所能承载的劳动力数量为1.75人/公顷，详见表5-1。

表5-1 不同耕作模式下人地比、人机械动力比与
耕地劳动力、机械总动力承载量

耕作模式	人地比	人机械动力比	耕地劳动力承载量（人/公顷）	耕地机械总动力承载量（瓦/公顷）
完全机械化	1：2.20	1：9 864.44	0.46	4 483.84
完全人工	1：0.57	—	1.75	0

2. 江西农业耕地劳动力承载量上限和下限的理论阈值测算

由要素替代理论可知，在一定程度上，农业机械与农业劳动力可以相互替代。随着农业机械化水平提升，农业耕地对劳动力需求会逐步减少。

（1）江西农业耕地劳动力承载量的上限理论阈值。基于《江西统计年鉴2016》数据，完全人工耕作情况下，江西省各地区农业耕地劳动力承载量占农业从业人员的比例均小于1，江西省平均为63.91%，意味着农业劳动力存在富余，具有进一步转移潜力，详见表5-2。其中，赣州地区完全人工情况下农业耕地劳动力承载量占农业从业人员的比例仅有30.42%，为江西省最低；新余市、萍乡市也较低，分别为35.69%和45.32%。理论上，赣州地区劳动力转移潜力最大，可能原因在于赣州地区以山区为主，位于罗霄山片区贫困区，是全国较大的集中连片特困地区，农业生产效率和劳动生产率相对较低。鹰潭市完全人工耕作情况下农业耕地劳动力承载量占农业从业人员的比例为81.96%，位列江西省第一。吉安市、景德镇市次之，分别为81.82%和81.75%。

（2）江西农业耕地劳动力承载量的下限理论阈值。基于《江西统计年鉴2016》数据，江西省各地区完全机械化耕作情况下耕地劳动力承载量

占农业从业人员的比例均远远小于1，江西省平均为16.80％，意味着江西机械化水平不高，尤其是机械利用效率偏低，详见表5-2。随着未来农业机械化水平和利用效率不断提升，江西农业劳动力转移潜力非常大。其中，赣州地区完全机械化耕作情况下耕地劳动力承载量占农业从业人员的比例仅有7.99％，为江西省最低；新余市、萍乡市也较低，分别为9.38％和11.91％。这可能与赣南地区以山区为主的地形地貌相关，农业机械化水平和机械利用效率不高。此外，通过对比发现，江西省农业机械利用效率偏低，完全机械化耕作情况下江西省平均耕地机械总动力承载量为国有农场标准的2.9倍，即江西农业机械规模效率低，仅为近似完全机械化情况的国有农场标准的34.3％。

表5-2 江西省完全人工和完全机械化耕作情况下耕地劳动力承载量与耕地机械总动力承载量

地区	耕地面积（公顷）	完全人工耕作情况下耕地劳动力承载量		完全机械化耕作情况下耕地劳动力承载量		耕地机械总动力承载量	
		测算值（人）	占农业从业人员比例（％）	测算值（人）	占农业从业人员比例（％）	测算值（瓦/公顷）	与国有农场标准比值
南昌市	278 215	486 876	69.42	127 979	18.25	13 143.30	2.93
景德镇市	92 859	162 503	81.75	42 715	21.49	13 615.51	3.04
萍乡市	66 314	116 050	45.32	30 504	11.91	19 417.56	4.33
九江市	305 656	534 898	60.37	140 602	15.87	11 296.60	2.52
新余市	54 519	95 408	35.69	25 079	9.38	17 809.74	3.97
鹰潭市	91 981	160 967	81.96	42 311	21.54	12 381.95	2.76
赣州市	322 833	564 958	30.42	148 503	7.99	15 246.82	3.40
吉安市	443 787	776 627	81.82	204 142	21.51	10 439.21	2.33
宜春市	476 912	834 596	82.71	219 380	21.74	10 761.90	2.40
抚州市	341 842	598 224	69.88	157 247	18.37	10 930.09	2.44
上饶市	459 333	803 833	63.67	211 293	16.74	8 648.25	1.93

资料来源：《江西统计年鉴2016》。

（三）江西农业耕地劳动力承载量适度性与转移潜力分析

测算耕地劳动力承载量的保障规模和稳定规模是在考虑农业劳动力收

入水平的基础上，测算耕地劳动力承载量的适度规模。通过将其与农业耕地实际承载劳动力数量进行对比，理论上可以估计出农业劳动力的转移潜力。

1. 江西农业耕地劳动力承载量保障规模与转移潜力分析

江西省统计局监测数据显示，2015 年江西省农村居民消费支出 8 486 元，劳均人口负担比为 1.42[①]。

（1）江西农业耕地劳动力承载量保障规模测算结果。根据耕地劳动力承载量保障规模的测算模型（5-1）和（5-2），利用《江西统计年鉴2016》数据测算可得，江西省平均农业耕地劳动力承载量保障规模为 0.46 公顷，意味着当务农平均收入等于满足其负担人口（含本人）基本生活需要的支出时，每个农业劳动力所需耕地面积为 0.46 公顷，详见表 5-3。其中，农业耕地劳动力承载量保障规模最大的三个地区是鹰潭市、九江市、上饶市，分别为 0.75 公顷、0.60 公顷和 0.54 公顷；农业耕地劳动力承载量保障规模最小的三个地区是赣州市、新余市、抚州市，分别为 0.23 公顷、0.28 公顷和 0.37 公顷。

表 5-3　江西农业耕地劳动力承载量保障规模

地区	S_i（公顷）	Q_1（人）	Q_1 占实际农业从业人员比例（%）
南昌市	0.51	540 850	77.12
景德镇市	0.39	238 113	119.79
萍乡市	0.41	161 300	62.99
九江市	0.60	510 350	57.60
新余市	0.28	193 193	72.26
鹰潭市	0.75	122 276	62.26
赣州市	0.23	1 397 665	75.25
吉安市	0.49	902 874	95.12
宜春市	0.53	867 604	85.99
抚州市	0.37	931 779	108.84
上饶市	0.54	849 609	67.30

资料来源：《江西统计年鉴 2016》。

---

①　2015 年各地区城乡居民人均可支配收入和消费支出参照：http：//www.jxstj.gov.cn/News.shtml？p5＝8847083。

（2）江西农业耕地劳动力转移潜力分析。当江西省各地区达到农业耕地劳动力承载量保障规模时，所能吸纳的农业劳动力数 Q_1 占当地农业从业人员的比例在 57.60% 与 119.79% 之间。需要说明的是，Q_1 占实际农业从业人员的比例越小，表明该地农业劳动力转移潜力越大。当耕地农业劳动力承载量保障规模 Q_1 占当地农业从业人员的比例大于 1 时，如景德镇市为 119.79%，抚州市为 108.84%，不能简单解释为该地区不存在农业劳动力过剩现象。主要原因在于，以满足人的基本生活需要收入标准为理想状态，仅存在于物质短缺匮乏的年代，人们追求吃饱的阶段。此时，为了满足吃饱标准所需的耕地面积是非常少的，导致耕地所能承载的劳动力数量 Q_1 非常大。因此，耕地农业劳动力承载量保障规模 Q_1 占农业从业人员的比值有可能大于 1。江西省耕地农业劳动力承载量保障规模 Q_1 占农业从业人员的比值平均为 80.41%，理论上来讲，转移潜力达到农业从业人员的 19.59%。九江市、鹰潭市和萍乡市农业劳动力转移潜力最大，依次为农业从业人员的 42.40%、37.74% 和 37.01%。景德镇市、抚州市和吉安市农业劳动力转移潜力最小。

2. 江西农业耕地劳动力承载量稳定规模与转移潜力分析

基于收入视角，测算农业劳动力耕种多少土地获得的收入等于农民出外打工收入或城镇职工平均收入，是计算农业耕地劳动力承载量稳定规模的基础。接下来，从农民外出务工收入和城镇职工平均收入两个视角来进行分析。

（1）基于农民出外打工收入视角。根据国家统计局统计数据显示：2015 年全国农民工总量为 27 747 万人，外出务工农民工月均收入 3 359 元，年均收入为 40 308 元[①]，本地务工农民工月均收入 2 781 元，年均收入为 33 372 元。可以测算出，外出与本地务工农民工年平均收入为 36 840 元。利用农业耕地劳动力承载量稳定规模的测算模型（5-3）和（5-4），基于农民外出打工收入视角，对《江西统计年鉴 2016》数据进行测算，结果如表 5-4 所示。江西各地区农业耕地劳动力承载量稳定规模 $S_{j(1)}$ 在

---

① 国家统计局发布 2015 年农民工监测调查报告：http://www.xinhuanet.com/politics/2016-04/28/c_128940738.htm。

0.74 公顷与 2.03 公顷之间，江西省平均为 1.41 公顷。表明人均耕种耕地
1.41 公顷，可以实现务农收入等于进城打工收入，此时在不考虑其他因
素的情况下，农业劳动力不会因比较利益驱动向非农业转移。其中，耕地
劳动力承载量稳定规模最大的三个地区是鹰潭市、上饶市、九江市，分别
为 2.03 公顷、1.91 公顷和 1.81 公顷；耕地劳动力承载量稳定规模最小的
三个地区是新余市、赣州市、景德镇市，分别为 0.74 公顷、0.86 公顷和
1.02 公顷。

　　当江西各地区达到耕地劳动力承载量稳定规模时，所能吸纳的农业劳
动力数占当地农业从业人员的比例在 19.02%～45.76%，江西省平均为
26.71%，该比例远小于 1，表明达到耕地劳动力承载量稳定规模时，耕
地实际承载的劳动力远远大于耕地理论上可承载的劳动力，说明江西省农
业劳动力的生产效率、农业机械化水平和机械利用效率不高，农业劳动力
存在大量富余，详见表 5-4。随着机械化水平和耕地规模经营水平不断提
高，江西农业劳动力具有非常大的转移潜力。其中，达到耕地劳动力承载
量稳定规模时，九江市、上饶市、赣州市所能吸纳的农业劳动力数占当地
农业从业人员的比例最低，分别为 19.02%、19.07% 和 20.19%，理论上
农业劳动力转移潜力在 80% 左右；景德镇市、抚州市、宜春市该比例最高，
分别为 45.76%、31.42% 和 29.97%，农业劳动力转移潜力在 54.24%～
70.03%。

表 5-4　江西农业耕地劳动力承载量稳定规模

地区	$S_{j(1)}$（公顷）	Q_2（人）	Q_2 占实际农业从业人员比例（%）
南昌市	1.59	175 463	25.02
景德镇市	1.02	90 952	45.76
萍乡市	1.09	60 896	23.78
九江市	1.81	168 499	19.02
新余市	0.74	73 744	27.58
鹰潭市	2.03	45 392	23.11
赣州市	0.86	375 053	20.19
吉安市	1.62	274 619	28.93

（续）

地区	$S_{j(1)}$（公顷）	Q_2（人）	Q_2 占实际农业从业人员比例（%）
宜春市	1.58	302 348	29.97
抚州市	1.27	268 935	31.42
上饶市	1.91	240 702	19.07

资料来源：《江西统计年鉴 2016》。

（2）基于城镇职工平均收入视角。现实中，城乡收入差距长期存在。一般情况下，城镇职工平均收入、农民工平均收入和农民务农收入依次降低。上文基于农民外出打工收入视角，测算分析了当农民务农收入与进城务工平均收入相等时，维持劳动力在农业部门就业的稳定状态时所需的劳均耕地面积和耕地劳动力转移潜力。随着我国户籍制度和收入分配体制改革，未来农村劳动力进入城市自由程度逐步增强，城乡收入尤其是城镇职工收入和进城农村劳动力收入差距日益缩小，最终走向趋同化。鉴于此，基于城镇职工平均收入视角，再次测算分析江西农业耕地劳动力承载量稳定规模与转移潜力具有重要的战略意义，一定程度上估算了未来更长远时期农村人口的转移潜力和趋势。

基于城镇职工平均收入视角，利用农业耕地劳动力承载量稳定规模的测算模型（5-3）和（5-4），使用《江西统计年鉴 2016》数据测算可得：江西各地区农业耕地劳动力承载量稳定规模 $S_{j(2)}$ 在 1.05 公顷与 2.87 公顷之间，江西省平均为 1.99 公顷，详见表 5-5。表明江西省人均耕种耕地1.99 公顷时，可以实现务农收入等于城镇职工收入。在不考虑其他因素的情况下，此时农业劳动力不会因比较利益驱动向非农业转移，甚至进城务工农民会返乡务农。其中，江西农业耕地劳动力承载量稳定规模最大的三个地区是鹰潭市、上饶市和九江市，分别为 2.87 公顷、2.70 公顷和2.57 公顷；农业耕地劳动力承载量稳定规模最小的三个地区是新余市、赣州市、景德镇市，分别为 1.05 公顷、1.22 公顷和 1.44 公顷。唐莹、穆怀中（2016）测算的 2014 年我国农业耕地劳动力承载量稳定规模为 1.39公顷。

当江西省各地区达到农业耕地劳动力承载量稳定规模时，所能吸纳的农业劳动力数占当地农业从业人员的比例在 13.44%～32.33%，该比例远远小于1，意味着达到农业耕地劳动力承载量稳定规模时，耕地实际承载的劳动力大于耕地理论上可承载的农业劳动力数量，详见表5-5。主要原因在于，江西农业劳动力的生产效率不高，农业收入水平较低，农业机械化水平和机械利用效率不高。当未来农业生产效率和效益逐步提升、耕地规模经营水平得以提高时，江西省农业劳动力将存在大量富余，理论上农业劳动力转移潜力巨大。其中，九江市、上饶市、赣州市 Q_2 占实际农业从业人员比例最低，分别为13.44％、13.47％和14.27％，理论上未来农业劳动力转移潜力在85％以上；景德镇市、抚州市、宜春市该比例最高，分别为32.33％、22.20％和21.17％，理论上未来农业劳动力转移潜力也高达67.67％～78.83％。

表5-5　江西农业耕地劳动力承载量稳定规模

地区	$S_{j(2)}$（公顷）	Q_2（人）	Q_2 占实际农业从业人员比例（％）
南昌市	2.24	123 982	17.68
景德镇市	1.44	64 267	32.33
萍乡市	1.54	43 029	16.80
九江市	2.57	119 061	13.44
新余市	1.05	52 107	19.49
鹰潭市	2.87	32 074	16.33
赣州市	1.22	265 013	14.27
吉安市	2.29	194 045	20.44
宜春市	2.15	213 639	21.17
抚州市	1.80	190 030	22.20
上饶市	2.70	170 080	13.47

资料来源：《江西统计年鉴2016》。

四、结论与启示

本节基于引致创新理论和要素替代理论，测算了江西省耕地劳动力承载量的上限和下限的理论阈值。进一步，基于收入视角，从满足家庭基本生活需要的收入标准、农民工进城务工收入和城镇职工收入等标准层面，构建模型测算了耕地劳动力承载量的保障规模和稳定规模，并将其与农业耕地实际承载劳动力数量进行对比，探讨了未来江西农业劳动力的转移潜力。研究发现，江西省农业收入水平较低，农业机械化水平和机械利用效率有待进一步提升，各地区农业耕地实际承载的劳动力数量远高于耕地劳动力承载量保障规模和稳定规模，意味着未来随着农业机械化和耕地规模经营水平的提高，耕地农业劳动力将存在大量富余，具有较大的转移潜力。

基于此，随着江西省城镇化和工业化建设推进，户籍制度进一步完善落实，城乡收入差距日趋缩小，非农工资比较优势和城镇医疗、教育、交通等资源优势的吸引，农村劳动力必然面临是否进行非农化转移的抉择。为了保障粮食安全目标，科学测算农业耕地劳动力承载量适度性，预判农村劳动力转移潜力具有重大的现实意义。为进一步加快推进新型城镇化建设和农业现代化发展，第一，应提高农业综合效益和农民务农收入，加速提升农业科技研发与应用水平，提升农业机械化水平，尤其是针对江西地形地貌多样的特点，研发适合山地丘陵的农业小型机械，增大农业劳动力的转移潜力；第二，应大力培育高素质农民，加快农业生产性服务业发展，推进土地流转进程，实现多种形式的适度规模经营；第三，更为关键的是政府需要提升公共服务和基础设施建设能力，进一步完善落实户籍制度，满足更多农业劳动力的转移需求。

第二节 江西省高标准农田建设的成效、问题及对策

实施高标准农田建设，是落实"藏粮于地、藏粮于技"战略的重要措施。习近平总书记 2016 年和 2019 年先后两次视察江西，嘱托江西要夯实粮食生产基础，发挥粮食生产优势，巩固粮食主产区地位。自 2017 年启动新一轮高标准农田建设，江西省不断摸索与创新做法，取得了良好的经济效益和社会效益，为全国贡献了"江西方案"。

一、建设情况

2017—2020 年，江西省按亩均 3 000 元补助标准，投入资金约 360 亿

元，超额完成了 1 158 万亩高标准农田建设任务，实际建设面积超过 1 179 万亩，圆满收官"十三五"。其中，带动超过 150 万农户受益，惠及贫困户超 10 万户；耕地质量等别平均提高 0.5 等，亩均增加粮食产能 100 斤以上；年度土地流转率高达 73.5%，带动产业结构调整面积占比 44%，引进和培育新型经营主体一万多个，有效盘活农村部分撂荒耕地，部分贫困地区农户生活得到较为明显的改善，乡村振兴战略与脱贫攻坚有序推进。

根据江西省农业农村厅公布的数据进行测算，截至 2020 年 3 月底，江西省已累计完成高标准农田建设约 2 544 万亩，占江西省耕地面积的 57.94%，占总体目标 2 825 万亩的 90.05%。其中，1 667 万亩为 2016 年以前所建，2020 年在建规模 290 万亩，2017—2020 年综合完成率 56.84%，详见表 5-6。建成的高标准农田，普遍达到了"田成方、渠相通、路相连、旱能灌、涝能排"的要求，项目区耕地质量等别平均提升约 0.5 个等级。依据 93 个县（市、区）项目投资进展情况，2019 年总体投资完成率达 72.97%，同比上年同期提高了近 20 个百分点。

表 5-6　江西省高标准农田建设进展情况（2017—2020 年）

地区	目标任务（万亩）	累计完成（万亩）	综合完成率（%）
南昌市	97.52	65.63	67.30
九江市	98.86	72.29	73.12
景德镇市	42.86	29.86	69.67
萍乡市	21.52	10.80	50.19
新余市	21.17	10.91	51.54
鹰潭市	28.77	20.60	71.61
赣州市	127.53	86.87	68.11
吉安市	132.15	67.53	51.10
宜春市	204.35	105.07	51.42
上饶市	218.14	108.59	49.78
抚州市	158.82	80.20	50.50
合计	1 158.16	658.35	56.84

资料来源：根据江西省农业农村厅官网统计数据进行测算所得（数据截至 2020 年 2 月）。

二、主要做法

"十三五"期间，在推进高标准农田建设过程中，江西省政府以及相关农业部门不断总结经验与创新，结合省内具体实际情况，创造性地探索出一套适合江西高标准农田建设的做法。

（一）强化"三变三统一"，形成全省"一盘棋"

一是项目管理变各自为战为统一指挥。组建省级政府、地方政府上下联动、高效执行的组织模式，形成了省市县乡村五级联动、多部门通力协作的工作格局。二是项目资金变多头管理为统一管理。江西省破除"五牛下田"局面，打破部门界限，从省级层面统筹整合资金，建立了"省级统筹整合、县级集中使用"的农田建设资金管理新机制，将发改、财政、国土、水利、农业等部门管理的"五大类"农田建设资金，集中由省里统一管理分配，做到"多个渠道引水、一个池子蓄水、一个龙头放水"，从源头上解决江西省农田建设投入渠道分散、资金碎片化问题；另外，建设资金不足部分通过创新资金筹措方式，引入金融资金和新型经营主体等投融资，2019年在全国首次发行5年期乡村振兴（高标准农田建设）专项债券，发行额度29.408 9亿元，募集资金覆盖江西省全部11个地市的高标准农田建设。三是项目建设变多重标准为统一标准。制定了江西省统一的高标准农田建设规范，明确了"六大工程"（土地平整、土壤改良、灌溉与排水、田间道路、农田防护和生态环境保持、农田输配电工程）建设标准，并根据平原、滨湖、丘陵、山区不同地形，科学核定将亩均投入标准由以前的1 200元左右提高到3 000元。

（二）坚持规划引领，"一张蓝图"绘到底

一是坚持规划管总。根据江西省总体规划，以县为单位，按照新建为主、区域推进的原则，统一划定建设区域，将2 825万亩新建指标落实到县。二是坚持分年推进。围绕年度290万亩建设任务，将建设任务分解到乡、村、组、田块。三是坚持连片打造。打破区域阻隔，集中力量、连片实施，整乡整村推进高标农田建设。四是突出建设重点。优先在"三线两区"（高速公路、铁路、国省道及粮食生产功能区和贫困地区）安排项目。五是强化耕地保护。按照"少硬化、不填塘、慎砍树、禁挖山"要求，充

—

分挖掘和利用项目区内非耕地、荒芜园地、废弃地等资源，提高项目新增耕地率。六是注重工程建后管护。重点引导以利用促管护，建立"县负总责、乡镇监管、村为主体"的管护机制，做到"五个明确"：明确乡镇政府是监管主体，流转经营户和村委会为实施主体；明确建成并已上图入库的高标准农田全部纳入管护范围；明确管护人员的工作职责和管护事项；明确由县级政府在年度财政预算中安排建后管护经费，并多渠道筹措建后管护资金；明确将建后管护列入农田建设考核重要内容。七是保障农民权益。坚持依法自愿有偿原则，确保流转土地农民的惠农补贴不缩水，维护农民承包经营权。

（三）狠抓关键环节，"一把标尺"严把关

在工程质量上，围绕"田成方、渠相通、路相连、旱能灌、涝能排"建设要求，坚持"一把标尺"严把关。一是严把设计关。项目区各施工内容，均由专业技术人员负责勘测、设计等，规划设计实行"三进三出"：一进片区，绘制出现状图；二进片区，制定出施工图；三进片区，村组、农户签字确认。二是严把招标关。项目设计、施工监理等严格执行基本建设项目法人制、招投标制、监理制、合同制等制度。三是严把施工关。落实县牵头部门为一级法人、乡（镇）为二级法人的双重管理制度，高标准农田建设领导小组办公室、乡镇定期调度督导，聘请村组义务监督员同步监督；监理单位分标段派驻人员，对施工过程开展旁站式监理。四是严把进度关。坚持定期调度，即时排位，江西省通报，对发现的进度问题，成员单位和厅挂点处长深入市县督导整改。五是严把验收关。变部门验收为统一验收。落实县级主体责任，实行项目到县、资金到县、责任到县。由省领导小组统一组织绩效考评，并引入第三方机构对项目建设进行评估验收。制定了《验收工作细则》，对不合格项目纳入"问题清单"，对限期整改不到位的，绝不通过验收，并建立项目实施单位"黑名单"制度；同时对高标准农田质量实行负面清单管理。

（四）提升治理能力，完善"一套制度"

一是建立了项目管理规范化体系。制定出台了高标准农田建设"1+15"政策体系。二是建立了督查常态化体系。构建了"定期调度、对接督导、挂点督查"三项常态化监督机制，由省高标准农田办每周定期调度各地进展情况，11 个省领导小组成员单位分别对接督导 11 个设区市，江西省农业农村厅安排百名处长挂点督查 96 个项目县，及时掌握各地项目建设进度和质量情况。三是建立了科学的考核体系。制定《江西省高标准农田建设绩效考评办法》，实行"县级自验自评、市级全面验收、省级绩效考评"三级考核办法，建立"奖优罚劣"绩效考评激励机制。

（五）统筹资源推行"八个结合"，打好"一套组合拳"

江西省摒弃重建设轻管护、管建设不管利用的传统思维，在建设效果上，重点突出"建、管、用"一体。一是与"两区"划定相结合，在 2 800 万亩水稻生产功能区和 700 万亩油菜籽生产保护区，优先建设高标准农田。2019 年，江西省部分地区"两区"划定建设陆续完成，其中，崇仁、峡江、泰和、上高、奉新等县区"两区"划定成果皆通过省级验收。二是与调优农业产业结构相结合，在确保粮食产能的基础上，坚持以深化农业供给侧结构性改革为主线，大力发展优质稻、蔬菜等高效作物，推广稻渔综合种养模式。2017 年，宜春市在该市高标准农田项目区已落实产业结构调整面积 29.13 万亩，产业结构调整比例达 53.8%，发展有机稻、优质稻、瓜果蔬菜、稻田综合种养、中药材等。其中丰城市梅林示范点引进贵澳农业科技有限公司投资 1.3 亿元，新建 500 亩蔬菜产业园和 4 000 亩稻鱼（鳅、鸭）综合种养基地，建设两个 1.2 万平方米智能温室钢化玻璃蔬菜大棚和 450 亩温控蔬菜大棚。三是与建设现代农业示范（产业）园相结合，促进园区建设上档次、上水平。2019 年，抚州市加快推进高标准农田建设与现代农业示范园区融合发展，全年新增 7 个省级现代农业示范园，总数达 26 个，实现年产值 37.39 亿元，农业综合生产能力显著提高。四是与培育新型经营主体相结合，通过先建后补等方式，支持其主动建设、率先建设。截至 2019 年 7 月，南昌市持续推进 6 个万亩以上、5 个 5 000 亩以上集中连片建设区，在"三线"附近推进高标准农田连片建设区域 3.8 万亩，共培育和服务企业、合作社、家庭农场等各类农业新型经营主体 944 个，其中市级以上龙头企业 7 个，有效提升高标准农田规模化经营水平、机械化水平。五是与休闲观光农业相结合，支持基层因地制宜，建设一批秀美田园，让田园变公园、劳动变运动。六是与推进精准扶贫相结合，无缝对接产业扶贫规划，优先支持安排贫困地区，提升贫困人口自我发展能力。2019 年，余干县加快土地规模流转步伐，通过推高土地租金，充分挖掘农业产业扶贫效益，高标准农田项目区共带动 5 000 余户贫困户参与产业化经营，户均年增收 2 000 元以上。七是与壮大村级集体经济相结合，将新增耕地划归村集体管理，通过对外流转、自主经营、作价入股，增加村级集体收益。2019 年，吉安市青原区富田镇利用上级高标准农田改造资金对该地区低产田、撂荒田进行改造，有效提升土地流转差价达 100 元，实现了各村集体经济产业经营性收入稳步增长，10 万元以上的村（社区）达到 15 个，5 万～10 万元的村（社区）7 个。八是与轮作休耕相结合，实现用地养地结合，促进土壤改良和地力提升。据统计，2017 年，江西省开展稻肥轮作模式示范面积 545 万亩，稻油轮作模式示范面积 400 万亩，稻豆轮作模式示范面积 20 万亩，冬闲休耕面积超过 2 000 万亩，耕地质量有所改善提升，面源污染得到有效控制。

（六）探索多种模式，实现高效利用"一个目标"

在确保粮食产能的基础上，涌现了多种产业发展新模式，加速了土地流转和农业产业结构调整优化，高标准农田得到高效利用。一是"高标准农田＋企业＋特色产业基地/示范园区＋农户"模式。余干县 2017 年在该县现代农业示范园区内建设高标准农田 2.1 万亩，创建标准化生产基地，打造生态有机产品；2017 年，投资建设了全国最大规模的以芡实加工为主的余干芡实产业园，同步打造中国芡实生态养生庄园，实现三产融合发展。二是"高标准农田＋土地流转＋适度规模经营"模式。鄱阳县在推进高标准农田建设过程中，创新土地流转机制，组建村级股份制合作社，采取土地入股的办法，通过整村土地流转，实现土地变资产、资金变股金、农民变股东，用于规模种植设施蔬菜、瓜果、食用菌等高效经济作物，拓宽农民增收渠道。鹰潭市余江区采取"先流转先建设，边流转边建设，建成后快流转"高标准农田建设思路，土地流转加速的同时，新型经营主体发展加快，仅 2018 年依托高标准农田建设平台，新增种粮大户、专业合作社、农业龙头企业等新型经营主体 25 家。三是"高标准农田建设＋龙头企业＋脱贫攻坚＋农户"模式。于都县高标准农田建设项目区贫困户以产业扶贫贷款入股村级合作社，村级合作社将股金投入县级合作联社，县级合作联社再将股金入股山东鲁盛集团在该县注册的蔬菜企业，股本由公司负责偿还，贫困户每年按股本的 8％获得固定分红，吸纳当地 70％的贫困户 1 700 多户入股，每户股金 3 万元，每户每年可获得分红收入 2 400元。在高标准农田建设实施中，政府还要求项目施工单位多使用有劳动能力的贫困户劳力，项目区内的贫困户因此不仅可以获得分红，还可以获得务工收入。

三、存在的问题

"十三五"期间，尽管江西省高标准农田建设进展顺利，取得了良好的经济效益和社会效益，赢得了社会各界的广泛认可，为全国贡献了"江西方案"、提供了"江西经验"，但与此同时，也存在一些问题和短板，具体表现在以下几个方面。

（一）宏观层面

1. 项目设计方案存在不科学、不合理问题

一是高标准农田建设缺乏总体规划，尤其是建设初期，多数县市区政府未能从乡村振兴和"三农"发展角度出发，未能把高标准农田建设和地方农业发展和乡村发展有机衔接，更趋向于应付上级政府下达的指标任务，对高标准农田建设项目选址随意，对设计施工单位资质和前期理念把控不严，导致产业布局和高标准农田建设脱节，部分高标准工程项目结束后，地方农业产业发展并未取得明显成效。二是项目建设初期，多数设计施工单位对中央和省级关于高标准农田建设工程要求领悟不足，地方政府对高标准农田建设的认识不透，在和设计施工单位沟通时，导致设计施工单位往往凭经验和自我认识设计高标准农田建设项目，在建设过程中未能做到统筹安排、科学规划，项目大而不全，未能从洪涝灾害防治、耕地产能提升、机械化全程可操作、现代生态农业发展等宏观高度综合考虑项目设计。

2. 项目工程质量把关不严

高标准农田项目建设过程中存在质量不达标、高效利用不规范现象。各地农业农村部门作为项目业主单位，尚未建立起健全的工程质量监管体系，行之有效的质量保证措施更是缺乏。如高标准农田建设存在不达标、与农事要求不匹配现象；部分地区高标准农田的高低差超标、沟渠未严格

按地形地势设置带来灌溉不畅等问题。工程转包卖标现象时有发生，中标单位不施工，施工单位不投标，施工进度拖拉缓慢；监理单位履职不到位；业主单位对项目建设和管理业务缺乏经验、认识不充分，且缺乏有效的监管手段，加上项目点多、面广、线长，造成工程得不到有效的监管，使工程建设质量得不到有效保障，如部分项目建成后，经验收发现存在"偷工减料"，还未通过验收就出现墙体断裂、水渠漏水等质量问题。

3. 长效管护利用机制不全

"重建轻管"现象突出，在项目区域内实行土地平整以后，原有农户承包地的界址已被打破，没有流转的高标准农田出现了"政府管不到、集体管不好、农民不愿管"的难题。项目利用率也不高，在实地现场可以看到仍有不少没有得到流转的高标准农田上未种植任何农作物，正等待引进新型经营主体。

4. 工程进度滞后

部分地区由于工程招标滞后或者长时间的阴雨天气田间湿度大，导致土地平整机械不能施工，或者施工不便，影响土地平整施工进度。尤其是由于长时间的阴雨天气，田间道路和新建设的机耕道非常泥泞，运输机械不能通行，浇筑沟渠的原材料运不进去，导致沟渠浇筑无法施工，严重影响沟渠浇筑的施工进度，工期延后与农作物生长期存在冲突，影响地方农作物耕作。

（二）微观层面

1. 土地流转受阻

高标准农田建设遇到的最大难题在于土地流转，这是调研中地方政府提出最多的问题。一是当地政府与农户间沟通不足，宣讲不够深入，农民对高标准农田建设理解不清。二是多数农民守地思想强，小农意识根深蒂固，对自己的土地保护心很强，对土地流转抵触情绪较强烈。三是部分农民心存疑虑，担心土地流转变成土地流失，现在国家惠农政策陆续出台，觉得种地有利可图。四是部分外出务工农民担心自己想回来种地时不能收回自己的土地，即使流转给乡亲耕种，也要求不能打破地界。以上种种导致地方土地流转遇到较大阻碍，产生了不少的土地纠纷。

2. 补贴标准认可情况不同

江西省将高标准农田建设投入标准统一限定在 3 000 元/亩。调研中发现，江西赣北和赣南地块差异明显，赣北区域对 3 000 元/亩的标准接受度较高，而赣南地区丘陵地貌极为明显，山区田块高低不平，田块面积小，多数地方执行部门认为亩均投资 3 000 元标准偏低。

3. 农户对土地平整接受度不同

多数地方农民不愿意平整自己的土地，认为平整后破坏了土壤结构，最上面的耕作层受损，耕作质量随之下降，收成欠佳。尤其在赣南山地丘陵明显、耕地质量较差、高排田的中低产田区域，农户的土地平整意愿极低。

4. 农用水价改革遇阻

部分地方政府为解决高标准农田建后管护经费问题，实施农用水价改革。然而，山区利用山泉水灌溉已成地方农民耕种习惯，且从未征收费用。高标准农田建设引发的农用水价改革，在部分乡村执行困难，遇到较大阻力。

四、对策建议

（一）建立有效的高标准农田建成后评价体系

高标准农田建设项目是一项系统性工程，整个过程围绕着经济发展、农业生产、居民生活等多个方面进行，彼此相互影响、相互作用，构成一个闭环系统。高标准农田项目建成后对整体效果的评价是高标准农田建设程序的最后一步，也是项目管理运营的第一步，其主要是为高标准农田建成后管理服务的，侧重在宏观决策和监督管理两个方面。在江西省内建立相应的高标准农田建成后评价体系，围绕经济效应、社会效应、生态效应等层面，能够及时追踪掌握高标准农田运营现状与耕地整体概况、损坏程度、二次投入强度等，为管理运营提供依据。后评价体系应从多个角度出发，具体应涵盖高标准农田使用情况、粮食耕作率、原设施损毁程度、节能减排效能、抗灾能力、增产增收效果、农村居民生活改善情况、可持续性等多方面，其中重点围绕"生产""生态""生活"三个维度，综合评价高标准农田建成后的整体效果。省内各地区可根据本地实际情况，充分运用遥感监测技术，对山地、湖泊区域、平原地区的高标准农田进行具体分析，侧重评价。

（二）建立高标准农田建后管护的奖惩机制

按照《高标准农田建后管护指导意见》的要求，要积极落实高标准农田建后管护主体和责任范围，不仅要抓实地方行政主体的监管责任，同时还要落实财政管护资金，建立奖补机制，引导和激励专业大户、家庭农场、农民合作社、农民用水合作组织、涉农企业和村集体等参与高标准农田设施的运行管护，让以农户为主体的广大农村集体组织自发地承担起管护之责。同时，在有条件的地方可推行"网格化"管护模式或进行建后管护市场化试点，引入第三方。另外，对于通过流转的高标准农田，应建立"黑名单"制度，由承接流转的农户等主体承担管护责任与义务，对于损坏后不主动修理，经过劝诫后仍不修理的，及时纳入"黑名单"中，保障高标准农田设施使用的可持续性。

（三）推进农业生产社会化服务发展，提升高标准农田的利用效率

高标准农田最适合规模化经营，在规模化经营中引入农业生产社会化服务，能够有效提升农业生产的效率，发挥出节本增效的作用。因此，要想充分发挥出高标准农田建设的真实效果，需大力发展农业生产化服务业，完善相应的农业生产配套服务设施。一是要培育壮大农业社会化服务组织，构建以市场竞争为导向的农业生产社会化服务市场，推动服务组织从兼业性经营向专业化职业化经营管理转变，形成服务农业生产的多功能服务主体；二是要积极开展试点项目实施，在江西省高标准农田区域内，引导农户广泛接受农业生产托管、机械化烘干等社会化服务，大力推进机械化、规模化、集约化的绿色高效现代农业生产方式，缩短作业时间，提升高标准农田耕作效率；三是要完善农业生产社会化服务体系建设，鼓励农机服务主体采取合同制、股份制、股份合作制等经营组织形式，与大规模承接高标准农田流转的家庭农场、种植大户、普通农户及农业企业形成"利益共享、风险共担、协同发展"的农业生产联合体，化零为整，提升高标准农田耕作机械化水平。

（四）建立合理的定价机制，促进高标准农田有序流转

高标准农田能否有效流转，取决于其定价的合理性。江西省应建立合

理的高标准农田定价机制，推动高标准农田有效流转。一是统筹江西省高标准农田建设情况，建立以市场为导向的定价机制。具体而言，各区域内的高标准农田流转租金以当地市场情况来定，自愿流转；对于租金过高或者过低的情况，可由当地村集体组织核验，牵头协调，统一规划承包区域，从而统一租金价格。二是建立价格信息披露机制。为了应对部分地区扭曲定价，可设立相应的信息平台，公开披露各个区域内的高标准农田流转价格，实现流转过程公开、公平、公正。三是落实租金补偿机制，严控高标准农田使用用途。可尝试推行双向补偿机制，降低流转过程中交易费用与成本，同时对于随意改变高标准农田使用途径的农户不给予补偿。

第三节　江西省丘陵山区农田宜机化改造的路径与对策

　　大规模建设高标准农田是推进农业现代化的必然要求。其中，农田宜机化改造是高标准农田建设的重要内容。继 2011 年 9 月 24 日国土资源部印发我国首个《高标准基本农田建设规范（试行）》后，2019 年农业农村部办公厅颁布《丘陵山区农田宜机化改造工作指引（试行）》，明确提出推动改善丘陵山区农田农机通行和作业条件，提高农机适应性，扩展大中型农机运用空间，加快补齐丘陵山区农业机械化基础条件薄弱的短板。丘陵山地占比大是江西国土资源的重要特点，因此，江西省开展丘陵山区农田宜机化改造十分必要。

一、推进丘陵山区农田宜机化改造的战略意义

（一）农田宜机化改造是提升丘陵山区农业机械化水平的现实需要

　　2018 年 12 月 12 日，李克强总理主持召开国务院常务会议，会议上指出：改善农机作业基础条件。推动农田地块小并大、短并长、弯变直和互联互通，支持丘陵山区农田"宜机化"改造。《关于加快推进农业机械化和农机装备产业转型升级的指导意见》（国发〔2018〕42 号）提出，重点支持丘陵山区开展农田宜机化改造，到 2025 年，丘陵山区县（市、区）农作物耕种收综合机械化率要达到 55%。2019 年，农业农村部办公厅印

发了《丘陵山区农田宜机化改造工作指引（试行）》。2020年，中央1号文件首次明确提到"支持丘陵山区农田宜机化改造"。

2019年，农业农村部农业机械化管理司摸查显示，中国1429个丘陵山区县农作物耕种收综合机械化水平为46.87%，比全国平均水平低21.92个百分点，比非丘陵山区县低33.87个百分点。2020年，农业机械化管理司对山西、重庆、湖南等10个主要丘陵山区省份监测显示，"土地不平整，农机进地后不方便作业""地块细碎，作业效率低"和"没有机耕道，农机田间转移不便"是制约丘陵山区农业机械化的三大难题，与农田宜机化改造内容完全重合。

（二）丘陵山区农田宜机化改造是"十四五"高标准农田建设的重点

丘陵山地占比大是江西省国土资源的重要特点。江西省土地总面积16.69万平方公里，除北部较为平坦外，东西南三面环山，中部丘陵起伏，其中山地占比36%，丘陵占比42%。这就决定了丘陵山区农田是江西省农田的重要组成部分。据第二次全国土地调查数据显示，江西省6度以上耕地占比31.02%，其中6～15度丘陵耕地占比24.46%，15～25度山区耕地占比5.37%。

"十三五"期间，江西省高标准农田建设的重点主要在相对容易的区域，丘陵山区的建设比例不高。2020年，江西省政府办公厅印发了《关于切实加强高标准农田建设巩固粮食主产区地位的实施意见》（赣府厅发〔2020〕14号），提出"十四五"期间，江西省计划新建高标准农田600万亩左右，改造提升900万亩左右。推进山地丘陵梯田化改造示范工程，提高山地丘陵区梯田化率和农业机械化率。达到这样的目标，意味着"十四五"期间江西省高标准农田建设任务依然艰巨，特别是丘陵山区所占的比例大，建成后，丘陵山区梯田化率高于90%。

（三）加快丘陵山区农业高质量发展迫切要求推进农田宜机化改造

丘陵山区是江西省重要的果、蔬、茶和特色粮油生产基地，丘陵山区的农业发展在江西省农业农村发展中关系重大。由于地形条件限制，丘陵山区农田基础设施普遍薄弱，农业机械化水平明显低于平原地区，农业劳动力缺乏且老龄化程度高，因而地块抛荒现象更为突出，在一定程度上影响了丘陵山区的发展。

从 2020 年江西省农业科学院团队调查情况来看，丰城、九江、宜春、吉安、赣州等地种植户普遍反馈，丘陵山区土地不平整，没有机耕道，地块细碎，严重制约了农机的可达性和使用效率，"无机可用、无好机用、有机难用"问题凸显。同时，请工难、人工成本高、聘请的老龄劳动力风险大等问题又突出，严重制约产业发展。在婺源调研时发现，当地农民种植油菜的意愿已经有所下降，丘陵山区开始出现抛荒现象。其主要原因在于：一方面，年轻人都愿意去繁华的都市，留在农村古色古香建筑里的婺源人大多是耄耋之年的老人，农村青壮年劳动力严重不足；另一方面，当地油菜大多种植在坡地、细碎的小块地，播种、移栽、田间管理、收获、农资运输都非常不方便。

二、"十三五"江西省高标准农田建设的成效及问题

(一)主要成效

"十三五"期间，江西省高标准农田建设成效突出，新建高标准农田 1 179 万亩，超额完成了 1 158 万亩建设任务，为全国积累了宝贵经验，贡献了"江西方案"。

1. 耕地质量和农业机械化水平明显提升

一方面，高标准农田项目区土壤质量取得明显改善。"十三五"规划期间，耕地质量平均提升约 0.5 个等别，亩均粮食产能提高 50 公斤以上，土地流转率达 70%，带动产业结构调整面积占比 44%，江西省高标准农田建设周期由 2～3 年提升到 1 年建成并上图入库。另一方面，加快推进了农业生产领域"以机换牛""以机代人"的步伐。高标准农田建设激发了农民购机、用机热情，通过项目带动、示范引领，农机农艺、机械化信息化大力融合等途径，主要农作物全程全面机械化水平明显提升。2020年，江西省主要农作物综合机械化率达到 75.99%，机收率达 99%，水稻综合机械化率达到 81.3%，均超过全国平均水平。水稻机械化植保、粮食机械化烘干能力超过了 50%。"十三五"期间，江西省水稻机械化种植水平提升 18 个百分点，泰和、崇仁、高安等 8 个县获评全国基本实现主要农作物生产全程机械化示范县。推广应用先进适用的农业机械，及"稻-稻""稻-油""稻-再-油"生产全程机械化种植模式。

2. 农机装备产业和农机社会化服务蓬勃发展

一方面，农机标准体系、质量保障、安全监管等建设得到加强，规范农机市场秩序，保障企业合法利益，推动有序竞争、健康发展，培育了绿萌科技、增鑫牧业、良田农机、大隆重工等农机装备生产企业的新兴力量，为农机装备产业发展打下了一定的基础。2019年，萍乡市被评为全国"平安农机"示范市，永丰、余江、湖口、宁都、鄱阳等35个县（区）被评为全国"平安农机"示范县。另一方面，高标准农田建设推动了农机社会化服务蓬勃发展。强化农机服务组织建设、大力拓展服务链条，农机社会化服务已从单一为水稻生产服务拓展到为水稻、茶叶、果业等农业生产服务。截至2019年底，江西省农机服务组织达1.17万个，其中农机专业合作社1 208个、社员2.3万人；农机户达101.88万户，其中农机作业服务专业户达35.03万户。持续保持了农机安全生产良好态势。

3. 土地规模经营和农民收入水平得到增加

2017—2019年建成的高标准农田项目区，平均土地流转率76.9%，高出江西省平均水平近30个百分点，促进了土地规模经营水平提升；新增耕地面积超过9.54万亩，按照调出基准价测算，可实现指标交易收益超过137亿元；引进和培育新型经营主体1万余个，在江西省1 289个贫困村，建设高标准农田137.6万亩，惠及贫困户5.99万户。通过高标准农田建设，撂荒土地重新投入农业生产，复垦的土地得到利用，土地流转产生租金收入，农民收入得到增加。江西省此次统筹整合资金推进高标准农田建设涉及江西90%的县（市、区），其中97%为国定及省定贫困县（市、区），而贫困县（市、区）资金投入占全部资金投入的99%。2020年，江西省粮食播种面积达到5 658.6万亩，比上年增加160.9万亩。江西粮食总产量达到432.8亿斤，比2019年增加1.4亿斤，粮食产量连续八年稳定在430亿斤以上，成为江西省经济社会发展的"压舱石"，农民的收入得到提升，亦为保障国家粮食安全作出了突出贡献。

（二）存在的主要问题

1. 丘陵山区农田基础设施薄弱，宜机化改造任务艰巨

截至2019年底，江西省还有近45%的耕地没有开展高标准农田建设，且这些耕地主要集中在偏远山区，海拔较高、地形落差大、交通闭塞，建设成本高、难度大。2017 年以前由发改、财政、水利、农业、国土等部门建设的高标准农田普遍标准偏低，受自然灾害破坏和建后管护不力等因素影响毁损较严重，从已建成高标准农田评估结果显示，江西省需要改造提升的农田面积达 900 多万亩。丘陵山区"无机可用"和"有机难用"的现象并存，制约了该地区机械化水平的提升。根据《江西省高标准农田建设规划（2021—2030 年）》，"十四五"期间，江西省高标准农田建设分区范围涉及 81 个县（市、区），其中丘陵县（市、区）23 个、山区县（市、区）42 个，丘陵山区县（市、区）占总数的 80%，详见表 5－7。加快丘陵山区农田宜机化改造，任务艰巨。

表 5－7　江西省高标准农田建设分区范围

分区名称	范围
平原区 16 个县（市、区）	南昌县、新建区、安义县、进贤县、柴桑区、永修县、庐山市、都昌县、湖口县、彭泽县、共青城市、丰城市、樟树市、高安市、余干县、鄱阳县
丘陵区 23 个县（市、区）	乐平市、德安县、分宜县、余江区、贵溪市、南康区、吉安县、吉水县、峡江县、新干县、泰和县、万安县、永新县、上高县、宜丰县、南城县、崇仁县、金溪县、东乡区、广信区、广丰区、弋阳县、万年县
山地区 42 个县（市、区）	浮梁县、莲花县、上栗县、芦溪县、武宁县、修水县、瑞昌市、赣县区、信丰县、大余县、上犹县、崇义县、安远县、龙南县、定南县、全南县、宁都县、于都县、兴国县、会昌县、寻乌县、石城县、瑞金市、永丰县、遂川县、安福县、井冈山市、奉新县、万载县、靖安县、铜鼓县、黎川县、南丰县、乐安县、宜黄县、资溪县、广昌县、玉山县、铅山县、横峰县、婺源县、德兴市

2. 管理体系建设亟待加强，建后管护相对滞后

农田建设法制建设滞后于发展需要，缺乏专门法律法规，部门规章和管理制度还未健全。一些县级农业农村部门缺乏专门农田建设监管机构，缺乏农田建设监管制度、机制和监管经验。乡镇基层尤其缺乏农田建设技术人员和监管能力，农田建设进度滞后和建设质量不达标问题时有发生。此外，重建设、轻管护的问题比较突出，后续监测评价和跟踪督导机制还没有建立。2017—2020 年，各地实施的项目管护资金落实标准偏低，亩均仅 5～20 元，安排管护财政预算的县仅占 65%。2017 年以前各部门分散实施的项目，绝大部分没有落实管护责任，没有开展日常管护，设施设备损毁严重，常年带病运行，使用年限缩短。

3. 科技支撑能力不足，绿色发展水平亟待提高

农田建设应用先进实用技术不多，工程建设与农机农艺技术的集成和应用不多，科技创新与成果转化不多。省市县农田建设技术服务支撑队伍体系还没有建立，上图入库、技术审核、标准制定、调查统计等技术服务工作缺少专门技术机构支撑，与繁重的农田建设任务不匹配。江西省建设的部分高标准农田对改善农田生态环境重视不够，存在简单硬化沟渠道路、填埋田间塘堰等生态环境问题，缺乏田间林网、节水灌溉和生态护坡等生态工程建设，与良种良法良机良制等有效融合不够。一些高标准农田建成后，仍然沿用传统粗放生产方式，资源消耗强度大。

三、重庆丘陵山区农田宜机化改造的经验做法

丘陵山区农业机械化是最大短板所在、也是巨大潜力所在。重庆进行了农田"宜机化"的成功探索，制定了标准、建立了机制、配套了政策，实施效果良好。

（一）主要做法

1. 由"以机适地"向"改地适机"转变

重庆属于典型的丘陵山区，山地丘陵占比九成多。2014 年开始，重庆农委在推动农机装备结构调整过程中，出现大马力、高性能机具在细碎、坡度大、基础设施不配套的丘陵地块上难以施展问题。2015 年开始，重庆农委把推进丘陵山区农业机械化的工作思路从"以机适地"为主转变为"改地适机"为主。通过整治土地，为大中型农业机械顺利进入田间高效作业及转移创造了良好的条件，从而实现了用大中型农业机械取代微小型机械及人工进行全程作业，提高了劳动生产率、土地产出率及资源利用率。同时积极探索"农田宜机化＋高效农业＋机械化生产＋多业融合"的丘陵山区现代农业发展路径，从百亩级社组试点开始，到千亩级整村示范，再到万亩级整乡推进。

2. 合并农田建设和农机管理职能

职能合并后，农田和农机两方面的力量形成合力，从农田、农机融合角度共同推进丘陵山区农业机械化发展。自 2014 年起，重庆市结合农机

化工作实践，以问题为导向，制定了《重庆市丘陵山区地块整理整治技术规范》，出台了《重庆市农业委员会金融支持农田宜机化整治方案》《关于农田宜机化整治先建后补的通知》《关于探索建立涉农资金统筹整合长效机制的实施意见》《关于做好引导社会资本参与农田宜机化整治工作的通知》《农业信贷担保或股权投资支持农田宜机化整治产品方案》等一系列政策规定。

3. 建立"农户参与、先建后补、定额补助、差额自筹"工作机制

重庆的农田宜机化改造由各类新型经营主体先行改造，验收合格后进行定额补贴，成本差额部分由主体自筹，这种做法有效带动了社会投资，促进了农田建设的资金来源多元化。《重庆市关于农田宜机化整治先建后补的通知》提出，"地（田）块连通改造"每公顷补助 15 000 元、"缓坡化改造"每公顷补助 22 500 元、"水平条田、水平梯田和坡式梯台地改造"每公顷补助 30 000 元。截至 2019 年底，重庆市政府累计投入资金1.13 亿元，带动规模经营主体投资 4.4 亿元，在全市 32 个区、县实施农田宜机化整治项目 300 多个，累计改造面积 3.4 万公顷。2020 年，重庆市政府投资 1 亿元，2020 年底宜机化改造面积累计达到了 6.67 万公顷。

4. 实行"土地入股、固定保底、年终分红"的利益分配机制

农户可以先后五次获利：第一次，按照入股土地类型，每年每亩租金旱地 200 元、水田 300 元；第二次，按照村集体 25%、村民小组 15%、合作社 10%、入股农户 50%的比例，享受年终利润分配；第三次，村民小组 15%红利按人头进行分配；第四次，村集体 25%红利作为集体发展资金；第五次，村民务工，日收入 50 元左右。

（二）主要成效

重庆"改地适机"的道路探索表明，丘陵山区农田宜机化改造符合现代农业高效、规模化发展方向，符合市场化发展规律，是解决丘陵山区农业机械化问题的根本路径，有助于提升资源利用率、土地产出率和劳动生产率，助力脱贫攻坚和全面乡村振兴。

1. 吸引大量年轻人投资经营农业，乡村产业振兴出现良好势头

重庆已经实施农田宜机化改造的 404 个新型经营主体，平均土地经营规模 28 公顷，平均年龄低于 45 岁，有相当一部分是 30 多岁的年轻人。

这些青壮年经营主体对荒山荒地进行宜机化改造，发展特色优势农产品生产，积极申报"三品一标"和深加工销售，推动了当地特色优势农产品规模化、标准化、品牌化发展。

2. 农作物全程机械化率和农业全要素效率大幅提升，节本增效明显

农田宜机化改造后，田间管理更加方便，农机装备结构得到优化，90马力[*]以上的农业机械可自由进出田间地头作业，水稻、油菜、榨菜、花椒、牧草等农作物生产的全程机械化率和劳动生产率大幅提升，平均每亩每茬粮食作物种植节约成本390元，种植主要经济作物节约成本450元。

3. 产生广泛影响，全国多省学习借鉴

2017年11月，农业部在重庆召开了全国丘陵山区农机化发展座谈会，丘陵山区面积占比较大的21个省区市参加了会议，学习借鉴重庆市丘陵山区耕地宜机化改造经验，湖南、湖北、安徽、山西等省份已决定开展农田宜机化改造试点。如山西省2019—2020年开展了4 000公顷丘陵山区农田宜机化改造试点；湖南省2020年拿出3 000万元在15个县开展了1 600公顷农田宜机化改造试点工作；安徽省2020年安排了10个县开展试点；四川省2021年进行了农田宜机化改造试点。

四、对策建议

（一）将丘陵山区农田宜机化改造列为江西省"十四五"高标准农田建设的重点工程

根据"十四五"期间江西省高标准农田建设任务，特别是丘陵山区梯田化建设目标，丘陵山区农田宜机化建设应当成为高标准农田建设的重要内容，并与"三区"划定、巩固脱贫攻坚成果与乡村振兴有效衔接紧密结合起来，统筹谋划，有序推进。参考重庆以及日本、韩国有关农地整备技术标准与规范文件，结合江西省实际，制定出台《江西省丘陵山区农田宜机化改造技术规范》。

（二）进一步健全完善多元化筹资机制

丘陵山区农田宜机化改造的成本比平原地区高标准农田建设的成本更

---

[*] 马力为非法定计量单位，1马力≈0.735千瓦。——编者注

高。依据重庆等地实践，丘陵山区农田宜机化改造成本为 4 000 元/亩以上，高于江西省现行 3 000 元/亩的高标准农田建设投入标准。因此，需要考虑在现行高标准农田建设省级投入标准的基础上适当增加投入。在继续整合涉农资金用于高标准农田建设的基础上，还要引导带动社会、金融资金和新型经营主体投融资，用好乡村振兴（高标准农田建设）专项债券，进一步健全完善多元化筹资机制。

（三）建立合理高效的工作推进机制和利益分配机制

坚持"先建后补、差额包干、谁用谁建"原则，推进丘陵山区农田宜机化改造，让家庭农场、合作社、村集体经济组织等成为项目实施主体和项目后期使用主体。借鉴重庆做法，实行"土地入股、固定保底、年终分红"的利益分配机制，并区分不同坡度，制定补助标准。

（四）坚持试点先行，因地制宜制定丘陵山区农田宜机化改造方案

先聚力建设若干个省、县共建样板工程，同步重点打造一批示范工程，然后总结经验，逐步推广。一方面，重点针对坡度在 15 度以下的丘陵山区区域进行土地宜机化改造，在资金有限和技术标准不成熟的情况下，选择 5～10 个丘陵山区县实施山地丘陵区梯田化改造高标准建设示范工程。另一方面，针对坡度在 15 度至 25 度之间的区域，应进行适当的梯台化整治工作，发展畜牧或林果业；坡度大于 25 度的区域不宜进行农田农机化改造，应退耕还林还草。此外，有必要提前谋划丘陵山区农业机械化装备不足问题。土地宜机化改造前，地形条件是丘陵山区农业机械化面临的最主要的障碍；宜机化改造后，经济作物、林果的农机农艺融合问题，尤其是农机装备供给不足问题从次要矛盾变为主要矛盾，应优先配套安排用地指标用于农机具停放库棚建设。

第四节　破解江西省耕地集中连片经营难题的对策

随着农村经济社会发展多元化，耕地对农户的生产功能、经济功能和保障功能出现分化，土地流转已从潜在需求变成了现实需求。耕地规模化经营既是生产力发展的必然要求，也是实现农业现代化的现实选择。通过经营权流转、股份合作、代耕代种、土地托管等多种方式，加快发展土地

流转型、服务带动型等多种形式的规模经营，十分必要。积极引导农民在自愿基础上，通过村组内互换并地等方式，实现按户连片耕种，也是实现规模经营的一种有效途径。

一、江西省耕地集中连片规模经营的有利条件

江西地形以丘陵、山地为主，可概括为"六山一水二分田，一分道路和庄园"。人多地少是江西省的基本省情，据第二次全国土地调查数据显示：江西省人均耕地 1.04 亩，比全国人均 1.52 亩少 0.49 亩，较 1996 年第一次调查时人均耕地 1.09 亩有所下降。"十三五"期间，江西省耕地细碎分散依然严重（甚至出现如安福县 A 农户 10 亩耕地有 17 小块，七零八落分散在不同方位的情况），规模经营（尤其是集中连片）水平不高，管理粗放，阻碍了江西省现代农业发展。

（一）土地确权流转工作位居全国前列，土地流转服务平台基本成型

截至 2016 年 9 月，江西省农地确权证书到户率达 95.7％，进入了全国农地确权登记颁证工作的第一方阵。江西省搭建了 11 个市级、102 个县级、1 454 个乡级农村土地流转服务平台，建设了市县乡三级农村综合产权交易中心。江西省农村承包土地经营权流转面积达 1 150.2 万亩，流转率为 36.2％，超过全国平均水平 3 个百分点。

（二）新型农业经营主体逐步壮大，农业生产性服务水平稳步提升

截至 2016 年 10 月，江西省农民合作社 4.73 万家、家庭农场 2.7 万家、种粮大户 2.83 万户，分别较 2013 年增长 42.9％、184.2％ 和 112.1％；省级以上龙头企业 890 家、农业社会化服务组织 10 万个，分别较 2013 年增长 15％ 和 42.9％；兴起了以江西绿能公司为代表的土地托管服务模式。

（三）"百县百园"工程加速推进，农业科技园区先导引领作用显现

江西省创新提出了"四区四型"（四区：生态种养区、精深加工区、商贸物流区和综合服务区，四型：绿色生态农业、设施农业、智慧农业和休闲观光农业）的园区建设路径。现代农业示范园区先导引领作用初步显现，园区内的农村承包土地经营权流转率达 55％，高于江西省平均水平 18.8 个百分点。截至 2016 年 10 月，江西省累计创建了 11 个国家级、66

个省级现代农业示范区、112 个示范核心园。其中，入驻核心园区的省级以上龙头企业 360 家、农民合作社 6 200 家、家庭农场 5 800 家，分别占江西省总数的 40.4%、13.1% 和 21.5%。

二、江西省耕地集中连片规模经营的现实困难

为系统掌握江西省耕地集中连片规模经营过程中存在的问题，2016 年 8 月至 10 月，江西省农业科学院团队采取问卷调查和实地访谈的方式对江西种粮主体进行了深入调研，主要发现和结论如下。

（一）农业经营主体散小，耕地细碎分散严重

据统计，2016 年江西省总农业户数大致 864 万户，其中种粮大户 2.83 万户、家庭农场 2.7 万家、规模合作社 4.73 万家及普通农户 853.8 万户，分别占比 0.32%、0.31%、0.54% 和 98.82%。可以看出，小农户式家庭经营仍然是江西省农业经营的主体。另据调查，江西省耕地细碎分散现象严重，1 亩以下地块居多，分布七零八落，难以形成规模。

（二）农村基层组织存在弱化现象，土地流转协调不力

调查发现，由村委会等基层组织介入协调的土地流转，其交易成本及违约风险更低，且更容易实现集中连片经营。然而，随着大量农村劳动力流入城市工业，江西省农村"空心化"现象普遍，农村基层组织存在弱化现象，土地流转协调不力。据调查，仅赣州、鄱阳、九江、樟树等少部分地区村组织会介入协调土地流转与整理问题。

（三）土地流转合同签订复杂、期限过短，耕种"短期行为"偏重

据调查，江西省耕地亲戚间帮种、非正式口头协议普遍，而正式土地流转合同期限较短（普遍 1～3 年）、交易成本高，导致耕地集中连片经营困难，影响了承包者信心和经营效率，承包户不愿也不敢放开手脚大量投入，耕种"短期行为"偏重发生，过分压榨当下土地资源。如万年县种粮大户黄某反映其承包 800 亩耕地，分别跟十多个农户签合同，大多一年一签，每小块地都有可能发生违约，违约后承包耕地更难集中连片。有农户听说规模大户可申请 50 元/亩补贴，强烈要求分享，否则要涨租金或毁约，极大影响了国家政策效果。

(四) 田埂打破困难,"插花"现象普遍,制约农业现代化发展

据调查,除赣州、泰和、樟树等地可协商去除田埂外,绝大部分地区农户担心合同到期后耕地找不到界限产生纠纷,不允许破坏田埂,带来耕地资源利用不充分、先进农业技术和机械运用受限等问题。同时,江西省农户耕地普通"遍地插花",种粮大户流转耕地也存在不同程度"插花"现象。主因在于:一是因价格或亲戚关系等因素土地流转给了不同的种植大户;二是因农业机械等社会化服务水平提升,兼业农户和老龄农户普遍,其耕地"插花"于种粮大户相对连片耕地之间;三是农民进城务工存在波动性和反复性,或因务工年龄受限被迫返乡,出于生计和保障考虑不愿流转耕地,以便失业后随时回乡务农;四是存在即使田荒(甚至种树)也不流转现象,且撂荒也鲜有惩罚措施。

三、各地探索、成效与启示

(一) 探索与成效

1. 江西绿能公司——"土地托管"实现耕地连片规模经营

(1)经验做法。江西绿能公司采取"全托管"、"半托管"、土地流转等三种方式,为农民量身定制"种粮套餐"。既可提供种子、农药、化肥、农机、烘干和销售一条龙的全程托管服务,也可由农户"点单式"选择提供测土配方、施肥、烘干等半托管式服务,还可将耕地流转给公司。2016年,江西绿能公司流转土地达2万多亩,托管耕地3万多亩。

(2)核心成效。一是实现企业赚钱、农民增收、农业增效多赢局面。大田托管是农户在土地经营权不变的情况下,由公司为其提供产前、产中、产后的优质服务,增加的是农户的收入,公司得到的是农户支付的服务费。同时,也包括以江西绿能公司做担保为农户提供"绿农兴义贷"业务。2016年,首批通过银行审批的贷款对象为19名,贷款总额达到285万元。二是破解"谁来种地、怎么种地"难题,提高了科学种田水平。江西绿能公司通过土地托管服务向农户提供技术指导、机械化耕种与收割、测土配方、科学施肥、稻谷烘干、储存和销售等系列服务。一方面针对农业兼业化和农业劳动力老龄化现状,有效破解了"谁来种地""怎么种地"难题;另一方面提高了科学种田水平,推进了农业现代化发展。

2. 安徽蒙城县的互换并块"一块田"改革试点

（1）经验做法。2010年，安徽蒙城县小辛集乡李大塘村4个村民组为了便于耕种，组内群众先后自发开展了农村土地"一块田"改革试点。通过农户协商、互换并块，使每个家庭农户承包的土地集中到一块，即每家都是"一块田"，皆大欢喜。

（2）核心成效。一是盘活了农村耕地资源，规模经营水平得到提升。"一块田"减少了垄沟、水渠、生产道路等占地，对一些荒废地、闲置地进行了整理，增加了土地面积。以丁堂村为例，"一块田"试点后增加土地780亩，增幅15%。"一块田"改革使农户土地变得相对集中，从原先块均一亩地、少则几分地，到互换后块均5～7亩，少数地块突破30亩，为农田水利基础设施配套提供了良好条件。二是提升了土地流转效率和现代农业经营水平。"一块田"减少了土地流转协商谈判量，加速了土地规模经营。截至2015年4月，蒙城县95%的村民组进行了"一块田"改革试点，流转面积1 000～5 000亩的经营大户23家，100亩以上的家庭农场300多个。推动了农业结构优化，建成国家级养殖示范场1个，现代农业示范园区6个。

3. 九江修水县的"确权确股不确地"改革试点

（1）经验做法。修水县黄溪村从2009年开始，进行了"确权确股不确地"承包经营权流转的实践。以村小组为单位确定耕地所有权，以户为单位明确各农户拥有耕地承包经营权的份额，但不确定具体地块，实行承包权和经营权分离，承包权归农户拥有，经营权则转化为股份，依据自愿、有偿原则，统一流转至村委会，村委会遵循优先本组村民、打破组界的原则，集中成片流转，规模经营；流转费用由村委会、村小组、承租者三方依耕地质量协商确定，由承租者付给村委会，再通过村委会支付给村小组，年底以组为单位按人口进行股份分红。

（2）核心成效。一是实现了耕地连片规模经营，土地资源管理更有效率。"确权确股不确地"实现了耕地承包权与经营权的分离，承包者直接与村委会商谈并签订流转合同，确保相对稳定且更长的流转期限，更易实现规模经营，激励承包者增加投入，改善耕地条件。同时，推行"确权确股不确地"后，黄溪村再也没有出现违法建房和葬坟现象，实现了农村土地资源管理从"被动整治"向"主动遵循"转变。二是"确地成本"降低，实现了农户承包经营权的保值增值。传统的"确权确地"追求绝对公平，按优劣搭配原则分配，工作量大，成本高，还导致耕地细碎分散。"确权确股不确地"模式节省了分户划地成本。通过农业产业化发展，农户逐年按股分红，分享了现代农业发展的成果，实现了农户耕地承包经营权的保值增值。

（二）启示

以上三种模式探索对江西省的主要启示有：一是应坚持家庭承包制不动摇，以保持农户土地承包总面积不变为前提；二是充分尊重农民意愿，激发农民的积极性和自治智慧；三是出台相关政策支持农村基层组织引导协调，多部门协同治理，建立支持服务机制；四是通过土地托管等方式推进耕地连片规模经营，提升现代农业水平。

四、破解江西省耕地集中连片规模经营对策

（一）深化确权工作，科学有序推进土地流转

全面推进农村土地确权工作，给农民"确实权、颁铁证"。地方政府应大力加强引导土地流转工作，谨防地方政府变引导为主导，破坏市场规律。健全土地流转经营服务工作机制，建立共赢土地流转方式。同时，针对土地确权和流转进程中历史遗留、外来人口、边界不清等复杂纠纷和矛盾：一是要保障土地流转的基层组织自主权。二是要建立土地流转的仲裁机构。三是要完善土地流转服务平台和农村综合产权交易中心。

（二）多部门协同治理，创新引导激发农民积极性和能动性

1. 加强农村基层组织作用，开展体验教育，激发村民自治智慧

农民是推进农业规模经营的主体力量，必须始终尊重农民意愿。充分了解群众和基层干部意愿，派村干部和农户代表去以"互换互助并块""确权确股不确地""土地托管"等模式改革成功地区实地感受，深化农民的理解，激发村民自治智慧。

2. 树立典型示范，总结推广模式

安徽蒙城县等地实践表明：在上级没有大政策、没有大环境支持的背景下，基层换地动地容易引发矛盾，且互换并块程度十分有限。因此，政

府应出台相关政策，做好顶层设计并高位推动，成立耕地"互换并块"工作领导小组，开展试点，树立典型示范，实现整县推进。

3. 多部门协同治理，建立支持服务机制

实现集中连片适度规模经营是一个系统工程，关系到所有农户，涉及问题多、难度大。政府有关部门应全力协同治理，强化激励政策措施，建立支持服务机制。如农业部门应夯实农业基础设施建设；国土部门对拆除田埂和调整田块致集中连片的，按亩进行一定奖补；科技部门应搞好科技支持服务；财政部门应提供一定经费支持和必要奖励等。

（三）充分尊重农民意愿，因地制宜采用集中连片规模经营模式

以农民为主体，把主阵地设在村组，省里不搞统一模式、不搞"一刀切"，赋予基层充分的自主权。

1. 借鉴"互换互助并块"经验，统筹划定农户自愿耕种区域

由农村基层组织引导、协调和帮助农户以互换并地方式将原有零星分布的土地进行归并整合，打破田埂，将农户原来承包零碎分散的小块地整合为集中成片一大块耕地，并进行确权颁证。但是，针对要求继续从事耕种农户，应统筹集聚至划定区域。消除耕地"插花"现象，实现承包大户耕地集中连片规模经营的目的，实现按户连片耕种。

2. 推行土地托管模式，探索承包农户与新型经营主体"共享土地经营权"

通过合作或购买服务等方式，以承包农户与新型经营主体共享土地经营权为特征的规模经营模式在全国各地的实践中发挥着重要作用。具体做法：一是大力发展农业生产性服务业。推行"生产在家、服务在社"、"全托管"、订单式"半托管"等服务型规模经营模式，实现"联耕联种"，最终达到耕地连片经营效果。二是针对不具备农业人口转移进城条件的欠发达地区，大力支持共享土地经营权的发展。对采取购买服务等方式与新型主体共享土地经营权的承包农户给予政策优惠。在农机购置、仓储设施建设等方面，对服务规模达到一定标准的新型经营主体给予更多的优惠。三是对已经具备农业人口转移进城条件的发达地区，引导共享土地经营权走向流转，实现更高层次农业规模经营。鼓励供销合作社等社会机构为承包农户提供各类服务。

（四）大力培养本地新型经营主体，加强对耕地流转农户的保障

一方面，针对农地流转关系型取向特点，应大力培养和鼓励本地新型主体实现规模化经营。调查发现，江西省农地流转情感性市场特征明显，即亲友邻居间土地流转相对容易且稳定，外地承包者进入较难，存在"关门打狗""敲竹杠"等现象。另一方面，应重点加强对耕地流转农户的保障。为让农民安心转让土地的经营权、调动农民参与土地流转的积极性，需要国家建立完善的社会保障体系。如对流转农户进行职业技能培训；与承租大户协商优先聘请本地耕地流转农民；深化"百县百园"工程建设水平，提升农业科技园区引领示范水平，吸引实力企业入驻，优化种植结构，实现农业品牌化、特色化和集约化发展，促进农民就业增收。

第六章 ▶ 江西农业高质量发展的政策支持

财政金融支持对农业高质量发展至关重要。推动农业高质量发展，推进乡村振兴，加快农业农村现代化，需要加快完善财政金融支持的稳定增长机制，引导撬动金融和社会资本加大投入力度，构建"政企银保担"五位一体协同支持体系，健全完善财政支农资金监督管理机制。

第一节 江西省财政支持产业扶贫政策优化的对策建议

从决策层面做好财政支持脱贫攻坚与乡村振兴的政策衔接，特别是做好脱贫后的财政产业扶贫政策的衔接，关系到脱贫攻坚成果的巩固和乡村振兴战略的高质量实施。深入分析"十三五"期间江西省财政支持产业扶贫发展存在的问题并提出相应对策，有助于巩固提升产业扶贫成效，助力乡村振兴战略实施。

一、财政支持产业扶贫发展成效显著

"十三五"期间，江西省财政始终把产业扶贫发展摆在优先支持位置，按照"核心是精准、关键在落实、确保可持续"要求，以贫困户稳定受益增收脱贫为核心，抓住扶贫产业链的关键环节，大力支持贫困地区因地制宜发展对贫困户增收带动明显的特色产业，完善新型农业经营主体与贫困户联动发展的利益联结机制，加强对贫困群众的辐射带动作用，全力推动财政支持脱贫攻坚取得实效。2020 年，全省 25 个贫困县、3 058 个贫困村全部摘帽退出，现行标准下农村贫困人口全面脱贫，历史性解决了区域

性整体贫困问题。25.58万城镇贫困群众实现脱困退出，35.4万存量对象全面纳入兜底保障。

江西省积极创新产业精准扶贫帮扶政策，加大产业扶贫投入力度，统筹整合优化产业扶贫投入方向，充分发挥财政资金撬动杠杆作用，加快产业扶贫资金支出进度，支持培育特色扶贫产业，形成了"五个一"产业扶贫模式（选准一项主导产业、打造一个龙头、设立一笔扶持资金、建立一套利益联结机制、培育一套服务体系）和"一领办三参与"产业合作模式（村干部或致富带头人带头领办、村党员主动参与、村民自愿参与、贫困户统筹参与），财政支持产业扶贫实现了"输血救济"向"造血自救"根本性转变，不断增强贫困村和贫困户造血功能，助推低收入农户精准脱贫增收。截至2019年底，江西省发展特色扶贫产业带动贫困户106.4万户次、贫困人口336万人次，73.38万户贫困户获得产业扶持，户年均产业增收3 100多元，发展有扶贫带动作用的新型经营主体4.72万个，3 058个贫困村有专业合作社6 487个。

二、财政支持产业扶贫发展中存在的主要问题

（一）财政直接投入产业扶贫比例小

2016—2019年，江西省共投入中央和省级财政专项扶贫资金总计213.61亿元，累计统筹整合财政涉农扶贫资金392.8亿元，连续多年保持较高的投入力度、强度和增长幅度，但是财政资金直接投入产业扶贫造血比例和金额都较小，以产业推进精准扶贫、带动精准脱贫效果有限，巩固和提升脱贫攻坚成效有待进一步增强。以2019年为例，江西省24个国定贫困县计划统筹整合使用财政涉农扶贫资金共计64.54亿元，其中中央资金30.65亿元、省级资金22.35亿元、市级资金1.95亿元、县级资金9.59亿元。从统筹整合资金实际投向统计，投向农业生产发展资金25.27亿元，仅占比39.15%；从跨类别使用方面统计，江西省24个贫困县跨类别使用统筹整合资金共计16.02亿元，仅占江西省统筹整合资金的24.83%。

（二）财政支持产业扶贫带贫减贫能力弱

2020年，我国现行标准下贫困人口实现脱贫既是党的庄严承诺，也

是一项重要政治任务。由于 2020 年是贫困人口脱贫的时间终结点,各地为了早日完成脱贫摘帽任务,大多倾向于选择减贫效果明显且周期较短的产业或是资产性收益扶贫的方式,导致财政资金投向"短平快"农业产业问题突出,造成扶贫农业产业特色不突出、质量不高、收益不高,严重制约了脱贫攻坚的长效性和稳定性。同时,政策支持导向不足,受限于统筹整合资金的绩效考核要求,用于脱贫攻坚的统筹整合资金投向农业生产环节多、投入产品营销及品牌建设资金少,资金投向农业基础设施多、支持促进农业一二三产融合投入少,资金投向农村生活基础设施多、投向农村乡村旅游与休闲农业产业发展少,导致市场、技术信息闭塞,新技术、新品种引进和转化速度慢,农业科技应用程度低,江西高值农业发展受到严重制约,产业利益联结机制作用有限,二三产业带贫减贫效益差。

(三)财政支持产业扶贫形式单一

财政支持产业扶贫的形式主要是贴息、奖补、直接投入等。扶贫资金的投入大多是一次性的投入,缺乏持续性和稳健性;同时,资金投放方向把控不准,受益层面不广,财政扶贫资金的杠杆放大效应和撬动效应反应不足,扶贫创收效益较低。财政专项扶贫资金和统筹整合资金均实行"负面清单"制度,而新型农村经营主体和龙头企业受益相对较少,获得扶持的贫困户自身发展动力不足,现行补助方式单一,与实际需求匹配不佳,导致龙头企业、农民合作社、家庭农场、专业大户等市场主体积极性不高,贫困户参与龙头企业、合作社的生产经营难度较大,利用产业脱贫的愿望难以实现。

(四)财政支持产业扶贫资金项目对接不畅

一是精准扶贫项目与农业产业对接不紧密。贫困村精准扶贫项目大多以"村委申请、乡镇审核、县市批复"形式确定,主要扶持对象以基础设施建设和农业产业生产为主,产业扶贫的决策权更多地掌握在县级政府手中,产业扶贫项目资金的投放往往与贫困村现实需求不符,资金投放与产业发展的需求不够匹配,投资效益发挥有限。二是产业扶贫项目与市场需求对接不紧密。财政支持产业扶贫项目大多集中在种植、水产养殖、采摘等行业,与脱贫攻坚和消费扶贫等特殊政策叠加,短期减贫效果明显,但因地制宜、因户施策谋划不够，扶持的产业项目普遍存在经营方式粗放、产业链条延伸不足、产品附加值不高等问题，产业发展受市场风险和自然风险冲击影响大，村民收入难以得到保障。

（五）财政支持产业扶贫实施缺乏着力点

"十三五"期间，受限于资源有限、政策时滞或偏差等因素，江西省部分贫困地区基础设施薄弱、自我发展能力不足、民生领域欠账过多的问题比较突出，财政支持产业扶贫缺乏有效着力点：一是部分贫困村集体产业发展依然薄弱，产业规模较小，无主导产业，村集体资产盘而不活，村集体经济收入较低，财政支持产业扶贫缺乏有效着力点；二是部分贫困户自身发展动力不足制约产业扶贫发展，大多数贫困户自身能力不足，内生动力有限，年龄大、文化程度低、脱贫意识弱，发展产业的积极性不高，导致产业扶贫缺乏有效着力点；三是少部分扶贫产业项目前期申报、论证不科学，项目实施进展缓慢或无法实施，造成扶贫资金无法及时拨付。

三、对策建议

（一）完善财政支持产业扶贫政策

针对易返贫群体和新发生贫困人口，在落实保障措施的同时，仍需进一步完善财政支持产业扶贫的后续帮扶措施。针对极少数贫困人口，在做好兜底保障的同时，仍需继续落实产业扶贫等各项帮扶政策，优化收入结构；针对脆弱脱贫贫困人口，应当实施跟踪和动态监测，力争贫困人口拥有稳定脱贫产业或实现稳定就业；针对收入水平略高于建档立卡贫困户的边缘人口，需要研究解决办法，统筹资源适当解决一些紧要的现实问题，防止出现新的贫困人口。

（二）建立财政支持产业扶贫过渡机制

在脱贫攻坚时期，各地围绕脱贫的各项指标要求，在短时间里，实施了一系列脱贫攻坚惠农支农政策。尽管 2020 年江西省全面脱贫，但如果大规模地、盲目地撤销相关扶贫政策，易导致贫困户"断崖式返贫"，需要建立财政支持扶贫过渡机制。对专门用于贫困区县、贫困人口的专项扶贫资金设置过渡期，鼓励支持统筹整合资金使用向农业生产发展尤其是产业生产发展方面重点倾斜，过渡期内保持总体不变；对原向贫困地区倾斜的产业扶贫政策、支持农村基础设施建设等政策进行逐一梳理锁定，保持以后年度比例不变、力度不减，并分别纳入转移支付体系，不再与贫困帽子挂钩。

（三）加大财政支持产业扶贫投入力度

探索建立财政专项扶贫资金稳定增长机制，适度扩大财政扶贫资金投入规模，优化财政存量资金结构，明确投入方向，构建与脱贫攻坚任务相适应的常态化、多元化、市场化资金投入保障机制，逐步引导产业扶贫以市场为导向，以经济效益为中心，充分挖掘产业扶贫效能。同时，创新融资思路、拓宽筹资渠道，充分发挥内部"造血"功能，最大限度利用好外部"输血"资源；鼓励与支持社会资本参与扶贫开发，实现社会资本与产业扶贫项目有效对接；规范创新金融扶贫渠道模式，利用财政专项扶贫资金撬动金融资源，加大金融贷款投放扶贫项目力度，吸引更多的金融资源参与产业扶贫，降低产业扶贫的融资成本，充分发挥金融扶贫资金效益。

（四）构建财政支持产业扶贫有效利益联结机制

依托地方资源优势，挖掘每村或连片村落集体发展潜力，探索和确立适宜当地发展的特色产业，在此基础上逐步形成较为完善的产业体系。同时，补足地区产业链条缺失或延伸不足的短板，加快推进地方富有竞争力的区域性大品牌建设，着重培育与发展农业产业化联合体，聚集地区龙头企业、农民合作社、家庭农场等优势能量，鼓励和支持他们与贫困户形成利益共享、风险共担的稳定协作的利益联结机制，向贫困户或一般农户提供全产业链的社会化服务，引导贫困农户和农民参与到现代农业产业价值链中，实现农户就业和增收目标。

（五）细化实化财政支持产业扶贫项目库建设

加快推进扶贫专项资金与项目对接，优化贫困村精准扶贫项目、农业产业化项目、市场需求与产业扶贫项目有效对接，充分发挥资金和项目协同效应。一是大力开展脱贫攻坚普查工作。重点普查各地各贫困村产业扶贫项目开展情况，普查财政支持产业扶贫绩效评价，对于切实能发挥地方资源优势，定位明确，群众受益面广，且能有效带动贫困群体脱贫致富的项目继续给予财政专项资金扶持和支持；对于盲目上马，对外披露不充分，群众受益不明确且不支持的项目应给予清理整顿，及时规范资金投入，防止资金流失。二是聚焦目标摸清完成情况完善项目库。随着脱贫攻坚战的全面完成和乡村振兴战略实施不断纵深推进，产业扶贫项目出现新需求、新情况、新要求，必须与时俱进、科学谋划，坚持控量提质相结合、适度超前和留有余量相结合，确保资金与项目相匹配。

（六）适当扩大财政支持产业扶贫扶持范围

基于乡村振兴发展战略需求，财政产业扶贫政策要继续补齐江西扶贫产业短板，加大对现代农业全产业链经营、农业农村三产融合发展的支持力度。一是加大对农产品加工领域和流通领域的支持力度。重点扶持特色产业的加工企业发展，以形成区域特色产业的规模化、集约化、绿色化、精细化、品牌化、全产业链化经营发展，加大对各地农产品流通的基础设施建设支持力度，如农产品产地的冷链、物流、品牌营销等，强化农产品流通组织、政策、平台（渠道）、人才、产品、品牌、配套体系等要素资源优化。二是加大对高值特色农业发展的支持力度。探索建立高值农业产业发展基金制度，建立江西省高值特色农业产业发展基金，建立现代高值特色农业保险制度和金融支持制度。三是加大对现代农业装备及配套设施建设的支持力度。通过对现代农业装备的支持，全面提升农业机械化和现代化水平。四是加大对农村集体经济发展的支持力度，加大对农业农村三产融合发展的支持力度。支持各地因地制宜发展特色产业及其配套设施。支持搭建农业三产融合平台载体，深入实施农村产业融合发展试点示范工程、"百县百园"工程。

（七）建立健全产业扶贫容错纠错机制

建立健全容错纠错机制，制定严格的认定程序，通过规范的程序对实际情况进行调查、取证，完善操作流程，细化申请、核查、认定、实施、答复等步骤和环节，明确容什么、纠什么，出台一系列操作性强的实施细则。对于经过集体充分讨论研究，前期立项时评审考察程序规范，在符合现行法律法规程序且未造成重大负面影响的情况下，由市场风险和自然风险造成的产业扶贫资金亏损，应及时启动容错纠错机制，对个人符合容错纠错条件的，应当按照规定免予问责、处分或从轻、减轻处分。

第二节 财政支持脱贫攻坚与乡村振兴有效衔接的对策建议

做好脱贫攻坚与乡村振兴有效衔接的财政政策研究，关系到广大贫困地区的脱贫攻坚成果巩固和乡村振兴战略的高质量实施，意义重大。2020年3月，习近平总书记在决战决胜脱贫攻坚座谈会上指出，脱贫摘帽不是终点，要持续推进全面脱贫与乡村振兴有效衔接，推动减贫战略和工作体系平稳转型，统筹纳入乡村振兴战略，建立长短结合、标本兼治的体制机制。

一、推进脱贫攻坚与乡村振兴政策有效衔接的重要意义

（一）关系到脱贫攻坚成果巩固与乡村振兴战略高质量实施

脱贫攻坚与乡村振兴统筹衔接的历史交汇期，两者协同发展、相互衔接、共同推进，是全面建成小康社会的必然选择。一方面，这顺应了脱贫攻坚与乡村振兴战略政策目标的衔接需求。脱贫攻坚是全面建成小康社会、实现第一个百年目标的基础，乡村振兴是实现农业强、农村美、农民富的第二个百年目标的基础，两者在目标上既是统一的又是层层递进的关系。同时，脱贫攻坚和乡村振兴战略均是以人民为中心的发展思想，以坚持农民主体地位、坚持农业农村优先发展为目标的集中体现。另一方面，也顺应了脱贫攻坚与乡村振兴战略政策举措的衔接需求。脱贫攻坚是通过"五个一批"具体方式，采取产业扶贫、就业扶贫、教育扶贫、健康扶贫、保障扶贫等十大工程具体举措，实现贫困地区农村贫困人口"两不愁三保障"。乡村振兴则是从政治、经济、文化、科技、生态等方面入手，建立健全城乡融合发展体制机制和政策体系，推动农业农村整体发展，进而实现农业农村现代化。两者在实现路径上具有高度的关联性。

（二）关系到补齐脱贫攻坚短板与夯实乡村振兴薄弱环节

2020年脱贫攻坚战取得全面胜利，为乡村振兴战略实施创造了较好基础条件，但农村基础设施和公共服务等领域存在许多短板，部分实际困难和突出问题需要在乡村振兴阶段予以解决。如脱贫地区的长效发展机制

存在短板。脱贫的贫困地区面临先天资源约束限制、生产要素匮乏积累不足、贫困户内生发展动力不足、产业发展基础薄弱、易地扶贫搬迁户的后续生计和社会融入、基本公共服务的均等化等一系列仍需解决的问题，对建立健全稳定长效脱贫和可持续的发展机制提出了巨大的挑战。

（三）关系到脱贫攻坚与乡村振兴战略能否形成政策合力

脱贫攻坚重点解决贫困群体的"两不愁三保障"问题，但脱贫后的持续发展，需要外部机会和内生动力的双重支撑；乡村振兴通过外部支持和激活内生动力，能够为贫困群体提供更稳定的发展基础和发展机会，进一步有效巩固脱贫攻坚的政策成果。因此，有必要梳理整合好脱贫攻坚与乡村振兴战略两个方面政策，实现脱贫攻坚与乡村振兴战略的有效衔接和无缝对接，财政支持政策需要解决几个方向性的问题，一是现有的哪些财政政策需要延续保留；二是已有财政政策存在哪些不足，需要适当调整；三是哪些已有财政政策明显脱离实际或已经完成历史使命需要据实取消等。

二、推进脱贫攻坚与乡村振兴政策有效衔接必须把握的关键环节

要充分发挥财政政策在脱贫攻坚与乡村振兴中的引导、保障和催化作用，必须紧紧围绕脱贫攻坚与乡村振兴两大战略有效衔接的现实需求和关键环节，针对脱贫攻坚和乡村振兴的"三农短板"，抓实抓细两者有效衔接的政策举措关键环节，才能更好地推动两者的有效衔接和协同发展。

（一）做好一项考核制度衔接，科学制定和实施乡村振兴战略实绩考核办法

实施严格的考核评估激励制度是取得脱贫攻坚全面胜利和推进乡村振兴战略的重要保障。脱贫攻坚期内，我国相继实施了党委政府脱贫攻坚工作成效考核、扶贫成效省级交叉检查、脱贫攻坚成效第三方评估、财政专项扶贫资金绩效评价等多项考核评价激励机制。随着脱贫攻坚进入全面胜利阶段，在开展全国脱贫攻坚普查的同时，应当充分考虑脱贫攻坚进展和考核情况，优化调整完善指标，做好脱贫攻坚与乡村振兴战略实施的考核评估激励制度的衔接，力求为脱贫攻坚取得全面胜利和有序推进乡村振兴战略提供重要保障，确保考核评估激励制度经得起实践和历史检验。

（二）做好两项政策过渡衔接，持续推进脱贫攻坚成效巩固与发展

2020 年后，随着我国绝对贫困人口消失，农村减贫重点对象是相对

贫困人口，如何做好农村贫困边缘、脆弱返贫的重点人员的监测与帮扶，防止新增和返贫现象的发生，探索建立脱贫攻坚成效长效、可持续机制是脱贫攻坚与乡村振兴交汇期的工作重点。

一是做好体制机制的过渡衔接。借鉴脱贫攻坚积累的成功经验，强化"五级书记"抓乡村振兴的制度保障，尽早研究出台脱贫攻坚衔接乡村振兴的责任落实、组织保障、工作推进、考核评价等方面的实施细则；科学指导贫困地区逐步将重点工作由脱贫攻坚向巩固脱贫攻坚成效与乡村振兴衔接过渡，完善落实项目统筹机制，研判脱贫攻坚项目中需延续和升级的内容，适时调整并将其纳入乡村振兴的项目规划中。

二是做好涉农资金投入的过渡衔接。根据"农业农村优先发展"的总要求，继续发挥财政与金融投入的主体和主导作用，将支农资金作为财政支出优先保障的重点，确保财政投入稳定增长；强化资金整合，把脱贫攻坚成效可持续与乡村振兴各项投入统筹起来，用好用活财政涉农资金整合政策，充分发挥资金整合规模合力效益；充分发挥财政资金的引导和撬动作用，通过以奖代补、贴息、担保等方式，用好用活"财政专项＋基建投资""中央支持＋地方投入""财政资金＋金融资本＋社会资本"等各项组合政策，引导金融和社会资本更多地投向扶贫和乡村振兴事业，以满足乡村振兴多样化融资需求。

（三）做好三项财政支持衔接，明确财政支持重点领域和重点方向

一是财政支持要从"重物"向"重人"实现转变衔接。乡村振兴的关键是"人才振兴"，财政发力要从重物转为重人。财政支持"人才振兴"，要突出重点领域和关键环节。首先，要培育一批高素质农民，使高素质农民成为巩固脱贫攻坚成效和实施乡村振兴战略的主力军，让其成为巩固脱贫攻坚成效和实施乡村振兴战略的参与者、建设者和受益者。其次，加大对乡村"土专家""田秀才"的扶持力度，大力开展惠农政策、扶贫开发、新农村建设、农村环境整治等方面的知识培训，强化乡村党员和基层干部治理能力提升。此外，要进一步引导和鼓励大学生到乡村工作就业，为在乡村工作的大学生提供创业信贷贴息、科研奖补、职级优先、高定工资档位等多方优惠，激发大学生干事创业活力。

二是财政支持要从"落实保障"向"主动引导"实现转变衔接。财政要改变"财政就是买单者"的被动思维，积极主动参与扶贫主管部门和乡村振兴主管部门的整体规划，完善部分行业规划，着力解决财政资金碎片化、制度零散化等问题，督促相关部门做好绩效目标实施和资金科学支出。同时，财政引导要发挥"四两拨千斤"的作用，充分发挥财政支持的撬动作用和引导作用，坚持"财政引导、市场主导"的原则，引导市场资源优化配置，激活金融资源的内生动力，引导和撬动金融资源和社会资本参与巩固脱贫攻坚成效和实施乡村振兴战略重大项目建设。

三是财政支持要从"资金推动"向"要素驱动"实现转变衔接。很长一段时期，资金、土地、人才等各种要素由农村单向流入城市，造成农村严重"失血""贫血"。巩固脱贫攻坚成效和实施乡村振兴战略，财政支持必须重点围绕"钱、地、人"等生产要素在城乡间自由流动、基础设施和公共服务等公共资源在城乡间均衡配置进行转变，以期推动城乡要素自由流动，城乡要素实现平等交换，城乡公共资源实现均衡配置。

（四）做好四项举措对接衔接，综合提升脱贫攻坚与乡村振兴成效与质量

一是做好产业扶贫与乡村产业兴旺的衔接。产业扶贫增强了贫困村和贫困户的可持续脱贫致富能力。产业兴旺可在产业扶贫所形成的产业基础上优化升级，依托"市场＋政府"持续推进农业产业化、绿色化、优质化、特色化、品牌化和多元化融合发展，借助和优化产业扶贫形成的利益联结机制，对乡村发展的内源性动力支撑进行强化塑造，大力提升农业综合竞争力。

二是做好生态扶贫与乡村生态宜居的衔接。生态宜居可借鉴生态扶贫中扶贫脱贫与生态修复的目标，设立公益性岗位，在解决相对贫困群众就业问题的同时进行生态修护保护工作；借鉴农村安全饮水工程管护经验，持续改善农村人居环境，深入开展实施"厕所革命""乡镇生活污水治理""农村生活垃圾无害化处理"等重大生态工程，以"美丽乡村"建设为重要抓手，推动"千村示范、万村整治"工程，全面推进农村环境综合整治，健全农村人居环境整治长效机制；借助生态扶贫中建立的生态扶贫专业合作组织，调动农户积极性，减少秸秆焚烧、有害化肥、畜禽粪污污染等农村突出环境问题。

三是做好扶智扶志与乡风文明的衔接。乡风文明建设可借鉴教育扶贫的"控辍保学"经验，大力提升农村教育设施建设和农村教育水平，阻断贫困的代际传递，为实现乡风文明提供智力支持；借鉴扶贫扶志的经验，大力破除群众"等靠要"思想，克服农民攀比心理，为实现乡风文明提供动力支持；借鉴扶贫扶志"感恩教育"经验，通过扶贫扶志感恩教育行动，进一步增强农民的主体意识、内生动力，为实现乡风文明营造良好氛围。

四是做好扶贫工作队与乡村人才振兴的衔接。乡村人才振兴可延续驻村帮扶经验，进一步完善驻村帮扶管理办法，采取保障激励与考评并行的管理体制，继续选派"驻村工作队""优秀干部到村任第一书记""驻村农技员"帮助推进实施乡村振兴；借鉴脱贫攻坚各类激励政策，激励各类企业、社会组织、公益人士参与减贫与乡村振兴事业，充分发挥市场和社会的力量，与政府形成三方合力，形成政府、市场、社会三位一体的有效乡村治理新格局。

三、推进脱贫攻坚与乡村振兴有效衔接的财政政策建议

（一）保留财政专项扶贫资金，支持建立长效脱贫和防止返贫机制

在脱贫攻坚与乡村振兴的交汇期，我国集中连片特困地区相对贫困形势严峻、问题依然突出。因此，仍需要保留财政专项扶贫资金给予重点支持，避免出现返贫和"断崖效应"。对于 2020 年后财政专项扶贫资金支出范围在保持原有支出方向的同时，应当结合乡村振兴地方规划或部门专项规划规定的重点方向进行适当调整。如结合乡村产业发展需求，增加农村致富带头人的科学技术培训和产业融合发展支持等支出内容；结合生态宜居要求，增加农村人居环境整治支出内容；结合乡风文明，增加扶志宣传宣讲、奖励等支出内容；等等。

（二）探索建立涉农资金统筹整合长效机制，支持精准补齐"三农"领域短板

脱贫攻坚期内，财政部门会同相关部门探索建立了贫困县财政涉农扶贫资金统筹整合试点工作，有效提高了财政资金使用效益，优化完善了脱贫攻坚资金供给制度，为推进实施乡村振兴战略、解决"三农"领域短板提供了重要参考。2020 年后，建议将贫困县财政涉农扶贫资金统筹整合

试点工作稳步有序地过渡到涉农资金统筹整合长效机制,赋予各地必要的统筹涉农资金的自主权,允许各地实行"大专项＋任务清单"管理模式,允许各地在完成约束性任务的前提下,根据当地产业发展需要,区分轻重缓急,在同一大专项内调剂使用资金,精准补齐"三农"领域短板。

(三)调整完善乡村产业发展政策,支持乡村产业集群可持续发展

基于市场需求和产业发展规律发展优势特色产业是帮助贫困地区经济发展和贫困群众脱贫持续增收的重要抓手,应适时调整和完善新一轮的产业扶贫提质增效扶持政策,确保产业健康持续发展。一是由扶持特定个体向扶持多元化产业主体发展转变。脱贫攻坚期内产业扶贫主要是精准到个人的产业帮扶,随着贫困人口脱贫,要将重点更多瞄准区域经济发展,积极推进农业集体产权制度改革,产业扶贫要从直接帮扶向加大村经济集体等产业主体扶持力度转变。二是资金由均衡分配向集中力量支持产业集群转变。在脱贫攻坚阶段,对农业产业扶贫的资金支持主要集中在基础设施领域,而支持特色农业产业的资金量小且分散、难以形成规模效应。建议结合各区域产业特点,研究集中资金、分步实施,支持区域优势明显的产业集群建设。三是财政资金由直接扶持向金融协同支持转变。改变财政资金直接补助个人或新型经营主体方式,尽可能通过发展政策性担保、产业基金、农业大灾保险、优势特色农产品价格保险等金融协同创新产品,加大农村金融机构定向费用补贴和奖励补助力度,缓解产业发展融资难、融资贵问题,增强新型经营主体和农户抵抗"自然和价格"双重风险能力。

(四)保持脱贫攻坚政策稳定,支持拓宽乡村发展资金筹集渠道

2020 年脱贫攻坚任务完成后,扶贫工作进入新的历史阶段,由"扶贫"转向"防贫"、由解决"绝对贫困"转向解决"相对贫困",开展以"缩小收入差距、缓解相对贫困、促进共同富裕"为目的扶贫开发,是推进基本实现现代化、高水平全面建成小康社会的必然要求和重要任务。一方面,建议 2020 年后继续对贫困地区低保五保、就业扶贫、教育扶贫、生态扶贫、资产收益扶贫、扶贫小额信贷等相关政策给予支持,避免贫困地区出现"断崖效应"。另一方面,建议适度拓宽乡村发展资金筹集渠道,多渠道增加乡村发展资金投入。扩大国有土地使用出让收入使用范围,进一步提高农业农村投入比例,让农村充分分享土地增值成果;建议继续实施城乡建设用地增减挂钩节余指标调剂和跨设区市补充耕地省级统筹调剂政策，对所得收益通过预算安排用于支持脱贫攻坚和乡村振兴战略的比例。

（五）及时补短纠偏，支持构筑建成小康社会的社会保障底线

脱贫攻坚期内，各地在解决"两不愁三保障"突出问题方面做了不少探索和实践，部分地区有意或者无意拔高了脱贫标准或者降低了脱贫标准，脱离实际，影响脱贫攻坚成效，部分政策缺乏可持续性。根据中央文件规定，各地已经实施的重大疾病医疗补充保险和其他政府兜底性医疗保障政策，2020 年底前过渡到城乡医疗救助制度提供兜底保障。此外，由于原有政策目标任务基本完成，原有的部分阶段性财政支持政策也应当据实取消。例如，农村易地扶贫搬迁政策和光伏建设项目扶贫目标基本实现，应当据实取消或者调整易地扶贫搬迁资金、光伏建设补贴资金等。

第三节　创新江西省乡村振兴财政
金融支持的对策建议

扎实推进乡村振兴战略实施，需要充分发挥财政金融支持的引导和支撑作用，围绕推动农业全面升级、农村全面进步、农民全面发展，提出一揽子"资金投入方案"和有关对策。

一、江西省全面推进乡村振兴战略必须把握的关键环节

（一）紧扣相对贫困精准发力，接续巩固脱贫攻坚成效

坚决守住脱贫攻坚成果，做好巩固拓展脱贫攻坚成果同乡村振兴有效衔接，实现脱贫攻坚向乡村振兴的平稳过渡，财政支持需要继续加大衔接推进乡村振兴资金投入力度，并适当调整完善其支出方向。一是优化调整专项资金支出方向。结合乡村振兴地方规划的重点方向，适当调整衔接推进乡村振兴补助资金使用范围。如结合产业兴旺要求，提高乡村产业资金支出比例，增加产业融合发展支持等支出内容；结合生态宜居要求，增加农村人居环境整治支出内容；结合乡风文明要求，增加扶志宣传宣讲、奖励等支出内容；等等。二是支持推进相对贫困的监测帮扶。针对确定的相

对贫困对象，循因施策、分类帮扶，通过产业就业奖补、充分保障医疗水平、加大兜底保障力度、强化教育政策资助、推广精准防贫保险等支持方式，构建以引导性、补助性政策为主的帮扶体系。同时，坚持动态调整管理，应退尽退、应纳尽纳，并建立负面清单，有违反的予以强制退出。三是稳妥落实过渡期政策。针对经济较为落后地区和易贫返贫人口，继续保持政策的稳定性和延续性，建议继续对脱贫地区低保五保、就业扶贫、教育扶贫、生态扶贫、资产收益扶贫、扶贫小额信贷等相关政策给予支持，避免脱贫地区出现"断崖效应"和"集中式返贫"。

（二）紧盯短板弱项健全政策，明确财政支农重点领域方向

在收入有限而支出需求无限的情况下，财政不能继续延续过去大包大揽的投入方式，而应当将补短板作为重要目标和投入重点。一是健全以绿色生态为导向的财政支农政策体系。将财政支农政策扶持方向转移到"提升供给质量、促进农民增收、优化生态环境"上来，推动农业"三项补贴"政策向保障绿色优质农产品供给转变，建立健全生态系统保护补偿机制，支持开展山水林田湖草沙一体化保护和修复工程，逐步支持农业面源污染治理体系。二是健全乡村产业财政支持政策。加大乡村产业集群支持力度，建立乡村产业正负面清单，明确财政支持鼓励类和限制类乡村产业目录。三是推动财政政策与产业政策有机结合。将一二三产业融合发展作为乡村振兴的重要载体给予重点支持，促进乡村休闲度假、养老养生、健康旅游等体验型、消费型产业发展，推动形成与整体产业转型互促共进的融合型产业体系。

（三）紧抓五个振兴不放松，全方位推进乡村振兴战略实施

一是强化乡村组织建设，全面推进组织振兴。强化农村基层党建"三化"建设，加快培育村民议事会、红白理事会、道德评议会、乡村振兴推进会等农村社会组织和群众活动团体建设，凝聚广大农村基层党员和干部群众，齐心协力投身乡村振兴。二是壮大乡村人才队伍，全面推进人才振兴。大力培养本土人才、引导城市人才、吸进专业人才服务乡村，培养造就一支懂农业、爱农村、爱农民的"三农"工作队伍，为全面推进乡村振兴、加快农业农村现代化提供有力人才支撑。三是激活乡村集体经济，全面推进农村深化改革。扎实推进农村集体产权制度改革，积极争取纳入中央农村综合性改革试点试验工作；持续实施集体经济强村工程，因村施策，利用村级集体资产、资金、资源，村组联动发展壮大集体经济。四是弘扬乡村优秀文化，全面推进文化振兴。大力传承弘扬优秀传统文化，努力推动社会主义核心价值观融入乡村，培育文明乡风、良好家风、淳朴民风；持续推动农村群众移风易俗，广泛开展文明村镇、星级文明户、文明家庭等群众性精神文明创建活动。五是推动乡村绿色发展，全面推进生态振兴。科学制定村庄布局规划，大力发展高效农业和乡村旅游产业，大力推进农村环境综合整治，提升农村人居环境。

二、创新江西省乡村振兴财政金融支持的对策建议

（一）完善财政支持乡村振兴资金稳定增长机制

一是建立财权事权相统一的财政制度。借鉴科技领域事权与支出责任划分改革经验，建立事权与财权相统一的原则，建立与乡村振兴任务相适应的投入增长机制，落实好各级实施乡村振兴责任和年度资金安排任务，加大经济落后地区财政转移支付的规模和比重，夯实经济落后地区基层政府的财力基础。二是继续开展实施统筹整合政策。允许各地实行"大专项＋任务清单"管理模式，允许各地在完成约束性任务的前提下，根据当地产业发展需要，区分轻重缓急，在同一大专项内调剂使用资金，精准补齐"三农"领域短板。三是适度拓宽乡村发展资金筹集渠道。继续实施城乡建设用地增减挂钩节余指标调剂和跨设区市补充耕地省级统筹调剂政策，对所得收益通过预算安排用于支持乡村振兴战略的比例；建议从市、县（区）国有资本经营预算收入中安排一定比例用于乡村建设项目。

（二）引导撬动金融和社会资本积极加大投入

充分发挥财政支持的撬动作用和引导作用，引导和撬动金融资源和社会资本参与实施乡村振兴战略重大项目建设。一是建立健全投融资平台。借鉴江苏省政府融资平台经验，推动江西省乡村振兴投融资平台建设，通过财政贴息、补助等方式，引导更多的金融和社会资本投入乡村建设项目。二是稳妥审慎推进 PPP 项目建设。借鉴江苏省、山东省经验做法，探索适合乡村发展的 PPP 模式，选择合适领域或优质项目，稳步探索田园综合体、污水处理、现代产业园区等领域的 PPP 项目建设，鼓励支持

市县通过资本金注入、财政补贴、占补平衡补充耕地和建设用地指标收益等方式保障项目基本收益，提高市场主体参与积极性。三是探索成立乡村振兴基金。借鉴广东省、江苏省经验做法，以支持乡村振兴项目建设为目的，通过产业投资基金、股权引导等方式探索成立乡村振兴基金，吸引金融资本、社会力量参与，重点支持乡村产业发展。四是继续发行乡村振兴专项债券。在强化债券风险管理的同时，探索发行乡村振兴专项债务，重点支持农业种质资源保护、现代种业提升、仓储物流设施建设等领域项目建设。

（三）构建政企银保担五位一体协同支持体系

一是创新特色金融产品。在推动农村承包土地的经营权和农民住房财产权抵押贷款试点工作的同时，根据乡村振兴战略的需要，探索创新适合乡村振兴项目的抵押贷款形式和综合服务模式、开发针对性的特色金融产品，为本地乡村振兴项目和新型经营主体提供定制服务。二是完善农业保险保费补贴政策。针对不同险种、不同区域实施差异化补贴支持政策，加大对重要农产品、新型农业经营主体及低收入人群的支持力度；建立保险动态调整机制，可以将部分产业财政奖补转换成农业保险补贴，试点建立农业巨灾保险基金，扩大农业保险覆盖面和承保率。三是完善农业信贷担保政策。出资构建风险补偿基金，建立金融支持乡村振兴建设项目的风险补偿机制，降低金融贷款风险；构建政、银、担合作机制，完善财政惠农信贷通、银担惠农贷、赣农振兴贷等金融担保产品的同时，推动政策性担保机构对担保保险公司的乡村振兴建设项目进行再担保。

（四）强化风险管控，健全完善财政支农资金监督管理机制

一是坚持服务实体不动摇。在充分发挥资金资产基本功能、切实服务实体经济的投融资需求的基础上，严格规范引导，避免支农资金脱实向虚在金融体系内部自我循环，避免以财政支农资金的名义空转、虚转，加剧农村资金风险，产生与农业、农民争斗利益的问题。二是完善监督制约机制。明确财政部门、业务主管部门、专项资金使用单位、审计部门监督管理职责，确保专项资金设立、分配、管理、监督各环节顺畅有序、规范有效。充分接受人大、审计和社会公众的外部监督。三是建立健全容错纠错机制。借鉴甘肃省经验做法，针对前期立项时评审考察程序规范、符合现

行法律法规程序、由市场风险和自然风险造成的乡村振兴项目资金亏损，应及时启动容错纠错机制，按照规定免予问责、处分或从轻、减轻处分，激发增强干部干事创业的信心与决心。

第四节 江西省新型农业经营主体"融资难"问题分析及对策建议

新型农业经营主体承担着组织农户、开拓市场、构建农业产业链的重大责任。培育和壮大新型农业经营主体是推进农业高质量发展的基础。2020年，江西省农业科学院调研组调查发现，"十三五"期间，江西省新型农业经营主体大多处于成长爬坡期，"融资难"问题仍是制约新型农业经营主体发展的突出难题，迫切需要有效解决。

一、"融资难"问题的集中表现

（一）支农资金分散，重复资助现象严重

"十三五"期间，江西省各级政府在农业农村投入的资金很大，但由于资金分散、多头管理，整体效益不高。而且，按照一定标准对新型农业经营主体排名后进行分配，"垒大户"现象较明显，群众对于众多资金和政策集中于排名靠前的几家，重复资助，其他新型农业经营主体得不到支持的现象，抱怨比较强烈。

（二）缺乏抵押物，经营主体贷款艰难

调研发现，家庭农场、种养基地、龙头企业、农民专业合作社以及农业科技示范园等新型农业经营主体大多正处于发展快速上升关键期，前期需要持续大量的资金投入。缺乏抵押物、贷款艰难问题反映特别集中，群众反映特别强烈。普遍反馈流转过来的土地没有产权，用于大棚等基础设施建设在金融部门审核贷款时不算固定资产投入且没有产权，不能用于融资抵押贷款。

吉安市青原区农旅种养专业合作社联合社负责人反馈："农业贷款难问题依然是困扰联合社发展的重大难题。2017年，当地政府与邮政银行和农商行合作对新型农业经营主体进行贷款，但审批中需要房产抵押，即

使当地政府签字，也只能担保 20%，其他 80%要房产抵押。最终，因缺乏抵押物，贷款未成功，我对此深感焦虑。"吉安市农业产业化龙头企业江西腊月红生态果业有限公司负责人也反馈："公司成立两年多来，先后投资 3 000 余万元，全部用于基础设施建设。公司开发的 1 600 亩老果园的土地流转就花费 1 000 多万元，仅建成 200 亩钢架大棚就花费近 1 200 万元。由于流转过来的土地没有产权，用于大棚等基础设施建设在金融部门审核贷款时不算固定资产投入且没有产权，不能用于融资抵押贷款。倘若资金跟不上，将大大制约企业发展。"

（三）融资渠道匮乏，额度难以满足发展需要

新型农业经营主体主要资金渠道有：中国农业发展银行、农村信用社、财政惠农信贷通等有限渠道。面对蓬勃发展的新型农业经营主体，融资渠道匮乏、覆盖率低、额度不足问题尤为突出。

2019 年和 2020 年调查种粮大户和加工企业，反映比较集中的问题就是，农业投入高且风险大，资金缺少且融资难是最大问题之一。如鄱阳县种粮大户、万安县有机稻米种植大户和宜春加工企业等反馈："仓储方面有问题，没有合适的仓储条件，缺少资金投入。融资困难，对于种植大户没有很好的政策支持，也没有融资渠道。"万年加工企业信息员反馈："稻强米弱格局持续多年，近年稻米加工业亏损不赚钱，再加上流转资金不足，资金缺口在 100 万～200 万元，但融资缺乏渠道、抵押物且额度不足。"宜春市万载县江西恒辉大农业科技有限公司经理反馈："公司成立 5 年多时间，已建成近万亩标准化有机种养示范基地、10 多万平方米科研培训基地、按照国家 AAAA 级旅游景区标准打造的恒晖艺术农业景区等，公司处于快速发展期。2017 年，公司准备将万载县国家现代农业示范区打造成 AAAAA 级景区。然而，农业项目投资回报期长，现实融资渠道少，融资额度远远满足不了公司发展需要。尤其是，公司农业设施投资巨大，但因不能办理产权，缺乏抵押物，无法向银行贷款，无法盘活资金，这严重影响园区规划推行进度。"

（四）融资效率不高，与农业季节性需求矛盾

农业是一个季节性很强的产业，农作物生长发育受热量、水分、光照等自然因素影响，这些自然因素随季节而变化并有一定的周期，这也导致农业对资金的需求也具有季节性和周期性。调研中发现，新型农业经营主体反馈贷款从申请到审核再到最终发放周期较长，与农业季节性需求矛盾，影响农业正常作业。典型的如，吉安市青原区农旅种养专业合作社联合社负责人反馈："农业贷款难问题依然是困扰联合社发展的重大难题。2017年，我社申请贷款300万元，拖了3个月还没贷下来，严重影响农业季节性生产。"

（五）农业保险品种单一，理赔渠道不畅

农业是天生的弱质产业，气候和市场是其面临的两大挑战。农业保险虽在一定程度上对冲了粮农的种植风险，但现实发挥的作用并没有想象中的大。新型农业经营主体对保险缺乏深度了解，实践中因理赔渠道不畅、理赔交易成本过高导致信心不足。泰和县种粮大户A反馈，受气候影响，2017年当地晚稻倒伏现象偏重发生，倒伏比例40％以上，导致大幅减产。然而，令其感到不满的是，当地乡镇政府以5元/亩的保费为5.5万亩农田购买了保险，原以为晚稻出现大面积倒伏情况后能得到适当补偿，但理赔渠道不畅，多方尝试索赔未果，最终没有得到任何补偿。

二、破解新型农业经营主体"融资难"问题的对策建议

（一）完善奖补政策，推进财政投入方式改革

一方面，建立联席会议制度，通过挖掘存量、优化增量、增加总量原则，有效整合农业、林业等部门优质资产与支农资金，突出支持新型农业经营主体发展。完善资助规则，防止资助对象过度重复集中。完善奖补政策，减少一般性补助，增加奖励性政策。

另一方面，加快推行把政府财政性投入以股份、基金、购买服务、担保、贴息等方式植入农业农村发展的重点领域建设，加大政府和社会资本合作（PPP）力度。发挥财政政策效应和资金引导作用，真正发挥财政资金"四两拨千斤"的作用。

（二）建设信用评价体系，健全抵押担保机制

一方面，参照企业信用登记模式，不断完善江西新型农业经营主体的信用评价系统，将新型农业经营主体及时纳入信用评定范围，完善企业、个人信用系统，逐步将涉农信贷业务信息录入征信系统。加快制定新型农

业经营主体信用评级办法，探索建立新型农业经营主体规范化信用评级技术和流程，培养农户的诚信意识，建立健全符合新型农业经营主体特点的信用评价体系。

另一方面，加快农村各类资源资产的权属认定，扩大农村有效抵押物的范围。深入推进"财政惠农信贷通"工作，加快农业信贷担保体系建设，研究出台支持农业信贷担保公司的政策和监管办法。推进"两权"（农村承包土地经营权和农民住房财产权）抵押贷款试点，开展以大型农机具、运输工具、水域滩涂养殖权等为抵（质）押标的物的融资试点，扩大林权抵押贷款品种和规模。

（三）定制涉农金融产品，加大金融支持力度

强化涉农金融改革，各金融机构尤其是国有商业银行、政策性银行，要更好地承担起支农责任和义务。一是构建多层次的农村金融市场，建立健全农村信贷瞄准机制，具有不同资金需求约束的经营主体向不同类型的农村金融机构进行融资贷款。形成定位明确、分工合理、功能互补的金融支农组织体系。二是推进农村信用体系建设，鼓励金融机构对有资质的农民合作社授信，推广"合作社＋农户"等信贷模式。大力培育村镇银行、农村资金互助社等新型农业金融机构，积极发展农村小微金融机构。三是简化审贷流程，提升融资效率。主动了解农民的金融服务需求特点，依据农业投资高回报期长、生产资金需求具有季节性的特点，有针对性地研究开发创新金融信贷产品。扩大贷款的规模和期限，适当提高新型农业经营主体信用贷款额度和担保贷款额度，允许其根据生产经营周期和还贷来源合理确定贷款期限。

（四）健全工商资本引入机制，推动创新

强化顶层设计，构建多元化农业投融资体系。一方面，充分发挥财政资金"药引子"的作用，设立农业产业引导基金，撬动和吸引金融资本、社会资本，形成以财政投入为引导、以工商资本和村集体及村民资金投入为主体、以信贷资金投入为支撑、以其他社会资金投入为补充，多元化、多层次、多渠道的资金投入机制。另一方面，为新型经营主体提供更高水平的保险产品并加大保险保费补贴力度，强化监管，保障理赔效率和额度。利用地理信息系统和大数据技术，将补贴和保险等政策

落实到地块。探索完全成本保险和收入保险试点，开发气象指数保险、价格指数保险、产量保险等创新产品，增加种植业保险、养殖业保险和林木保险的参保品种，分蓄洪重点区域以及产粮大县试点农业大灾保险。逐步建立政府支持、合作组织经办、企业和农户广泛参加的保险保障体系。

（五）探索试点资金供给社区内助的有效途径

借鉴广东省佛冈县成功探索经验，通过自筹、自助、自主的方式建立资金互助社，形成农村资金自供给的新局面。切实把握农民自身需求，严格遵守封闭互助模式，增强村社互助意识，通过会员资金互助的方式，在试点区采用小额、短期、低息等形式，精准解决农户收入低、风险承受能力差等贷款难题，既可提高资金使用的互助性，也可为内部会员筹资提供便捷、灵活的渠道，推进试点区进一步互帮互助，实现农村资金自供给的长期周转和滚动发展。

（六）拓宽农业众筹等资本补充渠道

一方面，支持符合条件的农业企业通过上市、挂牌和发行各类债务融资工具，提升直接融资水平；另一方面，吸收美国农业众筹的有益探索经验，采用互联网和社交网络革新原有农业生产流程，发展互联网金融，尝试股权众筹、平台众筹、产品众筹、农业技术众筹、公益众筹等多种形式。需要特别注意的是，农业众筹、互联网金融等作为农业发展的新生代产物，需要建立和完善与农业有机融合的配套机制，尤其是农业众筹监管和补偿机制，应从政策角度给予更多关注和倾斜，为农业众筹扫清障碍，注入活力。

（七）探索订单农业和高端定制模式，化解难题

深入推进农业供给侧结构性改革，按需定制，以需定产。一方面可以提升农业经营效益，解决资金难问题；另一方面有利于品牌建设，实现农业高效持续发展。如万年县正稻小种·泉谷湾农场实施高端私人定制模式，通过"公司＋基地＋种粮大户"模式，在万年贡米原产地种植了私人定制贡田，后从 2015 年的 400 亩发展到 2016 年的 1 000 亩，2017 年，因效益高尝到甜头，规模扩大至 1 800 亩，其中个人和企业认购近 1 200 亩，其他电商平台认购了余下的 600 余亩。订单价格在 12 800～29 800 元/亩，

客户来自全国各地，核心群体为北京、上海、杭州、温州、广州、深圳、香港等一线城市的社会精英。

（八）提升新型农业经营主体自身规范程度和管理水平

"打铁还需自身硬"，通过系列措施化解新型农业经营主体融资难问题的同时，新型农业经营主体亦必须重视并改进自身的管理方式，加强自身建设，提高经营管理水平和诚信度，建立适合自身发展的规章制度，构建符合规范要求的财务会计制度，增强自身的管理能力和经营能力，以提高自身经营情况的透明度和金融机构的认可度；增强自身抵御市场风险的能力，逐步实现产业化、规模化、品牌化经营，以提升整体实力和竞争力，提高金融、担保等机构的认可度。

第五节　"财政惠农信贷通"支农模式
存在的问题及对策建议

针对新型农业经营主体"融资难、融资贵"问题，江西省启动了"财政惠农信贷通"融资试点，受到了市场的欢迎和认可，取得了较好的经济和社会效益，但也面临若干问题，亟待解决。为此，2021 年，江西省农业科学院调研组就"财政惠农信贷通"支农模式存在的问题赴南昌、吉安、宜春、赣州等地进行了专题调研。

一、存在的突出问题

（一）"一年一贷"期限过短，与农业生产周期和回报周期较长特征不匹配

按照"财政惠农信贷通"政策要求，"财政惠农信贷通"贷款合作以 1 年为一个周期。调研了解到，由于农业自身的弱质性、周期性和回报长期性等特征，新型农业经营主体强烈希望贷款期限能更长一些。如，鄱阳某种粮大户反映，贷款期限太短了，贷过 1 年就没有再贷了。因为农业具有风险性，并没有完全摆脱"靠天吃饭"局面。类似猪周期"挣一年、平一年、赔一年"的特征在农业上普遍存在。像近年干旱、水灾交替出现，种粮亏多赚少，"一年一贷"完全不符合实际，到期根本还不上贷款。尤其是近年部分经营主体搞烘干厂，前期投入大，本金都至少要三五年才能

收回来。又如，安福县某家庭农场通过"财政惠农信贷通"贷款 48 万元，短期确实缓解了资金压力。但是，因为种植作物尤其是林业经济作物需要 3 年甚至更长时间才可收获，一年后根本无法偿还贷款。为了不影响个人征信，最终农场只能借钱还清贷款，再进行第二年"财政惠农信贷通"贷款，但无形中花了"过桥费"等费用 8 万元，很是无奈。

（二）银行审核标准严苛，普遍要求公务员或城镇有房产人员提供担保

《江西省"财政惠农信贷通"融资试点实施方案》明确要求，合作银行向新型农业经营主体提供的贷款不需要抵押和担保，省、设区市、县（市、区）三级财政按 2∶1∶2 的比例筹集风险补偿资金，存入合作银行，作为"财政惠农信贷通"贷款风险补偿金。调研了解到，大部分地区合作银行要求新型农业经营主体有一名公务员或信誉好、有资产人员进行担保。然而，现实中，公务员普遍不愿意提供担保。经营主体虽然理解银行的做法，但感到很无奈，对此不太满意。

2019 年，南昌大学研究团队对 N 县 480 份"财政惠农信贷通"支农政策评价的调查问卷进行分析发现，在实际申请过程中，出于规避风险的目的，银行会要求申请人提供抵押担保，尤其是金额超过 60 万元的贷款。30% 的新型农业经营主体认为惠农信贷通申请银行审核过于严苛，其中 10% 表示对此"非常不满意"，15% 表示"不满意"。

（三）银行存在"惜贷"现象，贷款额度难以满足新型农业经营主体发展需要

《江西省惠农信贷通融资试点实施方案》规定：农民合作社 1 年期最高授信额度 300 万元；家庭农场、种养大户 1 年期最高授信额度 200 万元。调研发现，银行并没有完全下拨申请的额度，而是评估申请人的经营规模、资金流水、个人财产等因素，对下拨贷款数额大打折扣。由于大多数新型农业经营主体缺乏有效的抵押担保，也不会像上市公司一样公布财务状况，造成财务信息不对称，部分银行即使贷款额度充足，也不愿意放贷出去。如，2019 年 12 月底，江西省 N 县月末贷款余额 34 284 万元，占贷款发放总额（风险补偿金）的 18.35%，银行存在"慎贷""惜贷"现象。

调研了解到，新型农业经营主体期望通过"财政惠农信贷通"贷款的平均额度为 60 万～100 万元，但大多仅获得 60 万元以下贷款，基本没有

200万元以上的贷款。据信丰县某经营主体反馈，当地个人申请"财政惠农信贷通"贷款，最终额度基本没有超过30万元的。如果是合作社、家庭农场想要申请更多贷款，需要准备的材料多且复杂，当地合作社管理相对松散，无法提供每月财务报表、纳税证明等一系列材料，最终导致申请失败。

（四）部分地方新型农业经营主体反馈审批环节偏多，贷款进度慢

访谈中发现，新型农业经营主体在申请贷款业务时，需要先将申请表送到村委会、乡镇政府、县农业农村局，这些机构分别出具同意意见后，由农业农村局将申请材料汇总成一个批次送往相应贷款银行，再由农业农村局工作人员会同银行工作人员进行实地勘察，确定没有问题后将相关名单与贷款金额交于乡镇公示。公示期满后，在没有异议的前提下，由银行通知申请人现场办理贷款业务，并在两个工作日内发放贷款。一般情况下，从发起申请到贷款下拨，整个流程最快需要2个星期，慢则需要1个月左右。贷款审批速度偏慢，有时会影响正常农业生产。

二、主要对策建议

（一）分类施策，适当延长贷款期限

遵循自然规律、农业规律和市场规律，建议普通种养业贷款期限延长1~2年，果业、苗木、中药材等特殊经济作物贷款期限延长3~5年。设置"灵活贷款"制度，合作银行可根据自身实际，以市场需求为导向，创新还款方式。多地新型农业经营主体反馈，希望可以按一定比例分期还款，或先还利息后还本金，适当提高利息也完全可以接受。如按3年贷款期限来算，第1~3年还贷款比例可分别设置为30%、50%和20%。

（二）引进第三方担保公司，探索"银行＋保险"联合贷

为破解需要公务员担保和银行"慎贷""惜贷"的问题，建议在"财政惠农信贷通"政策框架下，引入保险机构，探索"银行＋保险"联合贷。充分发挥政策性信贷担保平台的作用，引入江西省农业信贷担保有限责任公司等第三方担保公司，以市场需求为导向，优化完善担保产品。及时优化调整担保风险补偿金的投入，激励银行加大贷款发放额度，确保大部分经营主体的实际贷款额度可以维持在60万~100万元，少数有较大

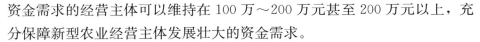

资金需求的经营主体可以维持在 100 万～200 万元甚至 200 万元以上，充分保障新型农业经营主体发展壮大的资金需求。

（三）完善征信体系，建立风险防控堡垒制度

加快农村信用体系建设相关的法规制度建设，规范家庭农场、专业合作社等新型农业经营主体管理。建立和完善新型农业经营主体征信体系，搭建新型农业经营主体信用信息平台，并与"财政惠农信贷通"业务信息系统平台实现互联互通。通过信用评定、建立诚信档案和信用"红黑榜"等方式，不断完善对信贷违约的惩罚机制；同时，在贷前公示的基础上，增加贷后及风险补偿资金公示制度，提升政策的透明度。建立预警机制和叫停机制，在风险补偿金达到一定数额时，叫停"财政惠农信贷通"业务。

（四）深化"放管服"改革，优化办理和续贷流程

建议将村委会、乡镇政府、县直部门等的意见和认定整合在一起，让数据多跑路，群众少跑腿。真正做到一次申请，一次认定，只跑一次，不断简化办理流程，尤其是简化续贷流程，减少贷款申请人的负担，降低交易成本。

白泽惠，2017. 广东省高标准农田项目建设绩效评价研究 [D]. 广州：广东工业大学.

陈彬文，1997. 农村剩余劳动力转移与农业产业化 [J]. 社会科学研究 (6)：37-43.

陈建，2019. 我国丘陵山区应对农机化两大困境的新对策——基于宜机化土地整治 [J]. 农机化研究，41 (4)：1-4.

陈鸣，周发明，2017. 制度环境视阈下财政支农投入的减贫效应研究 [J]. 财经论丛 (1)：29-38.

陈胜东，李凤琴，周丙娟，2018. 新时代江西省农业绿色发展路径思考 [J]. 鄱阳湖学刊 (5)：35-43，125.

程晖，陈勋洪，赵隽劼，2018. 乡村振兴战略背景下现代农业转型升级新路径——基于江西的分析 [J]. 农林经济管理学报 (2)：227-234.

戴天放，徐光耀，卢慧，等，2020. 江西食用菌产业发展现状、问题与建议 [J]. 中国食用菌，39 (9)：94-99.

董飞，赵伟，2020. 高标准基本农田建设区域划定——以重庆市南岸区为例 [J]. 水土保持研究，27 (2)：344-349.

董进智，2017. 关于实施乡村振兴战略的思考 [J]. 农村工作通讯 (22)：15-18.

樊丽明，解垩，2014. 公共转移支付减少了贫困脆弱性吗？[J]. 经济研究 (8)：67-78.

封志明，1992. 贵州省耕地承载力研究 [J]. 自然资源 (4)：35-41.

傅国华，李春，2017. 分层精准施策保障乡村振兴战略实施 [J]. 农业经济与管理 (6)：14-17.

高翔，李骅，2007. 我国工厂化农业的现状与发展对策分析 [J]. 中国农机化 (2)：5-7.

高远东，温涛，王小华，2013. 中国财政金融支农政策减贫效应的空间计量研究 [J]. 经济科学 (1)：36-46.

龚维进，覃成林，李超，2018. 中国财政支出的减贫效应——基于结构与空间视角 [J]. 经济与管理研究，39 (5)：24-37.

谷金丽，姜侨，许传刚，2017. 高标准基本农田建设成效研究——以东港市为例 [J]. 科技经济导刊 (17)：145，159.

郭蓓，李婷君，魏东雄，等，2018. 北京农业绿色发展评价指标体系构建及推进方向

［J］. 农业展望，14（9）：39－44.

郭伟，王克强，2016. 农民对"十二五"高标准农田建设满意度分析——以上海市某镇为例［J］. 农业技术经济（7）：39－45.

郭永田，2018. 产业兴旺是乡村振兴的基础［J］. 农村工作通讯（1）：34.

国土资源部，2012. 高标准基本农田建设标准（TD/T1033－2012）［S］. 北京：中国标准出版社.

韩俊，2018. 实施乡村振兴战略将从根本上解决"三农"问题［J］. 农村工作通讯（2）：50.

韩俊，2018. 强化乡村振兴的制度性供给［N］. 北京日报，03－12（14）.

韩长赋，2018. 用习近平总书记"三农"思想指导乡村振兴［J］. 农村工作通讯（7）：5－7.

韩长赋，2018. 大力推进质量兴农绿色兴农 加快实现农业高质量发展［N］. 农民日报，02－27（1）.

何佑勇，严庆良，沈志勤，2016. 浙江省"十二五"高标准基本农田建设成效分析［J］. 浙江国土资源（8）：48－51.

胡鞍钢，1997. 中国就业状况分析［J］. 管理世界（3）：36－54.

湖北省人民政府办公厅，2018. 关于完善财政资金统筹整合长效机制的通知［J］. 湖北省人民政府公报（9）：14－16.

黄敦平，王呈斐，孙晶晶，2019. 安徽农业绿色发展水平综合评价［J］. 内蒙古农业大学学报（社会科学版）（4）：7－13.

黄国清，王博，李华，2007. 江西发展农业循环经济面临的问题及对策建议［J］. 农业经济问题（8）：62－65.

霍达，陈飞平，肖涵静，等，2020. 打造江西农业生态样板，促进休闲农业持续发展［J］. 江苏农业科学（23）：21－24.

贾云飞，赵勃霖，何泽军，等，2019. 河南省农业绿色发展评价及推进方向研究［J］. 河南农业大学学报，53（5）：823－830.

姜玮，施由明，2016. 江西农业的发展现状与趋势分析［J］. 农业考古（6）：257－262.

蒋和平，林婕，江华，等，1995. 广东省工厂化农业发展的现状与对策［J］. 农业技术经济（6）：14－18.

靖培星，赵伟峰，郑谦，等，2018. 安徽省农业绿色发展水平动态预测及路径研究［J］. 中国农业资源与区划（10）：51－56.

柯炳生，2019. 中国农业高质量发展的机遇和挑战［J］. 农村工作通讯（23）：37.

李洁，林鸿，2010. 河南省耕地承载力研究［J］. 安徽农业科学（9）：4731－4732.

李娟，2019. 农业产业化联合体促进江西乡村振兴对策思考 [J]. 新余学院学报（3）：11-16.

李晓春，马轶群，2004. 我国户籍制度下的劳动力转移 [J]. 管理世界（11）：47-52.

李伊，吴浩，2019. 我国财政民生资金支出的农村减贫效应及反贫困策略研究 [J]. 理论探讨（2）：108-114.

李中华，王国占，齐飞，2012. 我国设施农业发展现状及发展思路 [J]. 中国农机化（1）：7-10.

刘海洋，2018. 乡村产业振兴路径：优化升级与三产融合 [J]. 经济纵横（11）：111-116.

刘合光，2018. 推进乡村振兴战略的关键点、发展路径与参与主体 [J]. 石河子大学学报（哲学社会科学版）（1）：1-3.

刘涛，李继霞，霍静娟，2020. 中国农业高质量发展的时空格局与影响因素 [J]. 干旱区资源与环境，34（10）：1-8.

刘修礼，2020. 江西现代农业产业体系建设问题与对策 [J]. 江西农业学报（10）：131-135.

刘一伟，2017. 社会保障支出对居民多维贫困的影响及其机制分析 [J]. 中央财经大学学报（7）：7-18.

刘忠宇，热孜燕·瓦卡斯，2021. 中国农业高质量发展的地区差异及分布动态演进 [J]. 数量经济技术经济研究，38（6）：28-44.

龙强，刘飞仁，周吉，2017. 新常态下以供给侧结构性改革破解现代农业发展难题——以江西为例 [J]. 江西农业学报（6）：136-140.

卢盛峰，卢洪友，2013. 政府救助能够帮助低收入群体走出贫困吗？——基于1989—2009年CHNS数据的实证研究 [J]. 财经研究（1）：4-16.

罗锡文，2011. 对发展丘陵山区农业机械化的思考 [J]. 农机科技推广（2）：17-20.

罗锡文，2015. 加快推进国家高标准农田建设 [J]. 青海农技推广（3）：1.

马凯，史常亮，王忠平，2011. 粮食生产中农业机械与劳动力的替代弹性分析 [J]. 农机化研究（8）：6-9.

莫才健，陈莉，樊敏，等，2017. 高标准基本农田建设成效评价——以盐亭县为例 [J]. 安徽农业科学，45（12）：174-177.

彭柳林，王长松，余艳锋，等，2020. 新时期江西农业高质量发展中存在的问题及对策 [J]. 江西农业学报（2）：131-138，144.

彭柳林，吴昌华，张爱民，2019. 江西省食用菌产业布局、地位与未来发展方向 [J]. 江西农业（15）：56-59.

彭小辉，史清华，朱喜，2018. 中国粮食产量连续增长的源泉 [J]. 农业经济问题（1）：97 - 109.

彭晓洁，冀茜茹，张翔瑞，2011. 江西农业可持续发展评价与对策研究 [J]. 江西社会科学（9）：76 - 79.

钱建勇，2007. 江西农业现代化发展路径研究 [D]. 南昌：南昌大学.

秦建军，武拉平，2011. 财政支农投入的农村减贫效应研究——基于中国改革开放 30 年的考察 [J]. 财贸研究（3）：19 - 27.

卿诚浩，2017. 经济转型时期中国农业绿色发展水平评价研究——基于熵值法 [J]. 中国物价（11）：16 - 19.

任丽萍，张国臣，2015. 黑龙江省松花江农场创建农机标准化示范农场的思考 [J]. 农场经济管理（12）：40 - 42.

申茂向，何革华，张平，2000. 荷兰设施农业的考察与中国工厂化农业建设的思考 [J]. 农业工程学报（5）：1 - 7.

时文朝，2018. 联合推动农村支付服务高质量发展 [J]. 中国金融（18）：17 - 18.

宋洪远，2018. 实施乡村振兴战略紧扣几个关键词 [J]. 农民科技培训（1）：33 - 34.

孙炜琳，王瑞波，姜茜，等，2019. 农业绿色发展的内涵与评价研究 [J]. 中国农业资源与区划（4）：14 - 21.

孙致陆，肖海峰，2013. 地方财政支农支出对农民收入影响的实证分析——基于 1994 年—2009 年省级面板数据 [J]. 地方财政研究（4）：8 - 15.

唐安来，黄国勋，吴登飞，等，2015. 绿色生态农业——江西绿色崛起的必然选择 [J]. 农林经济管理学报（5）：538 - 545.

唐安来，翁贞林，吴登飞，等，2017. 乡村振兴战略与农业供给侧结构性改革——基于江西的分析 [J]. 农林经济管理学报（6）：803 - 808.

唐莹，穆怀中，2016. 中国耕地劳动力承载量适度性检验 [J]. 中国农村经济（10）：51 - 60.

田云，张俊飚，2013. 中国绿色农业发展水平区域差异及成因研究 [J]. 农业现代化研究（1）：85 - 89.

汪晓文，李明，胡云龙，2020. 新时代我国农业高质量发展战略论纲 [J]. 改革与战略，36（1）：96 - 102.

王珂，李玲，黎鹏，2021. 基于生态安全和粮食安全的高标准农田建设研究 [J]. 生态与农村环境学报，37（6）：706 - 713.

王威伟，李原，2017. 四川省高标准农田建设综合成效探究 [J]. 资源与人居环境（8）：10 - 11.

王燕，刘晗，赵连明，等，2018. 乡村振兴战略下西部地区农业科技协同创新模式选择与实现路径 [J]. 管理世界，34 (6)：12 - 23.

王志涛，王艳杰 2012. 政府公共支出与农村减贫关系的实证研究 [J]. 财贸研究 (6)：60 - 64.

王梓俨，2017. 高标准基本农田建设的社会经济影响分析 [J]. 市场论坛 (8)：32 - 35.

魏琦，张斌，金书秦，2018. 中国农业绿色发展指数构建及区域比较研究 [J]. 农业经济问题（月刊）(11)：11 - 20.

温铁军，张俊娜，邱建生，等，2016. 农业 1.0 到农业 4.0 的演进过程 [J]. 当代农村财经 (2)：2 - 6.

吴昌华，徐昌旭，池泽新，2019. 江西省耕地重金属污染防治问题及治理策略 [J]. 环境监测管理与技术，31 (4)：1 - 3, 37.

夏诗涵，王建洪，袁王茂，2019. 乡村振兴背景下农村产业发展水平研究——基于熵权法-TOPSIS 综合评价模型 [J]. 湖北农业科学，58 (17)：184 - 187.

辛岭，安晓宁，2019. 我国农业高质量发展评价体系构建与测度分析 [J]. 经济纵横 (5)：109 - 118.

欣雨，2012. 国外设施农业的工厂化趋势 [J]. 北京农业 (31)：45 - 46.

熊冰瑶，夏建国，林婉嫔，等，2016. 四川省高标准农田建设绩效评价 [J]. 中国人口·资源与环境，26 (2)：219 - 222.

熊小林，2018. 聚焦乡村振兴战略探究农业农村现代化方略——"乡村振兴战略研讨会"会议综述 [J]. 中国农村经济 (1)：138 - 143.

许自豪，吴颖，刘飞仁，2019. 乡村振兴战略背景下加快农业科技发展的战略思考——以江西为例 [J]. 江西农业学报 (6)：146 - 150.

杨馨越，魏朝富，倪九派，2012. 三峡生态屏障区耕地承载力与人口生态转移 [J]. 中国生态农业学报 (11)：1554 - 1562.

姚国跃，刘胜华，2014. 对农民老龄化农业空洞化问题的探讨 [J]. 中国人口·资源与环境 (3)：327 - 330.

叶丽娜，高桂英，2018. 宁夏农业绿色发展水平测度与影响因素研究 [J]. 农业科学研究，39 (1)：1 - 5.

于清东，李彩霞，2007. 农业机械化与农村劳动力转移问题的探讨 [J]. 农机化研究 (4)：198 - 201.

余艳锋，彭柳林，2017. 江西省耕地集中连片规模经营难题破解的对策思考 [J]. 农业经济与管理 (3)：11 - 17.

詹新宇，王素丽，2017. 财政支出结构的经济增长质量效应研究——基于"五大发展理念"的视角 [J]. 当代财经（4）：25-37.

张露，罗必良，2020. 中国农业的高质量发展：本质规定与策略选择 [J]. 天津社会科学（5）：84-92.

张乃明，张丽，赵宏，等，2018. 农业绿色发展评价指标体系的构建与应用 [J]. 生态经济（11）：21-24.

张务锋，2018. 坚持以高质量发展为目标加快建设粮食产业强国 [J]. 人民论坛（25）：6-9.

张小军，钟萍，谷剑，等，2021. "五良"融合产业宜机化改造的七条原则 [J]. 四川农业与农机（4）：20-21.

张小燕，2021. 设施农业发展现状及对策 [J]. 甘肃农业（4）：43-44.

张晓山，2018. 实施乡村振兴战略的几个抓手 [J]. 农村经营管理（1）：26.

张效敬，黄辉玲，2014. 黑龙江省高标准基本农田建设项目绩效评价研究——基于耕地质量等级视角 [J]. 价值工程，33（28）：88-90.

张宇，徐小刚，2018. 加强财政扶贫资金监管的几点思考——以陕西省汉中市为例 [J]. 财政监督（20）：61-66.

张震，刘学瑜，2015. 我国设施农业发展现状与对策 [J]. 农业经济问题（5）：64-70.

张宗毅，2020. "十四五"期间丘陵山区农田宜机化改造若干重大问题与举措 [J]. 中国农村经济（11）：13-28.

章磷，王春霞，2013. 人口、机械化与农村剩余劳动力流量研究——以大庆市为例 [J]. 农业技术经济（7）：27-33.

赵冬梅，2002. 我国工厂化农业发展状况与对策研究 [J]. 经济与管理研究（5）：17-19.

赵会杰，于法稳，2019. 基于熵值法的粮食主产区农业绿色发展水平评价 [J]. 改革（11）：136-146.

钟钰，2018. 实施乡村振兴战略的科学内涵与实现路径 [J]. 新疆师范大学学报（哲学社会科学版）（5）：1-6.

钟钰，2018. 向高质量发展阶段迈进的农业发展导向 [J]. 中州学刊（5）：40-44.

周波，张凯丽，2019. 不同周期状态下财政政策的异质性产出和通货膨胀效应研究 [J]. 中央财经大学学报（7）：3-17.

周淑景，2008. 中国农业变革与工厂化农业发展 [J]. 经济研究参考（63）：47-50.

周晓时，2017. 劳动力转移与农业机械化进程 [J]. 华南农业大学学报（社会科学版）（3）：49-57.

周振，马庆超，孔祥智，2016. 农业机械化对农村劳动力转移贡献的量化研究 [J]. 农业技术经济（2）：52-62.

祝华军，2005. 农业机械化与农业劳动力转移的协调性研究 ［J］. 农业现代化研究（3）：190－193.

祝华军，田志宏，2003. 我国工厂化农业效益不高的原因及发展思考 ［J］. 中国农村经济（11）：55－60.

邹文杰，冯琳洁，2015. 空间异质性、收入门槛与财政支农减贫效应 ［J］. 财经论丛（9）：18－26.

左停，赵梦媛，金菁，2018. 路径、机理与创新：社会保障促进精准扶贫的政策分析［J］. 华中农业大学学报（社会科学版）（1）：1－12，156.

Agostini C A，Brown P H，Gongora D P，2010. Public finance，governance，and cash transfers in alleviating poverty and inequality in Chile ［J］. Public Budgeting & Finance，30 （2）：1－23.

Archer R W，1994. Urban land consolidation for metropolitan Jakarta expansion，1990—2010 ［J］. Habitat International，18 （4）：37－52.

Beek K J，Bennema J，A G L，1978. Land evaluation for agricultural land use planning：An ecological method ［J］. Soils Bull Food Agric Organ U N，22：54－74.

Benso，Alfredo，Prinetto，et al，2003. Fault injection techniques and tools for embedded systems reliability evaluation ［M］. Boston：Kluwer Academic Publishers.

Bingswanger H P，Ruttan V W，1978. Induced innovation：Technology，institution，and development ［M］. Baltimore：Johns Hopkins University.

Bucheli M，2016. Public transfers and the poverty of children and the elderly in Uruguay ［J］. Poverty & Public Policy，8 （4）：398－415.

Bunting D P，Kurc S A，Grabau M R，2011. Using existing agricultural infrastructure for restoration practices：Factors influencing successful establishment of Populus fremontii over Tamarix ramosissima ［J］. Journal of Arid Environments，75 （9）：851－860.

Choi J S，Choi J K，2007. The effectiveness of poverty reduction and the target efficiency of social security transfers in South Korea，1999－2003 ［J］. International Journal of Social Welfare，16 （2）：183－189.

Crecente R，Alvarez C，Fra U，2002. Economic，social and environmental impact of land consolidation in Galicia ［J］. Land Use Policy，19 （2）：135－147.

Dramstad W E，Olson J D，Forman R T T，1996. Landscape ecology principles in landscape architecture and land－use planning ［M］. Island Press.

Droogers P，Allen R G，2002. Estimating reference evapotranspiration under inaccurate data conditions ［J］. Irrigation & Drainage Systems，16 （1）：33－45.

Edeme R K，Imide I O，2014. Measuring the welfare impact of public expenditure on primary health care services in Rural Nigeria [J]. Journal of Economics and Sustainable Development，5（19）：60 - 67.

Fan S G，Chan - Kang Connie，Qian Keming，et al，2003. National and international agricultural research and rural poverty：The case of rice research in India and China [J]. Agricultural Economics，33（3）：369 - 379.

Fan S，Pardey P，1997. Research producitivity and output growth in Chinese agriculture [J]. Journal of Development Economics（6）：115 - 137.

Greenberg M，Lowrie K，Mayer H，et al，2001. Brownfield redevelopment as a smart growth option in the United States [J]. Environmentalist，21（2）：129 - 143.

Hanna K S，1997. Regulation and land - use conservation：A case study of the British Columbia Agricultural Land Reserve [J]. Journal of Soil &. Water Conservation，52（3）：166 - 170.

Henderson J，Gloy B A，2008. The impact of ethanol plants on cropland values in the great plains [J]. Working Papers，47（1）：96 - 111.

Hicks John R，1932. The Theory of Wages [M]. London：Macmillan.

Huang J，Rozelle S，1996. Technological change：Rediscovering the engine of productivity growth in China's rural economy [J]. Journal of Development Economics，49（2）：337 - 369.

Imai K S，Gaiha R，Bresciani F，2019. The labor productivity gap between agricultural and no - agricultural sectors and poverty in Asia [J]. Asian Development Review，36（1）：112 - 135.

Lin Yifu，1991. Prohibition of factor market exchanges and technological choice in Chinese agriculture [J]. Journal of Development Studies（7）：1 - 15.

Mathis Wackernagel，J David Yount，2000. Footprints for sustainability：The next steps [J]. Environment，Development and Sustainability，2（1）：23 - 44.

Niroula G S，Thapa G B，2005. Impacts and causes of land fragmentation，and lessons learned from land consolidation in South Asia [J]. Land Use Policy，22（4）：358 - 372.

Noort P C V D，1987. Land consolidation in the Netherlands [J]. Land Use Policy，4（1）：11 - 13.

Tian Guang - dong，Zhang Hong - hao，Zhou Meng - chu，et al，2017. AHP，gray correlation，and TOPSIS combined approach to green performance evaluation of design alternatives [J]. IEEE Transactions on Systems，Man，and Cybernetics - Systems：1 - 13.

Ward R M，1991. The US farmland protection policy act：Another case of benign neglect [J]．Land Use Policy，8（1）：63 - 68.

Yujiro Hayami，Ruttan V W，1970. Factor prices and technical change in agricultural development：The United States and Japan，1880 - 1960 [J]．Journal of Political Economy，（5）：1115 - 1141.